Network Sanctions of the United States
Theory and Case Studies

美国网络化制裁
理论与案例研究

吴 限 ◎ 著

复旦大学出版社

目录

第1章 导论 ... 1
1.1 研究背景 ... 1
1.2 研究问题 ... 8
1.3 研究意义 ... 13

第2章 文献回顾 ... 17
2.1 美国传统经济制裁的制约因素 ... 17
2.2 美国金融制裁的制约因素 ... 21
2.3 社会网络理论与美国"武器化"相互依赖的制约因素 ... 25
2.4 美国次级制裁的制约因素 ... 31
2.5 复合依赖型政治经济学理论与结构性权力转化 ... 35
2.6 小结 ... 40

第3章 理论框架与研究设计 ... 43
3.1 理论框架 ... 43

3.2 变量、假设及因果机制 ·············· 45
   3.2.1 结构自变量：目标国中心性 ········· 46
   3.2.2 结构自变量：结构演化速率 ········· 50
   3.2.3 国内自变量：企业权力 ············ 60
   3.2.4 因变量：制裁维度、制裁烈度和贯彻力度
                                         67
   3.2.5 假设与推论 ················· 73
3.3 研究设计 ······················ 79

第 4 章 美国对华网络化制裁 ············· 87
4.1 美国对华货币金融网络化制裁 ··········· 90
4.2 美国对华价值链网络化制裁 ············ 98
   4.2.1 美国对华价值链网络化制裁的使用 ···· 98
   4.2.2 美国对华价值链网络化制裁的烈度 ···· 108
   4.2.3 美国对华价值链网络化制裁的贯彻力度
                                         166
4.3 美国对华技术网络化制裁 ············· 167
   4.3.1 美国对华技术网络化制裁的使用 ····· 167
   4.3.2 美国对华技术网络化制裁的烈度 ····· 183
   4.3.3 美国对华技术网络化制裁的贯彻力度
                                         188
4.4 小结 ························· 190

第 5 章 美国对俄网络化制裁 ············· 193
5.1 美国对俄货币金融网络化制裁 ··········· 196
   5.1.1 美国对俄货币金融网络化制裁的使用

5.1.2 美国对俄货币金融网络化制裁的烈度 …… 201

5.1.3 美国对俄货币金融网络化制裁的贯彻力度 …… 205

5.2 美国对俄价值链网络化制裁 …… 206

 5.2.1 美国对俄价值链网络化制裁的使用 …… 206

 5.2.2 美国对俄价值链网络化制裁的烈度 …… 215

 5.2.3 美国对俄价值链网络化制裁的贯彻力度 …… 245

5.3 美国对俄技术网络化制裁 …… 246

 5.3.1 美国对俄技术网络化制裁的使用 …… 246

 5.3.2 美国对俄技术网络化制裁的烈度 …… 257

 5.3.3 美国对俄技术网络化制裁的贯彻力度 …… 263

5.4 小结 …… 265

第6章 美国对伊网络化制裁 …… 268

6.1 美国对伊货币金融网络化制裁 …… 271

 6.1.1 美国对伊货币金融网络化制裁的使用 …… 271

 6.1.2 美国对伊货币金融网络化制裁的烈度及贯彻力度 …… 275

6.2 美国对伊价值链网络化制裁 …… 280

6.3 美国对伊技术网络化制裁 …… 281

 6.3.1 美国对伊技术网络化制裁的使用 …… 285

　　　　6.3.2　美国对伊技术网络化制裁的烈度及
　　　　　　　贯彻力度 ………………………………… 295
　6.4　小结 ……………………………………………… 298

第 7 章　结论与启示 ………………………………… 301
　7.1　结论与研究发现 ………………………………… 301
　7.2　理论创新与政策启示 …………………………… 306
　7.3　研究展望 ………………………………………… 312

参考文献 ……………………………………………… 314

后　记 ………………………………………………… 358

第1章
导　论

1.1　研究背景

美国塔夫茨大学教授、布鲁金斯学会高级研究员丹尼尔·德雷兹纳（Daniel W. Drezner）于2021年在《外交事务》（*Foreign Affairs*）上发表的一篇文章中称美国已成为名副其实的"制裁合众国"（United States of Sanctions）。① 这一称谓反映了一个国际事实，即美国是世界上最热衷于使用经济制裁的国家。在现有的三个主要国际制裁数据库，即加利·克莱德·霍夫鲍尔（Gary Clyde Hufbauer）团队的霍斯艾奥数据库（Hufbauer-Schott-Elliott-Oegg，HSEO）、克利夫顿·摩根（T. Clifton Morgan）团队的威胁与实施制裁数据库（Threat and Imposition of Economic Sanctions，TIES）和加布里埃尔·费尔伯迈尔（Gabriel Felbermayr）团队的全球制裁数据

---

① Daniel W. Drezner, "The United States of Sanctions: The Use and Abuse of Economic Coercion," *Foreign Affairs*, August 24, 2021, https://www.foreignaffairs.com/articles/united-states/2021-08-24/united-states-sanctions.

库(The Global Sanctions Data Base，GSDB)①中，美国作为制裁发起国的案例数量均为世界之最。

霍斯艾奥数据库将制裁定义为"政府蓄意为之地取消，或是威胁取消(与目标对象的)传统贸易与金融活动"。该数据库覆盖了 1914—2006 年的 204 个制裁案例，美国主导了其中的 122 件制裁，占总数的 59.8%。摩根团队建立的威胁与实施制裁数据库涵盖了 1945—2005 年的 1 412 个案例，其中美国作为首要发起国的制裁案例共 688 件，占 48.23%。费尔伯迈尔团队的全球制裁数据库相对较新，建立于 2020 年，在霍斯艾奥数据库、威胁与实施制裁数据库等现有数据库的基础上扩充完善，最终包含 1950—2019 年的 1 101 个案例，在贸易、金融和旅行制裁的基础上又增设了削减军事援助的军事制裁(military sanction)和限制军售的武器制裁(arms sanction)。根据该数据库的统计，美国发起的制裁案例高达 360 件，占总数的 32.70%。由此可见，美国是当之无愧的"制裁之王"。

进一步观察美国的制裁趋势，我们可以发现，自 2010 年以来，美国的制裁频率稳步增长，并于 2015 年以后达到历史巅峰。需要注意的是，全球制裁数据库的数据只覆盖到 2019 年。这意味着 2016—2019 年四年的制裁数量已经达到 49 例，高于 20 世纪下半叶的任何一个五年。如果从每年的案例数量变化上看，标志着特朗普上台的 2016 年是历史最高值，

---

① 除此之外还有托马斯·J.比尔斯泰克(Thomas J. Biersteker)团队构建的针对性制裁联合数据库(Targeted Sanctions Consortium，TSC)和帕特里克·韦伯(Patrick Maximilian Weber)与杰拉尔德·施耐德(Gerald Schneider)构筑的欧盟、美国及联合国制裁数据库(EUSANCT)。不过这两个数据库的观测时间和范围都被全球制裁数据库覆盖。

等同于2001年"9·11"事件后美国政府针对恐怖袭击布置的制裁规模。这与德雷兹纳基于制裁涉及的对象数量而非制裁案例数的估算是相吻合的。德雷兹纳指出,在奥巴马的第一任期,美国平均每年会制裁500个实体,而在特朗普任期这一数字几乎翻了一番。

从制裁手段上看,金融制裁的使用频率已经超过贸易制裁,成为美国最主要的经济制裁手段。不过,现有制裁数据库虽然能够在宏观层面显示出制裁数量与规模的变化,却无法识别制裁性质和特征的更迭。事实上,自世纪之交以来,美国的经济制裁在形式上与以往制裁体现出了重大差异。

首先,在制裁目标上,美国自21世纪以来频繁将第三方企业或国家作为施压对象以迫使其配合制裁。例如在技术领域,美国商务部产业与安全局(BIS)分别在2016年和2019年将中国的电信设备供应商、手机制造商中兴公司和华为公司加入"实体清单",禁止美国企业向其出售芯片。在此期间,作为第三方芯片供应商的台积电公司和韩国三星公司填补了华为的供应缺口。于是,美国商务部在2020年5月出台了《临时最终条款》(Interim Final Rule),该条款修订了《出口管制条例》(Export Administration Regulations,EAR)的适用范围,将范围扩展至所有运用美国技术的外国企业。这些外国企业如果不配合美国制裁,则将面临技术断供。这一修改直接致使台积电公司和三星公司这类第三方芯片供应商无法绕开美国技术限制,不得不终止对华为公司的芯片供应。①

---

① "TSMC Falls into Lines with US Export Controls on Huawei," *Financia Times*,August 24,2021,https://www.ft.com/content/bad129d1-4543-4fe3-9ecb-15b3c917aca4.

其次,美国在制裁手段上也不断升级。霍斯艾奥数据库和威胁与实施制裁数据库对金融制裁的定义包括暂停商业贷款、减少援助金额以及冻结资产。这类"针对性制裁"(targeted sanctions)或者"巧妙制裁"(smart sanctions)旨在依靠双边非对称金融依赖,利用自身强势的金融机构准确定位目标国的精英阶层,同时避免对目标国民众的广泛打击。① 不过,美国在 21 世纪开始转向更具强破坏性的货币金融制裁。美元是最常用的交易媒介(medium of exchange)和国际结算货币,这意味着大部分国家之间的贸易与金融交易都绕不开美元。由此,美元给予了美国网络化非对称依赖优势——通过禁止目标国使用作为国际货币的美元支付系统,美国便可以将其排除在国际金融网络之外。2018 年,美国财政部先是以美元支付系统为筹码迫使环球银行间金融通信协会(SWIFT)重启对伊朗的制裁。当欧盟于 2019 年开始实施绕开美元的特殊支付渠道,即贸易互换支持工具(INSTEX),美国财政部副部长西加尔·曼德尔克(Sigal Mandelker)立即写信给贸易互换支持工具负责人佩尔·菲舍尔(Per Fischer),表示如果欧洲企业违背美国制裁将会被排除在美元金融体系之外。②

最后,美国在制裁模式上越来越倚重私有企业。美国分别于 20 世纪 80 年代和 21 世纪最初 10 年以"301 调查"

---

① Willian H. Kaempfer and Anton D. Lowenberg, *International Economic Sanctions: A Public Choice Perspective*, Boulder, Co.: Westview Press, 1992.
② "U.S. Warns Europe That Its Iran Workaround Could Face Sanctions," *Bloomberg*, May 29, 2019, https://www.bloomberg.com/news/articles/2019-05-29/u-s-warns-europe-that-its-iran-workaround-could-face-sanctions.

(Section 301)为由对日本和中国加征关税。不同的是,美国对日本价值3亿美元产品的制裁清单主要包括四类最终品,分别是便携式计算机、台式计算机、18至20英寸的彩色电视机以及电动工具,其中两类计算机加起来便已价值1.8亿美元。① 在这一时期,美国依靠的是主权国家干涉本国进出口贸易的公共权力,体现了以国家为单位的国民消费能力总和,即国家市场权力。② 而近年来美国对中国的制裁清单却是以中间品为主,如汽车零件和氧化物。③ 美国在2018年对中国共计2 500亿美元的输美产品加征关税,其中清单所覆盖的中间品占2017年中国输美中间品总额的76.36%,而消费品占中国输美消费品总额的比例仅为22.58%。基于中间品贸易的制裁设计不同于对最终品加征关税,映射了美国国内常驻企业在跨国供应链中的主导位置,即企业市场权力。④ 例如在汽车行业,美国是全球汽车装配中心之一,日本的丰田公司(Toyota)、本田公司(Honda),德国的大众汽车公司(Volkswagen)、奥迪公司(Audi)、梅赛德斯公司(Mercedes)和瑞典的沃尔沃公司(Volvo)都在美国建有汽车装配厂。2018年,外国汽车制造商在美国总计制造了520

---

① Gerald M. Boyd, "President Imposes Tariff on Imports against Japanese," *New York Times*, April 18, 1987, https://www.nytimes.com/1987/04/18/business/president-imposes-tariff-on-imports-against-japanese.html.
② 李巍、李玙译:《解析美国对华为的"战争"——跨国供应链的政治经济学》,《当代亚太》2021年第1期。
③ 樊海潮、张丽娜:《中间品贸易与中美贸易摩擦的福利效应:基于理论与量化分析的研究》,《中国工业经济》2018年第9期。
④ Alexander J. Yeats, "Just How Big Is Global Production Sharing?" In Sven W. Arndt and Henryk Kierzkowski, eds., *Fragmentation: New Production Patterns in the World Economy*, Oxford: Oxford University Press, 2001, pp.108-143.

万辆汽车。① 由于这些汽车制造商都从中国进口汽车零部件,中国与美国在价值链中的"向前连接"(forward linkage)便给了美国施加权力的空间。

实际上,美国在制裁模式上的上述三种变化具有统一的内在逻辑。苏珊·斯特兰奇(Susan Strange)将世界经济中的权力结构分为安全结构、生产结构、金融结构和知识结构。② 在经济全球化背景下,世界经济表现为跨国企业主导、双边依存关系相互交织的网络结构,生产结构、知识结构和金融结构分别对应全球价值链网络、技术网络及货币金融网络,而安全结构更多体现了政治军事领域对经济位面的投射。

传统的单边贸易制裁表现为对最终品贸易的直接和间接限制,并不涉及与第三方国家的贸易,体现的是以国家为单位的市场权力。随着全球价值链的形成,以离岸外包为特征的中间品贸易将价值链上游至下游处于不同发展阶段的国家与产业连接在一起。美国基于本国常驻企业在价值链中的主导位置,通过对中间品加征关税,能够迫使在本国的第三方企业将上游产业链从目标国转移出去,进而将制裁对象排挤在全球价值链之外。

在技术层面,传统技术制裁呈现为一国对技术要素的单边出口管制,是基于双方技术资源差异撬起的杠杆。自20世纪下半叶以来,一方面,纵向的垂直专业化(vertical specialization)以及横向的知识产权国际化(internalization of property rights)

---

① Chris Isidore, "The Real Problem with the American Auto Industry," CNN, December 17, 2018, https://www.cnn.com/2018/12/17/economy/us-auto-plant-glut/index.html.
② 苏珊·斯特兰奇:《国际政治经济学导论——国家与市场》,杨宇光等译,经济科学出版社,1990年。

使得企业间跨国技术流通和合作更为繁复。① 单一技术产品往往包含多国企业的专利技术。另一方面，美国1979年的《出口管制条例》具有治外法权的性质，不仅适用于美国出口，而且也适用于美国原产品及包含美国原产零部件的非美国原产品的再出口。这就为此后美国进一步将技术与专利工具化、"武器化"奠定了基础。通过将自身的先发技术优势以专利的形式牢牢锁定，与全球前沿技术产品进行知识产权捆绑，美国能够通过以停止向其他国家提供产品和技术许可为威胁，来迫使第三方企业配合对最终制裁目标的孤立，从而使得目标无法获取相关的高科技产品。

在金融领域，传统单边金融制裁工具包括冻结资产、暂停援助和限制投资，其重点在于货币形式的金融资本而非货币本身。在全球价值链形成以前，国际交易产品的主要生产和交换过程都发生在一国国内，此时，为了有效避免交易成本，最终品通常以本国货币进行结算②；而在充斥着大量中间品跨国交易的全球化生产时代，只有使用被国际社会普遍接受、广泛使用的国际货币才能最大限度地降低交易成本。正因如此，相较于此前的国际货币英镑和荷兰盾，美元作为"交易媒介"的重要性和不可替代性显著增加。当美国禁止某国家使用美元支付系统时，第三方国家或企业为了避免付出高昂的

---

① David Hummels, Jun Ishii, and Kei-Mu Yi, "The Nature and Growth of Vertical Specialization in World Trade," *Journal of International Economics*, Vol. 54, No. 1, 2001, pp.75-96; Michael W. Nicholson, "Intellectual Property Rights, Internalization and Technology Transfer," FTC Bureau of Economics Working Paper No. 250, 2003.
② Hélène Rey, "International Trade and Currency Exchange," *The Review of Economic Studies*, Vol. 18, No 2, 2001, pp.443-464.

交易成本,只能被迫中断与某国的金融联系。

总之,传统经济制裁与网络化制裁最为核心的差异在于其权力源泉。传统经济制裁强调国家间的经济资源差异,其作用机理是将经济实力转化为政治筹码;而网络化制裁立足于一国(及其企业)在全球经济结构中的位置,在借由经济权力渗透政治权力之前,首先需要将直接作用于结构的位置性权力转化为针对特定行为体(目标国)的强制性权力。① 在全球化时代,处于世界经济网络中心地位的美国可以干涉其他国家之间的经济联系,将原先两点之间的线性制裁升格为覆盖整个经济网络的网络化制裁。这类以第三方国家为直接施压对象、以网络化非对称相互依赖为权力媒介、以非国家行为体为权力基础的经济制裁即为网络化制裁。

1.2 研究问题

新型网络化制裁现象引发了政策界和学界的广泛关注。学界意识到这类新的国际实践对传统国际关系理论,尤其是新自由主义关于相互依存的理解所造成的挑战②;政策界则更关心网络化制裁作为对外政策工具的有效性和成功率③。

---

① 庞珣、何晴倩:《全球价值链中的结构性权力与国际格局变化》,《中国社会科学》2021 年第 9 期。
② Henry Farrell and Abraham L. Newman, "Weaponized Interdependence: How Global Economic Networks Shape Coercion," *International Security*, Vol. 44, No.1, 2019, pp.42-79.
③ Daniel W. Drezner, "Introduction," in Daniel W. Drezner, Henry Farrell, and Abraham L. Newman, eds., *The Uses and Abuses of Weaponized Interdependence*, Washington, D. C.: Brookings Institution Press, 2021, pp.1-18.

不过,现有文献尚未对网络化制裁的行为特征和模式的差异性进行梳理和提出解释。通过观察美国对网络化制裁的实践,我们可以发现,网络化制裁并不是从 0 到 1 的二元变量,在具体应用策略中存在一个选项光谱,包括制裁的维度、制裁的烈度以及制裁的贯彻力度。

首先,美国在实施网络化制裁的过程中并不一定伴随着货币金融网络化制裁。货币制裁因其有"谈虎色变"的威力,频繁被西方政客和专家学者比喻为金融领域的"核武器"。截至目前,朝鲜和伊朗先后成为该政策的制裁目标。然而,即便在中美经贸摩擦最为白热化的时期,特朗普政府接连对中国发起了价值链和技术网络化制裁,却始终未能按下金融"核按钮",以美元支付系统的使用为筹码要求银行间金融通信协会与中国断联,或是禁止其他国家与中国进行金融交易。在面对俄罗斯时,尽管在 2022 年俄罗斯向乌克兰展开"特别军事行动"的情况下,银行间金融通信协会在美国和欧盟的要求下最终切断了与俄罗斯部分银行的联系,但是在此之前,美国曾经于 2014 年和 2018 年两度要求银行间金融通信协会对俄罗斯银行展开制裁,并在银行间金融通信协会拒绝后默默地停止了行动。①

其次,美国网络化制裁的烈度也因目标而异。在价值链领域,美国对中国的网络化制裁程度较高。根据笔者计算,美国清单一至清单三所覆盖的中间品占 2017 年中国输美中间品总额的 76.36%。然而,有的产业(如医药产业)中间品被加

---

① Thomas Oatley, "Weaponizing International Financial Interdependence," in Daniel W. Drezner, Henry Farrell, and Abraham L. Newman, eds., *The Uses and Abuse of Weaponized Interdependence*, pp.123-124.

征25%关税的比例近乎0,有的产业(如汽车产业)关税覆盖率却高于91.99%。同样地,在2022年俄罗斯对乌克兰采取"特别军事行动"之后,美国虽然禁止从俄罗斯进口石油、天然气和煤矿,却没有对贵金属进口实施任何限制。在技术领域,美国对俄罗斯的芯片禁令覆盖其整个国家及所有产业,但是有关油气开采的技术限制却仅限于俄罗斯深水、北极近海地区及页岩油气项目,并没有针对俄罗斯本土以及非页岩类难采储量(hard-to-recover)。

最后,网络化制裁的贯彻力度存在鲜明的维度间差异。在对朝鲜实施网络化制裁时,特朗普政府在技术领域严格贯彻了对于第三方企业的制裁威胁,制裁了"中兴"等外国公司。"中兴"并不是普通的小型企业,它在2015年,即美国政府对其初次制裁的前一年,年收入和净利润分别达到154.5亿美元和5.74亿美元,在美国手机市场份额高居第四,仅次于"苹果""三星"和"LG"。而在金融领域,美国的制裁却显得留有余地。2005年,美国将澳门汇业银行标记为"主要洗钱关切"(primary money laundering concern)。然而,美国国务院朝鲜工作小组的负责人戴维·亚瑟(David Asher)在2007年国会听证会上明确表示,汇业银行从来不是"主要问题",制裁汇业银行是为了敲打中国大型商业银行。[①] 可见,同样是因为朝鲜问题涉及中国的大型第三方企业和机构,美国对于技术和金融网络化制裁的贯彻力度却截然不同。美国政府在金融领域实施网络化制裁时表现出谨慎态度,更倾向于旁敲侧击,

---

① "Policy Forum 07-044: Behind the Blacklisting of Banco Delta Asia," June 5, 2007, https://nautilus.org/napsnet/napsnet-policy-forum/behind-the-blacklisting-of-banco-delta-asia/.

避免对大型第三方机构进行直接刺激。

美国在不同情况下对网络化制裁的制定与实施存在显著差异。由此,本研究提出问题:美国的网络化制裁策略(包括网络化制裁的使用维度、制裁烈度和贯彻力度)为何会受到限制?是美国政府主动进行自我约束,还是基于其他因素而被动保持克制?需要注意的是,本研究的对象是网络化制裁的选择逻辑(logic of choice),而非成功率(success)或有效性(effectiveness)。后两者更关注经济制裁能否实现既定的外交政策目的,而前者的重点在于经济制裁本身的代价。在政策制定过程中,选择必然伴随着成本。如果没有成本束缚,那么经济制裁也就不存在选择空间。[①] 为此,鲍德温(David A. Baldwin)明确指出,"经济制裁是否被使用和经济制裁有多成功在逻辑上的可区分性是不可否认的"[②]。

具体而言,本研究围绕网络化制裁的权力来源与运作逻辑构建了国内成本、静态的即时结构成本和动态的滞后结构成本三类主要解释模式。由于网络化制裁的权力基础和来源是一国在全球经济网状结构中的中心位置,因而其本质上是一种位置性权力与结构性权力。区别于传统的"实力即权力"和二元关系性权力,结构性权力是斯特兰奇在对"实力即权力"逻辑的反思下提出的批判性概念,并在社会网络分析被引入国际关系后进一步丰富了内涵,具有了可操作性,表示一国由于与结构中的其他国家建立连接而获取的权力,

---

① James M. Buchanan, *Cost and Choice: An Inquiry in Economic Theory*, University of Chicago Press, 1979.
② David A. Baldwin, "The Sanctions Debate and the Logic of Choice," *International security*, Vol. 24, No. 3, 1999, p.92.

因此也被形象地称为"社会性权力"①。正如制度性权力表现为一国基于其在组织架构中的位置对制度安排施加的影响②,结构性权力"以结构作为权力的来源、载体和介质"③,这就意味着其直接施加对象只能是"其他国家及其政治机构、经济企业、科学家和别的专业人员"所活动的结构,并通过结构这一媒介将影响传导至这些行为体。④ 结构性权力本身不能直接作用于结构中的特定目标,如果美国想要定向使用结构性权力,就必须首先进行由"去面孔的权力"向"有面孔的权力"的转化。而结构性权力转化成强制性权力的过程将面临来自行动者本身和来自结构的双重阻力与压力,因为这种转化必将作用于结构及其构成单位(包括行动者自身),而脉脉相通的结构势必孕育着阻止这种转化的力量和态势。

在结构层面,当美国试图改变目标国在结构中的位置的同时,借由结构传导,目标国将根据自身的中心性对美国产生反冲作用。与此同时,结构中的第三方行为体作为网络化制裁的施压对象,与美国之间产生了直接矛盾,也由此改变了对结构的判断,选择采取绕开中心节点的避险性集体行动,从而推动结构向去中心化的方向演化,构成了滞后成本。在美国国内层面,受网络化制裁负面影响的跨国企业在国内政治经

---

① 庞珣、权家运:《回归权力的关系语境——国家社会性权力的网络分析与测量》,《世界经济与政治》2015年第6期。
② Michael Barnett and Raymond Duvall, "Power in International Politics," *International Organization*, No. 49, 2005, p.51.
③ 庞珣、何晴倩:《全球价值链中的结构性权力与国际格局变化》,《中国社会科学》2021年第9期。
④ Michael Barnett and Raymond Duvall, "Power in International Politics," *International Organization*, No. 49, 2005, p.55.

济生态中的影响力越大,美国政府所需付出的国内政治成本就越大。这三类权力转化成本共同制约了美国网络化制裁的维度、烈度与贯彻力度。

1.3 研 究 意 义

本研究的理论价值主要有以下三点。第一,现有国际政治经济和国际关系研究中对于网络化制裁的系统研究较为薄弱。一方面,现有文献虽然针对国际关系中日新月异的制裁实践提出了新的概念,如武器化相互依赖和次级制裁[1],但是在相关讨论中仅是松散地将概念与现实联系起来,使得同一概念可以对应多类国际现象,客观上模糊了不同制裁之间的边界。为此,有必要通过严格的概念界定来明晰与区分具有不同特征的制裁,只有在此基础上才能进行上层的理论构建。另一方面,此前的制裁研究主要聚焦于分析经济制裁的有效性[2],而非探讨制裁本身的应用策略及选择逻辑。这也从侧面反映了网络化制裁相比于其他经济制裁有着更宽广的选项光谱。因此,对网络化制裁开展深入的研究不仅对现有制裁理论进行了补充,也为更进一步的学理探讨奠定了重要的理论基础。

第二,以社会网络理论和复合依赖型政治经济学理论为

---

[1] Henry Farrell and Abraham L. Newman, "Weaponized Interdependence: How Global Economic Networks Shape Coercion," *International Security*, Vol. 44, No. 1, 2019, pp.42-79.
[2] Daniel W. Drezner, "Targeted Sanctions in a World of Global Finance," *International Interactions*, Vol. 41, No. 4, 2015, pp.755-764; Jean-Marc F. Blanchard and Norrin M. Ripsman, "A Political Theory of Economic Statecraft," *Foreign Policy Analysis*, No. 4, 2008, pp.371-398.

基础,本研究提出的行动者-结构互动模式为理解网络化制裁背后的机制提供了新的理论框架。随着全球化的发展,国家间的联系愈发密切,国际行为体愈加多元,结构特征愈加鲜明,传统上强调国家主体地位的双边相互依赖框架已经不足以解释网络化制裁这类新的现象。国家、企业(及个人)乃至结构本身都是世界经济活动的重要组成部分,既是行动者,也是受动者。只有通过构建三者之间的相互作用关系,我们才能更准确地辨析网络化制裁对于结构和其他行为体的冲击,以及其反作用力是如何影响美国的成本计算,进而揭示其制裁的设计意图。更重要的是,网络化制裁是结构性权力向强制性权力转化的一种表现形式,因而构建网络化制裁解释框架的努力同时也是解答权力转化机制问题的重要尝试。权力是国际关系的基石性概念,权力之间的转化机制则是国际关系的底层逻辑。因此,增进对权力转化机制的理解将有助于对其上层理论的构筑。

第三,通过研究国家权力和企业权力之间的合作与对抗,本研究在国际政治经济学和比较政治经济学的企业权力理论之间搭建起了桥梁。国际政治经济学中的网络化相互依赖理论以国家为主要分析单位,将国家内部行为体在国际结构中的权力汇聚至国家层面[1];而比较政治经济学以资本主义经济中的民间资本为中心,关心的是大企业与政府之间的关系[2]。

---

[1] Emilie M. Hafner-Burton, Miles Kahler, and Alexander H. Montgomery, "Network Analysis for International Relations," *International Organization*, Vol. 63, 2009, pp.559-592.
[2] William Kindred Winecoff, "Structural Power and the Global Financial Crisis: A Network Analytical Approach," *Business and Politics*, Vol. 17, No. 3, 2015, pp.495-525.

当美国开始动用网络化制裁,将政治博弈置于市场的逻辑之上时,美国政府与民间资本之间的鲜明对立也就跃然纸上了,即企业在国内层面通过其在国家内部的政治影响力制约国家将其在国际体系中的经济权力"武器化"。

此外,本研究还具有显著的政策意义。全球化时代的到来突出了网络化相互依赖的重要性和普遍性,因而探究基于网络化相互依赖的政策运用不仅是必要的,也是紧迫的。首先,在短期,理解网络化制裁策略选择背后的逻辑,有利于我们从现实层面厘清美国今后网络化制裁的走向。例如,美国在中美贸易战中迟迟不动用金融美元这张王牌的原因究竟为何?美国的哪一类企业对国家网络化制裁的影响更大?只有提升对美国网络化制裁政策制定和执行过程的全面认识,中国才能做出相应的政策评估和政策预测,更好地维护国家利益。

其次,本研究也为中国对美国网络化制裁的政策回应提供了借鉴与启发。中国作为结构中的行为体同样参与到结构和其他行为体的互动过程中,通过强化美国网络化制裁的制约因素,例如加强结构中的合作规范并对跨国企业释放积极的信号,中国在一定程度上能够提高美国政府所面临的国内外代价,从而限制其政策选项。考虑到网络化制裁有着巨大的负面外溢效应,通过增加制裁成本进而避免制裁的发生与升级,对中国乃至世界其他国家都有着积极的意义。

最后,在中长期,国际关系的实践中将频频出现对于网络化相互依赖,尤其是非对称网络化相互依赖的政策运用。随着中国国力的增强,中国在国际经济结构中的地位也势必会愈加突出。目前来看,网络化制裁对于强制性权力的运用并不符合中国在外交实践中奉行的"和平共处五项原则",中国需要在充分理解网络化制裁利弊关系的基础上,寻求其他基于网络化相互依赖非对称性的替代政策选项。

第 2 章
文献回顾

经济制裁同军事战争一样,是国际关系史上对于权力最为古老的实践,同时也是国际关系学者素来最为关注的课题之一。作为 20 世纪以来的"制裁之王",美国的经济制裁形式多种多样,除了新型网络化制裁,国际关系和国际政治经济学的学者还识别了其中的传统经济制裁、金融制裁、次级制裁和"武器化"网络制裁相互依赖,并阐明了其制约因素。在这一部分,本研究将梳理现有文献对美国各类经济制裁做出的解释,总结这些制裁与网络化制裁的异同,以探索既有解释对美国网络化制裁的适用性。

2.1 美国传统经济制裁的制约因素

传统经济制裁主要表现为制裁国通过终止与受制裁国之间的贸易往来,包括进口和出口两方面,来迫使受制裁国做出政策让步。[①] 目前文献主要从四个角度解释了美国传统经济

---

① Gary Clyde Hufbauer, Jeffrey Schott, and Kimberly Ann Elliott, "Economic Sanctions Reconsidered: 3rd edition," *Peterson Institute for International Economics*, 2009, p.3.

制裁的制约因素,即多元化目的、国家成本、利益集团与制度约束。

学界最初对于经济制裁的研究兴趣在于其成功率。加里·克莱德·霍夫鲍尔(Gary Clyde Hufbauer)等人通过收集1914年至1990年的经济制裁资料,建立了国际关系最早的经济制裁数据库。这一数据库在当时十分有影响力,在1991年美国政策界关于是否对伊拉克采取经济制裁(而非军事手段)的辩论中起到了重要作用。根据该数据库1990年版本,经济制裁的成功率达到了32%。但是,佩普(Robert A. Pape)通过对该数据库的案例进行逐一核实,发现真实的成功率其实只有4%。[1] 这一结果在验证了学界对经济制裁成功率的传统认知的同时也引发了新的讨论——为什么在经济制裁成功率如此之低的情况下,美国政府还频繁地使用它?

林赛(James M. Lindsay)尝试用制裁的多元化目的来解答这一困惑。[2] 他认为,现有文献都是以政策妥协(compliance)为标准衡量经济制裁的成功与否,而事实上经济制裁还可能抱有其他目的,如颠覆、威慑、国际信号和国内信号。具体而言,当美国对古巴进行贸易禁运时,其真实目的在于用非共产主义政权取代卡斯特罗;当卡特政府对苏联施行贸易禁运时,卡特公开声明:"我们会威慑(苏联的)进攻";当里根政府开展对利比亚的石油禁运时,美国希望借谴责卡扎菲对国际恐怖主义的支持来向国际社会传递信号;而艾森豪威尔政府之所

---

[1] Robert A. Pape, "Why Economic Sanctions Do Not Work," *International Security*, Vol. 22, No. 2, 1997, pp.90-136.
[2] James M. Lindsay, "Trade Sanctions as Policy Instruments: A Re-Examination," *International Studies Quarterly*, Vol. 30, No. 2, 1986, pp.153-173.

以在大选的前两周对古巴进行贸易禁运,则是希望获得国内支持以提升尼克松的选情。林赛的研究推动了学界对经济制裁目的的想象。全球制裁数据库(GSDB)目前已包含9类经济制裁目的,除了政策变更外还包括颠覆政权、恐怖主义、国土争端、终止战争、预防战争、人权问题、民主问题及其他问题。

鲍德温(David A. Baldwin)从另一个角度解释这个问题。[1] 他指出,经济制裁的成功率和经济制裁的使用在逻辑上是可区分的。经济制裁作为政策工具的一种,是否被使用取决于它和其他政策选项之间的比较,孤立地评估一项特定政策而不考虑其他备选方案则失之偏颇。更重要的是,在政策制定过程中,选择必然伴随着成本。如果没有成本束缚,则美国不需要做出选择。以海湾战争为案例,鲍德温将经济制裁作为经济胁迫政策的主要手段,与军事打击选项进行比较。尽管军事打击和经济制裁两个政策选项都将迫使伊拉克为拒绝妥协付出足够惨痛的代价,然而相比于经济制裁,采取军事措施的代价过于昂贵,且可能会发展成另一场不受美国控制的越南战争。卡特(Barry E. Carter)在此基础上进一步区分了美国使用经济制裁的经济成本。[2] 他指出,对进口的限制比出口管制成本更低,因为基于出口的制裁会导致国内货物的滞销和工作岗位的流失,并且将长期破坏美国企业的声誉。相较之下,美国的进口限制往往只是针对个别国家,因而更容易找到替代供应商。

---

[1] David A. Baldwin, "The Sanctions Debate and the Logic of Choice," *International security*, Vol. 24, No. 3, 1999, p.92.
[2] Barry E. Carter, "International Economic Sanctions: Improving the Haphazard U.S. Legal Regime," *California Law Review*, Vol. 75, No. 4, 1987, pp.1159-1278.

如果说鲍德温和卡特是站在美国政府的角度总结国家经济成本,那么威廉·坎普法(William H. Kaempfer)和安东·洛温伯格(Anton D. Lowenberg)的公共选择模型则打开了国家的"黑匣子",围绕利益集团和国内政治做出了解释。[1] 他们认为,在国家层面,美国政府或许会希望通过使受制裁国承担巨大的成本来迫使其进行政策让步。但是美国国内的利益集团从自身的利益出发对制裁有不同偏好,例如国内生产进口产品的制造商就会希望限制进口。因此,美国国内利益集团的政治权力结构决定了其是否会更倾向于使用经济制裁(相较于其他政策工具),以及会对哪些国家发动经济制裁。

迈克尔·莱蒂(Michael P. Leidy)从制度约束的角度对坎普法和洛温伯格的公共选择模型进行了挑战。[2] 他指出,在国际层面《关税与贸易总协定》将反进口贸易壁垒的原则制度化,使得出口限制政策更占优势;在美国国内层面,根据《出口管理法》,美国行政系统在出口限制方面的权力几乎不受限制,但是对限制进口的权力仍然被国会把持,没有完全委托给总统。在此背景下,美国政府更常使用出口限制而非进口限制。坎普法和洛温伯格很快就做出了回应,称并不是美国政府具有出口限制倾向,而是美国行政系统更常使用出口限制,因为它更看重一系列外交政策目标,诸如人权和武器扩散。而美国国会所发起的制裁以限制进口为主,因为国会更容易

---

[1] William H. Kaempfer and Anton D. Lowenberg, "The Theory of International Economic Sanctions: A Public Choice Approach," *The American Economic Review*, Vol. 78, No.4, 1988, pp.786-793.
[2] Michael P. Leidy, "The Theory of International Economic Sanctions: A Public Choice Approach: Comment," *The American Economic Review*, Vol. 79, No. 5, 1989, pp.1300-1303.

受到国内利益集团的影响而采取贸易保护主义政策。

这些既有解释为理解美国网络化制裁的掣肘因素提供了主要线索。首先,经济成本决定了制裁使用的上限。其次,利益集团是不可忽视的国内因素,它们的利益偏好会通过其在国内政治经济生态中的影响力体现在经济制裁政策中。考虑到传统经济制裁以影响消费品的进出口为主,而价值链网络化制裁基于对进口中间品的限制,其对美国国内利益集团的影响必将更加复杂。最后,有必要从美国政策制定的角度明确网络化制裁的实际决策者,如总统、国会抑或两者皆是,这将决定国内利益集团影响政策的方式和效率。

2.2 美国金融制裁的制约因素

20世纪90年代以来,越来越多的学者开始关注金融制裁。像传统经济制裁一样,美国金融制裁的概念也包含两个方面。一方面外向型金融制裁表现为美国政府暂停或终止向受制裁国的投资和贷款,另一方面内向型金融制裁表现为冻结受制裁国特定人群的在美资产。①

内向型金融制裁也被称为"巧妙制裁"(smart sanction)或者"针对性制裁"(targeted sanction),因为它能够通过冻结受制裁国政策制定者的在美资产,从而针对性地限制决策层的政治资源,避免对无辜群众展开广泛打击。② 正因如此,加

---

① Mahvash Alerassool, *Freezing Assets: The USA and the Most Effective Economic Sanction*, New York: St. Martin's Press, 1993.
② Ella Shagabutdinova and Jeffrey D. Berejikian, "Deploying Sanctions while Protecting Human Rights: Are Humanitarian 'Smart' Sanctions Effective?" *Journal of Human Rights*, Vol. 6, No. 1, 2007, pp.59-74.

莱尔·吉布森(Jaleh Dashti-Gibson)等人的研究发现,当发起国的制裁目标是政权更迭时,影响制裁成功率的首要因素是目标国政权稳定性;而对于其他制裁目标,使用金融制裁是最为有效的。[1] 与之相对的,传统经济制裁常常殃及池鱼,西方在海湾战争前向伊拉克实施的贸易禁运致使其损失了一半的国内生产总值。彼特·安德里亚斯(Peter Andreas)也指出,贸易制裁越是全面,违反制裁的经济动机也就越大,从而产生新的问题,例如有的受制裁国及其附近国家会建立有组织的犯罪集团和跨国走私网络。[2]

外向型金融制裁对受制裁国经济的整体影响力更大,具有"寒蝉效应"。伊凡·依兰(Ivan Eland)指出,当美国禁止向受制裁国贷款或投资时,其他国家的公共和私有资本也可能选择撤出。[3] 这是因为银行等金融部门在评估金融风险时,会对其他国际银行的行为十分敏感。考虑到国际大银行都集中在以美国为首的西方工业国家且惯于采取集体行动,这就使得美国银行一旦威胁或实施金融制裁,拒绝向受制裁国贷款,其他银行也会纷纷效仿。而随着资本的撤出,其他国家对受制裁国的商业信心也会出现"寒蝉效应",进而导致受制裁国经济长期萎靡不振。洛温伯格也指出,美国的投资制裁,尤其是撤销私人银行信贷,被认为是针对南非比勒陀利亚政府

---

[1] Jaleh Dashti-Gibson, Patricia Davis, and Benjamin Radcliff, "On the Determinants of the Success of Economic Sanctions: An Empirical Analysis," *American Journal of Political Science*, Vol. 41, No. 2, 1997, pp.608-618.
[2] Peter Andreas, "Criminalizing Consequences of Sanctions: Embargo-Busting and Its Legacy," *International Studies Quarterly*, Vol. 49, No. 2, 2005, pp.335-360.
[3] Ivan Eland, *Economic Sanctions as Tools of Foreign Policy*, Routledge, 1995.

实施的最有效措施之一。① 换而言之,美国外向型金融制裁的实际影响范围要大于其政策。

不难发现,外向型金融制裁的逻辑跟传统经济制裁类似,是通过使受制裁国承担巨大的经济成本进而迫使其妥协;而内向型金融制裁的有效性并非基于成本大小,而在于能够准确地"将收入损失集中在受益于目标政府政策的群体身上"。货币金融网络化制裁表现为以禁止第三方金融机构使用美元支付系统的形式来迫使其中断与目标国的资金往来,因此其逻辑更接近于前者。这是因为与冻结目标人群在美资产不同,受制裁国的精英阶层通常掌握着整个国家的金融系统,美国难以在不大规模封锁该国金融机构的情况下对其进行针对性制裁。同时,由于"寒蝉效应"的影响,当美国对目标国金融机构进行制裁,目标国的整个金融产业乃至整体经济都将受到重大冲击。德雷兹纳指出,当2010年美国和欧盟将伊朗大部分银行加入银行间金融通信协会制裁清单,伊朗的石油出口收入在两年内减少了一半,同时还面临着停滞的经济增长、严重的通货膨胀、大幅贬值的国币以及快速缩水的外汇储备等问题。②

基于货币金融网络化制裁与传统经济制裁及外向型金融制裁在逻辑上的相似性,其也具备后者的两个特征。第一,因为制裁对目标国的打击范围更广,目标国逃避制裁的动机和意愿也更强。这不仅意味着目标国迫于现实压力对违法行为

---

① Anton D. Lowenberg, "Why South Africa's Apartheid Economy Failed," *Contemporary Economic Policy*, Vol. 15, No. 3, 1997, pp.62-72.
② Daniel W. Drezner, "Targeted sanctions in a World of Global Finance," *International Interactions*, Vol. 41, No. 3, pp.775-764.

的容忍度更高,更容易采取走私等违法行动规避制裁,同时也表明目标国愿意付出更高的经济代价诱使第三方行为体进行配合,以突破美国的制裁包围网。① 此外,在社会层面,长期受制裁国家的国民可能会习惯不符合现代法律标准的做法,在行为模式上更接近跨国犯罪集团。② 而国际社会的法治秩序一旦被打破,走私等违法行为盛行,美国制裁的法律约束力也将随之下降。因此,为了保证制裁烈度及其法理基础,美国有必要在政策实施后进行跟进,找寻现有制裁在法律和操作层面的漏洞并进行填补。对于美国而言,加强制裁的贯彻力度并非没有代价。一方面,美国政府需要收集更多情报信息,调动人力与物资;另一方面,美国政府与支持目标国的第三方行为体之间的矛盾会更为突出。因此,根据相应成本决定制裁政策的贯彻力度是网络化制裁策略选择的重要一环。

第二,由于具有"寒蝉效应",即便美国仅是将目标国的部分金融机构列为制裁对象,实际的影响范围也将波及目标国的整个金融产业。当美国威胁在 2014 年对俄罗斯采取银行间金融通信协会制裁时,全世界的私有部门立即从俄罗斯撤出了 1500 亿美元的资本。不过,本研究关注的是美国网络化制裁的选择策略,而非制裁效果。在现实案例中,美国联合欧盟在 2022 年 3 月对俄罗斯采取的第一波银行间金融通信协会制

---

① John Park and Jim Walsh, "Stopping North Korea, Inc.: Sanctions Effectiveness and Unintended Consequences," August, 2016, https://www.belfercenter.org/sites/default/files/legacy/files/Stopping%20North%20Korea%20Inc%20Park%20and%20Walsh%20.pdf.
② Peter Andreas, "Criminalizing Consequences of Sanctions: Embargo-Busting and Its Legacy," *International Studies Quarterly*, Vol. 49, No. 2, 2005, pp.335-360.

裁覆盖了其7家银行，接着又在6月追加了3家银行。在此期间，俄罗斯主要的能源银行俄罗斯天然气银行（Gazprombank）始终未被列入其中。这说明尽管货币金融网络化制裁在实践中具有"寒蝉效应"，但这并不意味着在政策设计和制定过程中，探讨制裁烈度就失去了意义。制裁烈度，即目标国的银行系统在多大面积上被纳入制裁范围，以及制裁的效果，即目标国的银行系统实际上在多大程度上受到了影响，本身就是不同维度的问题。将前者等同于后者，等于忽视了制裁的成本，以及假定美国对于复杂的国际金融体系具有完全信息。倘若真是如此，就不会出现2008年的金融危机了。

2.3 社会网络理论与美国"武器化"相互依赖的制约因素

在世纪之交，随着全球价值链的诞生，国际关系学者开始从更加复杂与高维的网络结构视角去测量国家间关系，并为此从其他学科引入了社会网络分析。首次系统性地将社会网络分析的框架嵌入国际关系理论之中的是埃米莉·哈夫纳-伯顿（Emilie M. Hafner-Burton）等人的文章。① 她们认为，网络分析将结构定义为行为体之间关系的涌现性质（emergent properties），结构可以定义、强化或束缚行为体。具体而言，行为体之间的关系是由节点（node）之间的连接（tie）来展现的。节点可以表示国家，也可以指代非国家行为体，譬如企业

---

① Emilie M. Hafner-Burton, Miles Kahler, and Alexander H. Montgomery, "Network Analysis for International Relations," *International Organization*, Vol. 63, 2009, pp 559-592.

和个人。连接则像是人体内部输送血液的血管,可以传输物质及非物质,例如武器、金钱、知识和规范。由此可见,网络分析在国际关系领域应用的前提就是国家间的多边相互依赖,不存在多边连接也就不构成网络结构。至此,相互依赖和网络分析被有机地结合了起来,即网络化相互依赖。

网络化相互依赖不仅仅是二元相互依赖的简单堆砌与叠加,节点所交织的网络形成了新的主体——网络结构。结构现实主义者习惯以单极(霸权)和多极区分国际结构体系,在社会网络分析中,与之对应的两种网络拓扑结构分别为等级网络(hierarchical network)和平面网络(flat network)。[1] 等级网络中往往只存在一个或少数中心节点,而在平面网络中则不存在中心节点。不同于结构现实主义强调的国家实力,在社会网络分析中,节点所处位置的衡量标准是中心性,代表了该节点在单个网络中的总体依赖关系。

关于中心性最常见的三个测量指标是度数中心性(degree centrality)、亲近度中心性(closeness centrality)与居间中心性(betweenness centrality)。度数中心性代表该节点在网络中所有连接的价值总和,亲近度中心性计算的是该节点与其他所有节点的距离总和,而居间中心性则意味着该节点位处多少对节点之间的必经之路。[2] 其中,居间中心性的概念尤为重要,因为它特别强调了行为体在关系网络中所处位置及

---

[1] Thomas Oatley, W. Kindred Winecoff, Andrew Pennock, and Sarah Bauerle Danzman, "The Political Economy of Global Finance: A Network Model," *Perspectives on Politics*, 2013, Vol. 11, No. 1, pp.133-153.
[2] Emilie M. Hafner-Burton and Alexander H. Montgomery, "War, Trade, and Distrust: Why Trade Agreements Don't Always Keep the Peace," *Conflict Management and Peace Science*, Vol. 29, No. 3, 2012, pp.257-278.

其连接方式的重要性。① 一个国家具有越高的居间中心性,就意味着该国在国际合作与交流中扮演的角色越不可或缺,既可以充当桥梁,增强联系,也可以阻断交通,制造隔阂。以金融网络结构为例,美元是最常用的交易媒介(medium of exchange)和国际结算货币,这意味着大部分国家之间的贸易与金融交易都绕不开美元。②

正是以社会网络理论在国际关系学中的运用为基础,亨利·弗雷尔(Henry Farrell)和亚伯拉罕·纽曼(Abraham L. Newman)提出了相互依赖"武器化"(weaponized interdependence)的概念。他们认为,全球化导致了权力的失衡,主要的全球经济网络呈现出非对称的拓扑结构,而这一非对称性便构成了"武器化"的来源。具体而言,他们在拉莫(Joshua Cooper Ramo)"守门人③"的基础上提出了"圆形监狱"(panopticon)和"阻塞点效应"(chokepoint effects),前者指的是主导国利用国际网络中心节点的力量,联合多个节点获得信息优势,例如在"9·11"事件后美国通过银行间金融通信协会获取了源源不断的金融数据。后者在于封锁中心节点与目标国的信息及资源往来,从而切断它与网络的联系,譬如 2018 年以来特朗普政府对"华为"实施的芯

---

① 庞珣、权家运:《回归权力的关系语境——国家社会性权力的网络分析与测量》,《世界经济与政治》2015 年第 6 期。
② Carol Bertaut, Bastian von Beschwitz and Stephanie Curcuru, "The International Role of the U.S. Dollar," October 6, 2021, https://www.federalreserve. gov/econres/notes/feds-notes/the-international-role-of-the-u-s-dollar-20211006.htm.
③ Joshua Cooper Ramo, *The Seventh Sense: Power, Fortune, and Survival in the Age of Networks*, New York: Little, Brown, 2016.

片禁令。① 不难发现,在这两个概念中,强调扰乱目标国资源流通的"阻塞点效应"属于经济制裁的范畴。如图 2.1 所示,"阻塞点效应"和网络化制裁的区别在于前者更强调美国(A)对目标国(C)的直接制裁,后者的重点则在于美国通过切断或威胁切断与第三方节点(B)的连接,以迫使其终止与目标国的连接。

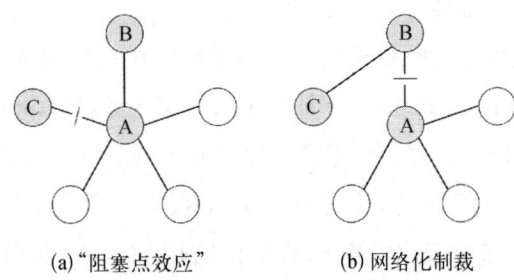

(a)"阻塞点效应"   (b)网络化制裁

图 2.1 "阻塞点效应"与网络化制裁区分图

相互依赖"武器化"理论特别关注企业等非国家行为体在经济网络中的作用,诸如电子商业网络的"脸书"(Facebook)、"Youtube"、"谷歌"(Google)、"亚马逊"(Amazon),通信网络的"华为",以及石油能源网络的俄罗斯天然气工业股份公司(Gazprom)。② 弗雷尔和纽曼认为,这些少数跨国企业之所以能够"赢家通吃",居于结构中心地位,是因为市场的经济逻辑具有规模效应和网络效应。③

---

① Henry Farrell and Abraham L. Newman, "Weaponized Interdependence: How Global Economic Networks Shape State Coercion," *International Security*, Vol. 44, No. 1, 2019, pp.42-79.
② Daniel W. Drezner, Henry Farrell, and Abraham L. Newman, eds., *The Uses and Abuse of Weaponized Interdependence*, Washington D. C.: Brookings Institution Press, 2021.
③ Henry Farrell and Abraham L. Newman, "Weaponized Interdependence: How Global Economic Networks Shape Coercion," *International Security*, Vol. 44, No.1, 2019, pp.42-79.

克劳塞特(Aaron Clauset)等人的研究发现,鸟类、城市等现实世界的网络分布近乎幂法则(power law)、对数正态分布(log-normal distribution)或是广延指数分布(stretched exponential distribution),都呈现出高度等级化和中心化的特征。[1] 巴拉巴斯(Albert-László Barabási)和艾伯特(Réka Albert)认为,这是因为尽管随机网络模型假定两个节点连接的概率是随机且统一的,但是大多数现实中网络却展现出了"偏好连接性"(preferential connectivity)的特质,又称"偏好依附"(preferential attachment)。就像一个新创建的网页更有可能包含导向已经有较高知名度的流行文件的链接,或者一篇新手稿更可能引用已有较高引用率的文章,一个新节点更有可能与现有连接较多的节点建立连接。[2]

由于"偏好依附"稳固了美国在国际经济体系中的优势,弗雷尔和纽曼更多从国内因素,即国家的制度和规范来解释其"武器化"相互依赖的制约因素。具体来说,当一国对于内部中心节点具备法理上的管辖权和物质上的管理能力时,则该国能够通过强制的方式迫使企业屈服;而当一国的法律规范不足以支撑政府的对内强制力时,则"武器化"相互依赖政策将难以实施。这一理论解释了欧美在"武器化"经济相互依赖策略上的差异。由于欧盟的隐私保护法更为苛刻,欧洲企业出于自保不愿遵从欧盟政府的意愿去收集大量

---

[1] Aaron Clauset, Cosma Rohilla Shalizi, and M. E. J. Newman, "Power-Law Distributions in Empirical Data," *SIAM Review*, vol. 51, December 2009, pp.661-703.

[2] Albert-László Barabási and Réka Albert, "Emergence of Scaling in Random Networks," *Science*, vol. 286 October 1999, pp.509-512.

数据。①

问题在于,仅仅停留在法律和规范层面,会忽略国内政治的底层逻辑以及随之而来的反向因果(reverse causality)。国家机器的确借由法律、制度和执法机构获得了对内强制力,但是在西方民主政治体制中,政策、法律的推行与制定本身就反映了一国内部的政治权力生态与政府-社会关系,特别是一国的对外贸易政策。② 这意味着,作为受法律和规范影响的企业,能够通过竞选捐款、游说和控制投资决策的方式反过来影响政策和法案。③

詹特森(Bruce W. Jentleson)敏锐地察觉到了这个问题,他指出弗雷尔和纽曼只意识到发起国国内的民主制度是影响其"武器化"相互依赖能力的自变量,却忽略了民主制度同时也构成了重要的因变量。正如克拉斯纳(Stephan Krasner)将20世纪70年代的美国界定为弱政府(weak state)国家,美国三权分立、相互制衡的政治框架导致了"政治权力和权威的碎片化",使得"美国中央最高决策者难以改变国内非国家行为体的行为"④。因此,只有当国家安全考量被激活时,美国联邦政府才能延展自身的权力范围,就像"一战"和冷战分别赋

---

① Albert-László Barabási and Réka Albert,"Emergence of Scaling in Random Networks," *Science*, vol. 286 October 1999, pp.509-512.
② Stephen L. Elkin, "Business-State Relations in the Commercial Republic," *The Journal of Political Philosophy*, Vol. 2, 1994, pp.115-139.
③ Pepper D. Culpepper and Raphael Reinke, "Structural Power and Bank Bailouts in the United Kingdom and the United States," *Politics & Society*, 2014, pp.427-454.
④ Bruce W. Jentleson, "Weaponized Interdependence, the Dynamics of Twenty-first Century Power, and U. S. Grand Strategy," in Daniel W. Drezner, Henry Farrell, and Abraham L. Newman, eds., *The Uses and Abuse of Weaponized Interdependence*, pp.239-257.

予了威尔逊(Woodrow Wilson)和杜鲁门(Harry Truman)强化总统权力的正当性。① 不过,詹特森也指出国家安全所提供的政治权力并不总是有效的。1979年当苏联开始进攻阿富汗时,考虑到美国占苏联谷物进口的75%,卡特政府曾试图"武器化"双边相互依赖。但是,美国农场主的强烈反对最终导致了卡特政府在1980年的连任竞选中失败。詹特森将其中的缘由解释为美国企业个体利益与美国宏观对外政策、国家安全和地缘战略利益的分歧。事实不止如此,国际关系理论素来强调能力与意愿,两者缺一不可,尤其在经济制裁议题领域企业与政府天然地持有不同偏好。② 相较于美国农场主对于经济制裁的反对立场,更重要的是它具备能够动摇卡特政府的民意基础、影响政治版图的潜力。因此,要探究影响"武器化"相互依赖,以及制约网络化制裁的国内因素,逻辑起点应当是企业本身在国内政治框架中的位置,而非既有的法律和规范。

2.4 美国次级制裁的制约因素

次级制裁近年来频频出现在美国的官方文件中。尽管美国财政部并未对次级制裁进行严格而清晰的界定,但是参考对各个被制裁国的相关法规,仍能总结其特征。③ 次级制裁是与初级制裁(primary sanction)相对的法律概念,两者的主

---

① Samuel Eliot Morison and Henry Steele Commager, *The Growth of the American Republic*, Vol. 2, Oxford University Press, 1940, p.471; Michael Mastanduno, *Economic Containment: CoCom and the Politics of East-West Trade*, Cornell University Press, 1992.
② George E. Shambaugh, *States, Firms, and Power: Successful Sanctions in United States Foreign Policy*, SUNY press, 1999, p.19.
③ 贾辉、鞠光:《识别美初级制裁和次级制裁》,《中国外汇》2019年第18期。

要区别在于针对对象和所依管辖权原则。① 根据美国法律，初级制裁的依据是美国国内法，适用于与美国有连接点（nexus）的情况，即涉及美国人民、美国商品、美国技术以及在美国本土发生的交易。而次级制裁则建立在长臂管辖权的基础上，针对不存在上述美国连接点的情况。

简而言之，次级制裁针对非美国国内法管辖范围的第三方，要求其配合美国国内法律，否则便予以惩罚。由于同样直接作用于第三方行为体，因而次级制裁与新型网络化制裁关注的是同一类现象。② 不过，次级制裁作为法理型概念，其逻辑起点和关注重点是合法性问题。现有文献主要是从第三方行为体对美国次级制裁的反制意愿及能力的角度进行切入，即美国次级制裁的使用成本。

首先，相关研究通过论述次级制裁违反了现行的国际规范，触犯了原则性问题（a matter of principle），来解释第三方行为体反抗制裁发起国的意愿。③ 次级制裁所依据的长臂管辖权，又称域外管辖权（extraterritorial jurisdiction），指的是一国在其领土以外的地域所行使的管辖权。尽管部分美国学者试图论证其合法性④，但是国际社会对此仍然存在争议，多

---

① Jason Bartlett and Megan Ophel, "Sanctions by the Numbers: U.S. Secondary Sanctions," August 26, 2021, https://www.cnas.org/publications/reports/sanctions-by-the-numbers-u-s-secondary-sanctions.
② 严格来说，随着美国政府对《出口管控法》的修订和对长臂管辖权的扩张，部分初级制裁实际上也构成了新型网络化制裁。比如美国对半导体技术的控制虽然属于初级制裁，但实际上也约束了第三方国家节点。
③ Ruairi Patterson, "EU Sanctions on Iran: The European Political Context," *Middle East Policy*, Vol. 20, No. 1, 2013, pp.135-146.
④ Jeffrey A. Meyer, "Second Thoughts on Secondary Sanctions," *University of Pennsylvania Journal of International Law*, Vol. 30, No. 3, 2009, pp.905-932.

数国际法专家认为这与现行的国际惯例是相悖的,即一国的管辖权应止于其领土范围以及它在其他国家的公民和企业。① 因此,当美国在20世纪90年代开启长臂管辖权的两次立法实践,即《赫尔姆斯－伯顿法》(Helms-Burton Act)和《1996年伊朗和利比亚制裁法案》,以欧盟为首的诸多美国盟友都对其合法性提出了质疑。② 此外,戚凯指出,美国在长臂管辖的执法行动中还存在"程序正当性问题与透明性问题",引发了法国等盟友的不满。③ 这些对次级制裁合法性的质疑转化为对美国次级制裁实践的抗拒与反对,引发了第三方国家后续的反制措施。

在具体的反制措施上,朱玥总结为多边路径和单边路径两种形式。多边路径包括诉诸国际仲裁机构,例如WTO争端解决机制和联合国大会。单边路径则主要表现为通过启用《阻断条例》等国内立法的形式直接与次级制裁进行对抗。但是目前来看,两者的实际效果都皆为有限。④ 马尔(Daniel Meagher)进一步做出解释,欧盟的《阻断条例》禁止任何欧盟个人或实体遵从美国的次级制裁,实际上使得欧盟的相关企业失去了喘息空间,必然将违背美国或欧盟一方的法律。⑤

---

① Tom Ruys and Cedric Ryngaert, "Secondary Sanctions: A Weapon out of Control? The International Legality of, and European Responses to, US Secondary Sanctions," *British Yearbook of International Law*, 2020;凌冰尧:《美国次级制裁的合法性分析》,《武大国际法评论》2020年第5期。
② Nicholas Davidson, "U. S. Secondary Sanctions: The U. K. and E. U. Response," *Stetson Law Review*, Vol. 27, 1998, pp.1425-1435.
③ 戚凯:《美国"长臂管辖"与中美经贸摩擦》,《外交评论》2020年第2期。
④ 朱玥:《反制美国次级制裁的欧盟经验及启示:单边抑或多边》,《中国流通经济》2020年第6期。
⑤ Daniel Meagher, "Caught in the Economic Crosshairs: Secondary Sanctions and the American Sanctions Regime," *Fordham Law Review*, Vol. 89, No. 3, 2020, pp.999-1030.

一方面,尽管《阻断条例》在法律程序上设置了许可证,允许将要受到"严重损失"的申请者配合美国制裁,但该类许可证几乎从未被发放。另一方面,《阻断条例》在保证美国次级制裁在欧盟法庭上不具有法律效力的同时,给予了欧盟个人或实体当受到其他遵守美国次级制裁的欧盟企业的负面影响时,向该企业讨要赔偿的法律权利。因此,无论企业遵从欧盟和美国哪一方的法律,事实上都将受到另一方的制裁。刘建伟在此基础上将反制措施细分为"制裁预阻""遵守阻却""国际裁决"和"技术规避",并同样强调这些策略的保护力度有限,难以阻止美国对次级制裁的使用。①

这些文献之所以认为反制措施难以见效,是因为将次级制裁视为 0 与 1 的二元变量,把消除次级制裁的使用视为评判反制措施是否成功的标准。实际上,次级制裁同网络化制裁一样存在一定的选项光谱,尤其在针对第三方的制裁实施层面。例如在 1998 年,时任美国总统的克林顿就曾豁免三家与伊朗维持贸易关系的欧洲企业。② 此外,次级制裁受制于本身概念的局限性,没有对制裁过程中体现出的权力形式进行更深入的讨论。这表现为现有文献对反制措施的探讨只关注了制裁美国与第三方的双边关系,而忽略了第三方行为体对整个经济网络结构的影响。

---

① 刘建伟:《美国次级经济制裁:发展趋势与常用对策》,《国际经济评论》2020 年第 3 期。
② James Bennet, "To Clear Air with Europe, U.S. Waives Some Sanctions," *New York Times*, May 19, 1998, https://www.nytimes.com/1998/05/19/world/to-clear-air-with-europe-us-waives-some-sanctions.html.

2.5 复合依赖型政治经济学理论与结构性权力转化

虽然传统的国际关系理论习惯从开放经济政治（Open Economy Politics，OEP）的框架去理解世界经济，认为系统是可分解的，其基本分析单位是国家，然而21世纪以来越来越多的国际关系研究开始借鉴复杂性科学（complexity science）。[1] 这说明国际关系学者发现复杂性科学有关社会系统的假定比起牛顿本体论（Newtonian ontology）更适用于我们所处的世界，即"缺乏集中控制和简单行动法则的大规模网络促成了复杂的集体行为、信息处理以及适应与演化"[2]。托马斯·奥特利（Thomas Oatley）将复杂性科学的理论假设与国际金融市场的发展演变结合，提炼出了一个新的分析框架，即复合依赖型政治经济（Political Economy of Complex Interdependence）。[3]

这一分析框架尤其适用于研究网络相互依赖，因为它们的基本分析单位都是国家间交互关系所呈现出的网络结构。[4] 此外，这一理论格外关注网络内部的动态变化及其如何影响到

---

[1] Neil E. Harrison, *Complexity in World Politics: Concepts and Methods of a New Paradigm*, Albany, NY: SUNY Press, 2006; Matthew J. Hoffmann and John Riley Jr., "The Science of Political Science: Linearity or Complexity in Designing Social Inquiry," *New Political Science*, Vol. 24, No. 2, 2002, pp.303-320.

[2] Melanie Mitchell, *Complexity: A Guided Tour*, New York: Oxford University Press, 2009, p.13.

[3] Thomas Oatley, "Toward a Political Economy of Complex Interdependence," *European Journal of International Relations*, Vol. 25, No. 4, 2019, pp.957-978.

[4] Antoine Bousquet and Simon Curtis, "Beyond models and metaphors: Complexity theory, systems thinking and international relations," *Cambridge Review of International Affairs*, Vol. 24, No. 1, 2011, pp.43-62.

系统本身,即行动者与结构的相互建构过程,认为这一过程使得结构本身具有演化性。特定结构中的行动者会发展出相应的特征。当它们开始学习环境,并根据掌握的信息采取行动时,它们其实也在改变结构,进而推动结构的演化。新的结构特征与规律又会反过来重塑行动者。复杂依赖型政治经济学将这一周而复始的演化特征比喻为进化生物学,而其对于行动者与结构相互建构、共同演化关系的假定对于理解结构性权力的转化机制有着重要启发。

学界对于结构性权力转化问题的讨论始于斯特兰奇。她以两次世界大战的英美两国对中立国贸易的干预为例,指出"结构性权力部分地来自思想,部分地来自强制力量"[1]。在第一次和第二次世界大战中,英美两国派出海军巡逻艇扣押驶向敌国的船只及其货物。这种强制性权力是形成一种"极不完整的安全结构的基础或必要条件",当商人们接受这一规定后,这种安排就成为一种权力结构。[2] 这一案例表明了斯特兰奇对权力转化的看法,在结构尚未成型之前,思想的确立需要强制性权力的推动,而在规范建立、结构性权力形成之后,则无须强制性权力的加持,即强制性权力在一定的条件下(结构性权力尚未形成)可以转化为结构性权力,而结构性权力不能也没必要转化为强制性权力。

尼古拉斯·基钦(Nicholas Kitchen)和迈克尔·考克斯(Michael Cox)继承了斯特兰奇的这一观点,并在此基础上发展了强制性权力向结构性权力的转化条件,认为结构性权力

---

[1] 苏珊·斯特兰奇:《国际政治经济学导论——国家与市场》,杨宇光等译,第38页。
[2] 同上书,第40页。

的根源在于关系性权力的优势(relational advantage)和系统重启时刻(system-making moments)。① 具体来说,当全球规则、制度和规范尚未确立时,这一特定时刻各国关系性权力的强弱就成为决定性因素,处于关系性权力顶点的国家最有可能成为新规则的制定者。然而,系统重启时刻并不常见,因此确立结构性权力的机会也屈指可数。帕特丽夏·卡尔文(Patricia Clavin)指出,在第一次世界大战后美国站在道德制高点运用它的经济影响力瓦解了殖民帝国,影响了之后的经济和金融治理体系。② 而在约翰·艾肯伯瑞(G. John Ikenberry)看来,真正的系统重塑发生在"二战"后,此时的美国拥有无可匹敌的关系性权力优势,因而建立了一系列反映自身利益的安全安排和经济制度。③ 这一时期,只有中苏能够阻挡这种结构扩张。而在冷战结束、意识形态屏障消融后,全世界都融入了美国所主导的结构体系,从金融、生产结构的华盛顿共识到安全网络的美国安全援助,再到知识结构的知识产权保护。④

与此同时,反方向的权力转化问题在 20 世纪末的学术界却鲜有人问津。这在一定程度上反映了当时的国际客观现实。苏联和日本在国家实力层面一度是美国最大的竞争对

---

① Nicholas Kitchen and Michael Cox, "Power, Structural Power, and American Decline," *Cambridge Review of International Affairs*, 2019, pp.1-19.
② Patricia Clavin, *Securing the World Economy: the Reinvention of the League of Nations, 1920-1946*, Oxford: Oxford University Press, 2013.
③ Gilford John Ikenberry, *Liberal leviathan the origins, crisis, and transformation of the American World Order*, Princeton, N. J.: Princeton Studies in International History and Politics, 2011.
④ Barry Buzan and George Lawson, "Capitalism and the emergent world order," *International Affairs*, Vol. 90, No. 1, 2014, pp.71-91.

手。然而，在冷战时期美国与苏联在结构上从一开始就处于割裂的状态，例如通过巴黎统筹委员会对社会主义阵营的国家施行禁止和贸易限制，这自然断绝了将结构性权力转化为强制性权力的渠道；日本虽然在经济实力上迅速崛起，但是面临来自苏联的威胁，不得不在军事安全上依仗美国，因此美国没有必要将结构性权力转化为强制性权力。① 而进入21世纪以来，美国受到了中国在经济和安全领域的双重挑战。终于，这一权力转化问题开始受到人们的广泛关注。

2015年3月，前美国驻印度大使罗伯特·布莱克威尔(Robert D. Blackwill)与卡内基国际和平基金会研究员阿什利·泰利斯(Ashley J. Tellis)通过美国外交学会发布了有关调整美国对华大战略的报告，在美国学界、政界引发了激烈讨论。这篇报告的核心观点是，美国把中国融入自由主义国际秩序的努力造成了对美国现如今优势地位的最大挑战。该报告提出，考虑到中国在过去三十年中从世界经济体系中获取的相对收益远大于美国，为了维护美国的领先地位，美国应当充分运用它的不对称经济优势，在亚洲建立新的特惠贸易协议的同时将中国永久性排除在外，同时重建技术管理体制以防止中国获取先进科技，并增加对中国输美商品的征税。② 显然，这里的经济优势不是指占有性的经济实力，而是在国际经济结构中的位置优势。这两位作者想表达的，其实就是为

---

① Shujiro Urata, "US-Japan Trade Frictions: The Past, the Present, and Implications for the US-China Trade War," *Asian Economic Policy Review*, Vol. 15, No. 1, January 2020, pp.141-159.
② Robert D. Blackwill and Ashley J. Tellis, "Revisiting U.S. Grand Strategy Toward China," Council on Foreign Relations Special Report No.72, March 2015, https://carnegieendowment.org/files/Tellis_Blackwill.pdf.

了延续美国的经济实力优势,美国需要将结构性权力转化成强制性权力,将中国从现有的国际经济结构中排挤出去。此后,法雷尔和纽曼进一步发展了这一观点,并以更为学理化的方式表达了出来,即"相互依赖武器化"。

与之相反,斯劳特(Anne-Marie Slaughter)认同斯特兰奇在权力转化上的看法,坚持结构性权力不能转化为强制性权力。在她看来,网络结构本身带来的权力(power of network),或者更准确来说,网络结构带来的好处包括高效、可靠的信息、强大的适应能力和低成本的扩展能力。借助网络结构,一个国家的结构性权力表现为"将连接转化为创新与发展"的能力①,为此美国应当主动运用自身的连接优势在结构中鼓励创新,促成城市理论研究家理查德·弗罗里达(Richard Florida)所描述的"创新生态系统"。

即使结构性权力能够转化为其他权力,斯劳特认为这也并非控制或者零和的权力(power over),而是共享的权力(power with)。在斯劳特看来,去中心化的网络结构就像一张平铺的网,能够汇聚各国的力量。② 共享的权力体现了自由主义的逻辑,将权力视为涌现属性(emerging property)而非能力。因此在结构中人人得以共享,并通过合作解决原先无法攻克的难题。共享性权力的背后反映的是"开放而非闭合"(open versus closed)的网络观,即开放的社会、开放的政府和开放的国际体系,这意味着政府需要与非国家行为体齐

---

① Anne-Marie Slaughter, "America's Edge: Power in the Networked Century," *Foreign Affairs*, Vol. 88, No. 1, 2009, pp.94-113.
② Anne-Marie Slaughter, *The Chessboard and the Web: Strategies of Connection in a Networked World*, New Haven, Conn.: Yale University Press, 2017.

心协力,共同建立更具有包容性(inclusive)的世界体系以对抗全球性问题。

本研究认为,彻底否定结构性权力向强制性权力的转化可能,抑或是完全接受结构性权力向强制性权力的无偿转换,这两种看法都过于极端。中美经济相互依赖"武器化"的现实告诉我们,权力转换是真实存在的,但绝不是没有代价的。在结构性权力理论中,一方面,结构是由所有行为体所共同构成的(co-constitute)[①],另一方面,正如复合依赖型政治经济学理论所强调的,行动者和结构呈相互建构的关系,行动者单方面改变结构、将结构性权力转化为强制性权力的行动将通过结构这一媒介对自身产生反冲作用。当美国试图通过网络化制裁改变目标国的位置时,结构产生的波动也将沿着网络连接反过来对美国施加一定的影响;当美国使用网络化制裁胁迫第三方国家时,它也在改变其他国家对于结构的期待与认知,从而引发这些节点避险性的集体行动并改变结构。需要注意的是,在美国内部同样存在行动者(利益集团、美国政府)-结构(美国国内政治结构)关系。为此,有必要围绕网络化制裁中的主要行动者和结构建构出新的解释框架。

2.6 小　　结

上述对于传统经济制裁、金融制裁、"武器化"相互依赖和次级制裁制约因素的既有解释为本研究提供了重要线索。不

---

① Michael Barnett and Raymond Duvall, "Power in International Politics," *International Organization*, No. 49, 2005, p.56.

过基于网络化制裁与上述制裁在关键机制上的差异性,这些理论有待进一步补充、修正和深入。

首先,传统经济制裁学者围绕成本和利益集团构筑的解释有着重要参考意义。这促使我们去思考:不同的网络化制裁手段之间对于美国政府来说是否有成本差异?如果把成本分摊到国内的企业和个人,哪些利益集团会是网络化制裁的拥护者,哪些又会是反对者?它们又是如何向美国政府施加政治与经济压力,从而在网络化制裁政策中实现利益最大化?在此基础上,金融制裁的相关文献又补充了两个重要视角,除了决定是否在某一经济结构中使用网络化制裁,对于制裁烈度和贯彻力度的设计也是网络化制裁策略的关键构成部分。

其次,虽然"武器化"相互依赖和次级制裁在形式上都涉及第三方国家,但相关理论都放弃了在结构层面寻求解释。前者是基于"偏好依附"效应认为美国在国际经济结构中的优势难以改变,否认了结构动态演化,即第三方节点能够绕过美国中心节点的可能性;后者是因为仅从国家间实力对比的角度出发,忽视了结构的存在与潜在影响,尤其是第三方国家通过对结构产生影响进而对美国施加成本的可能性。

与此同时,社会网络分析理论与复合依赖型政治经济学理论为本研究的理论框架指明了研究方向。在技术上,社会网络分析理论以节点和连接来描绘网络结构,并以中心性,尤其是居间中心性的概念来测度一个节点与结构中其他所有节点的整体相互依赖关系,这就使得结构性权力,即网络化制裁的权力来源具有可操作性。在逻辑上,复合依赖型政治经济学理论有关行动者-结构相互建构的假定推动了权力转化理论的进一步发展。结构性权力向强制性权力的转化是可能的,但同时对于使用者来说也存在代价和成本。全球经济网络结构是在自由、开放的市场逻辑和经济动机下形成的,当美国通过使用网络化制裁将政治逻辑置于市场逻辑之上、改变结构的外在连接分布与内在规则,结构必然将在短期进行反弹,并在长期进行演化,从而对美国自身产生深远影响。

第 3 章
理论框架与研究设计

3.1 理论框架

在社会网络分析理论与复合依赖型政治经济理论的基础上,本研究提出美国网络化制裁的"行动者-结构"互动分析框架。这一框架包含三种互动模式,第一种是"目标国-国际经济结构-美国国内行为体-国内政治经济结构-美国(政府)"。正如约瑟夫·奈和基欧汉所强调的,世界政治中的相互依赖指的是"以国家之间或不同行为体之间相互影响为特征的情形"①。如果交往双方不需要付出代价,则仅仅是相互联系,而非相互依赖。在网络化相互依存的背景下,这表现为目标国被动地通过网络结构向美国反向施加的代价。当美国试图扰乱目标国在网络结构中的资源流通并改变目标国在结构中的相对位置时,所引发的结构波动将会自然地沿着交织的网络连接对美国产生反弹(repercussion),迫使美国进行反应和调整。而目标国在结构中的中心性越高,就说明它所扮演的

---

① 李巍:《制度变迁与美国国际经济政策》,上海人民出版社,2010年,第37页。

角色越不可或缺，结构中包括美国在内的其他国家越仰仗其在结构中的参与。

在第二种互动模式中，结构演化的逻辑呈现为"第三方行为体-国际经济结构-美国行为体"，美国对于特定结构演化速率的未来预期构成了该网络化制裁的滞后性成本。第三方节点作为网络化制裁的直接施压对象，与美国之间产生了直接矛盾，也由此改变了对结构的判断，选择采取绕开中心节点的避险性集体行动。不过，行动者与结构的相互建构关系说明行动者改变结构的能力与意愿将受到结构性因素的制约与塑造。基于不同维度的网络结构具有不同的外部拓扑特征和内在适应度（fitness），第三方节点推动结构演化的速率也有所差异。考虑到西方政治学理论假定领导人的首要目标是赢得连任，美国领导人将更注重短期收益。为了防止结构在自身任期内快速演化，美国领导人会避免在易于演化的结构中刺激第三方节点。

最后的互动模式打开了国家的"黑匣子"，即"美国国内行为体-国内政治经济结构-美国"。以跨国企业为代表的非国家经济行为体是美国非对称网络化相互依存的权力基础，因而也是网络化制裁的权力媒介与实际执行者。当美国采取网络化制裁政策时，势必会激发逐利的民间资本与逐权的国家政府之间的鲜明对立。为了尽可能地维护自身经济利益，企业将诉诸自身在国内政治生态中的影响力去影响美国政府的网络化制裁政策。需要特别注意的是，这里的"美国国内"指的是政治成本的施加方式，即企业-政府关系，而非施加者的隶属性和国籍。换而言之，跨国企业并不是特指总部位于美国，或是由美国人经营的美国跨国企业。其他利益受损的第三方跨国企业亦能通过其在美国的分部,或是其在美国内部的商业合作伙伴,联合其他企业一同向美国政府施压。

图3.1分别展示了上述两种"行动者-结构"互动模式。其中,箭头的交替代表着行动者与结构的相互建构过程。一方面,行动者或主动或被动地影响和改变着结构;另一方面,结构也向行动者施加成本并对其行为进行约束。箭头的演进则体现了不同行动者、不同结构之间的施动关系。目标国、美国国内企业和第三方节点意图改变美国的选择策略,而在第三类互动模式中,美国国内政治经济结构的权力架构最终影响了国际层面经济结构的连结分布。

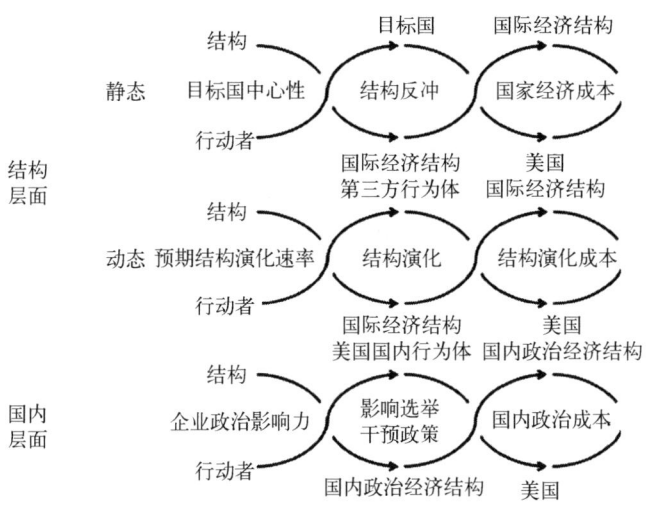

图3.1 "行动者-结构"互动模式示意图

3.2 变量、假设及因果机制

根据不同行动者与结构的互动模式,网络化制裁的使用与结构性权力转化会产生结构成本和国内成本,从而构成了美国网络化制裁的制约因素,决定了其选择逻辑。在结构层面,一方面,当美国试图改变目标国在结构中的位置的同时,借由结构传导,目标国将根据自身的中心性对美国产生反冲作用,构成了即时成本。另一方面,结构中的第三方行为体在美国的施压下,不得不中断与目标国的连接,也由此与美国产生了直接矛盾,改变了对结构的判断,并选择采取绕开中心节点的避险性集体行动,从而推动结构向去中心化的方向演化,即滞后成本。而在国内层面,美国国内利益受损的个体和群体在国内政治经济生态中的影响力越大,美国政府所需付出的国内政治成本就越大。总之,目标中心性、美国对于演化速率的预期和企业权力共同制约着网络化制裁政策的选择策略,且分别着重于政策的不同方面——制裁维度、制裁烈度和贯彻力度。这一部分将围绕这三种互动模式进行展开,首先介绍主要自变量及其作用机制,并推导其与因变量的逻辑联系。

3.2.1 结构自变量:目标国中心性

在本研究中,目标国中心性特指目标国的居间中心性,即目标国在该结构跨国合作中的不可替代性。在社会网络分析理论中,居间中心性意味着某一节点位处多少对节点之间的必经之路。[1] 当具有高居间中心性的节点脱离结构网络时,

---

[1] Emilie M. Hafner-Burton and Alexander H. Montgomery, "War, Trade, and Distrust: Why Trade Agreements Don't Always Keep the Peace," *Conflict Management and Peace Science*, Vol. 29, No. 3, 2012, pp. 257-278.

则其他节点之间也会产生隔阂,结构中连接的数量和质量会随之减小。在价值链层面,本研究将借鉴庞珣与何晴倩对全球价值链结构性权力的测量方法。① 该方法通过使用联合国贸易和发展会议的跨国投入产出表数据进行里昂惕夫分解(Leontif Decomposition),将国家的增加值网络连结聚合为网络位置权力指标。其中,一国从其他国家进口的增加值占这些国家出口份额的对数加总构成了该国作为增加值输入国的结构性权力;而一国向其他国家出口的增加值占这些国家出口份额的对数加总,则表示了该国作为增加值输出国的结构性权力。两者加总便得到了一国的整体结构性权力,直观地反映了一国在价值链网络中的居间性地位,即其他国家在价值链中的参与度(出口增加值)在绕开该国的情况下会受到多大的影响。

在金融货币领域,货币的居间中心性体现为在货币交易和贸易结算中的占比。有关数据可以参考国际清算银行对外汇市场的统计,以及美联储、银行间金融通信协会等相关机构的业务数据。在技术网络中,本研究主要采用三方同族专利(triadic patent family)作为测量指标。三方同族专利是经济合作与发展组织的重要创新与技术指标,旨在统计同时受世界最大三个专利局即欧洲专利局(EPO)、日本专利局(JTPA)和美国专利与商标局(USPTO)保护的专利。② 之所以选择三方同族专利作为测量指标有两个原因。第一是单个专利局的

---

① 庞珣、何晴倩:《全球价值链中的结构性权力与国际格局演变》,《中国社会科学》2021年第9期。
② ORCD, "Patents by technology," March, 2023, https://stats.oecd.org/Index.aspx?DataSetCode=PATS_IPC#.

授权专利可能存在"主场优势"(home advantage)现象,而三方同族专利相对无偏。① 第二是不同国际技术专利的经济价值往往相差较大,难以进行同质化比较,而三方同族专利内部的经济价值普遍较高,具有可比性。② 因此,一国占世界三方同族专利的比例能够较为客观和准确地表示其技术创新水平。

根据具体测量指标,本研究将目标国的居间中心性从低到高分为"中心""半中心半边缘"和"边缘",视作离散变量。"中心"的判定标准是该节点中心性测度指标达到了排名首位分值的80%③,当该节点中心性得分高于平均值时则为"半中心半边缘",低于平均值时则为"边缘"。

根据"行动者-结构"的相互建构关系,在美国试图改变目标国在结构中的位置的同时,借由结构传导,目标国将根据自身的中心性对美国产生反冲作用。在二元相互依存关系中,一方的行为将对另一方施加影响和代价,即敏感性和脆弱性。而在网络化相互依存理论中,一个节点的中心性代表了整个结构所有节点对该节点的敏感性和脆弱性,反映了当该节点位置变化时,其他节点需做出的"反应程度和调节

---

① Paola Criscuolo, "The 'Home Advantage' Effect and Patent families: A Comparison of OECD Triadic Patents, the USPTO and the EPO," *Scientometrics*, Vol. 66, 2006, pp.23-41.
② Leila Tahmooresnejad and Catherine Beaudry, "Capturing the Economic Value of Triadic Patents," *Scientometrics*, Vol. 118, 2019, pp.127-157.
③ 80%是权力转移理论里常见的阈值,差距在20%以内往往被视为实力均衡。详见 Indra de Soysa, John R. Oneal and Yong-Hee Park, "Testing Power-Transition Theory Using Alternative Measures of National Capabilities," *The Journal of Conflict Resolution*, Vol. 41, No. 4, 1997, pp.509-528。

成本"①。以俄罗斯为例,俄罗斯在2021年是世界第一大天然气出口国和世界第二大石油出口国,在全球的能源供应链中处于关键位置。当美国对俄罗斯展开制裁,封锁其石油和天然气出口后,全球的能源市场都被迫对此做出调整。截至2022年9月,全球的布伦特原油价格上涨了3%,欧洲天然气期货合约上涨了9%。② 为此,美国不得不与伊朗进行谈判,希望它尽快恢复在2018年的产量份额,并游说沙特阿拉伯等国家增产石油。同样地,受2020年初暴发的新冠疫情影响,大规模的中国工厂被迫停工。而作为"世界工厂"的中国在全球价值链网络中的短暂消失致使全球汽车、手机等产业链遭受重创。

这一反冲作用还可以从风险扩散的角度进行解释。网络中的连接除了传输技术、商品等正向资源,还会传播风险、危机等负面效益。因此,当美国扰乱目标国周边的资源流通并造成经济波动时,这一动荡会沿着交织的网络反冲至美国自身。现有的网络理论认为,在平面网络结构中,所有节点都紧密联系在一起,一个节点的"失败"会通过传染作用(contagion)造成整个系统的"失败"③。不过,传染的风险与影响并非是恒定的,而是视节点在结构中的相对位置而定。在等级网络中,发源于边缘节点的危机并不具有较高的传染

---

① 庞珣、何晴倩:《全球价值链中的结构性权力与国际格局演变》,《中国社会科学》2021年第9期。
② 安娜·希尔滕斯坦:《油气价格大涨,俄乌战争升级》,《华盛顿邮报》2022年9月21日,https://cn.wsj.com/articles/油气价格大涨-俄乌战争升级-11663754706。
③ Joseph E. Stiglitz, "Contagion, Liberalization, and the Optimal Structure of Globalization," *Journal of Globalization and Development*, Vol. 1, No. 2, 2010, Article 2.

性,只有中心节点爆发的危机才会迅速蔓延至整个网络结构。① 现有文献对于金融网络与金融危机的研究验证了这一理论。② 发源于中心节点美国的次贷危机迅速扩散至世界的各个角落,而产生于边缘地带和次边缘地带的拉丁美洲债务危机和亚洲金融危机对美国银行的影响较为有限。

因此,目标国在经济结构中的中心性越高,美国在改变其结构位置后所需付出的经济成本也就越高。

3.2.2 结构自变量:结构演化速率

结构演化指的是在网络化制裁中,随着直接矛盾从美国和目标国转移至美国和第三方国家或企业,第三方行为体也将改变对于结构的认知,开始避险性的集体行动从而绕开中心节点。根据复合依赖型政治经济理论对于行动者与结构相互建构、共同演化关系的假定,本研究认为行为体改变结构的能力和意愿同时也受到结构性因素的制约与塑造。在复杂网络理论中,网络结构的外部特征表现为节点和连接组成的拓扑结构,以及多层网络之间的叠加组合,内部规律体现为决定连接变化方向的适应度(fitness)。③ 在结构演化过程中,复杂

---

① Thomas Oatley, et al., "The Political Economy of Global Finance: A Network Model," *Perspectives on Politics*, Vol. 11, No. 1, 2013, pp.133-153.
② Matthew Elliott, Benjamin Golub, and Matthew O. Jackson, "Financial Networks and Contagion," *American Economic Review*, 2014, Vol. 104, No. 10, pp.3115-3153.
③ Khanh Nguyen and Duc A. Tran, "Fitness-Based Generative Models for Power-Law Networks," in My T. Thai and Panos M. Pardalos, eds, *Handbook of Optimization in Complex Networks*, New York: Springer US, 2012, pp.39-53.

网络结构并非呈现简单、连续的线性变化①,而是直接从统领性的轴辐状态(hub-and-spoke)跃变为去中心化的新常态。不同结构基于各自独特的拓扑特征与内在规律,通往演化"临界点"(tipping point)的速率存在差异性。

结构的外部形态与连接分布情况决定了行为体改变结构的能力。一是在单层网络结构中,相比于在单核网络中绕开唯一的主轴,绕开多中心网络中的其中一个中心节点显然会相对容易,因为这些非主导国所掌控的轴点为其他节点提供了可匹配的替代方案与聚焦点(focal point)。二是现实生活中的一部分网络并非孤立的,而是嵌套在复杂多层网络(multi-level network)之中。②

考察结构是否表现为复合形态有两个重要的参考指标:其一是节点之间是否同时存在纵向与横向联系,其二是节点之间的连结是否具有同质性。技术网络是典型的复合网络。以半导体技术网络为例,上游环节包括原材料供应和生产设备,中游环节聚焦于芯片设计、芯片制造与封测,而下游环节主要是芯片应用。每一层网络都代表着不同性质的技术和产品,相互之间具有不可替代性,且存在定向的供给关系,即自上而下的技术要素流通。③ 半导体技术网络的部分构成可以

---

① Matthew J. Hoffman and John Riley Jr., "The Science of Political Science: Linearity or Complexity in Designing Social Inquiry," *New Political Science*, Vol. 24, No. 2, 2002, pp.303-320.
② Dror Y. Kenett, Matjaž Perc, and Stefano Boccaletti, "Networks of networks — An introduction," *Chaos, Solitons & Fractals*, Vol. 80, 2015, pp.1-6.
③ 尽管与此同时,下游企业也会回馈销售和用户等技术应用信息,但是价值相对有限。因此,处于下游网络的节点对于上游节点在功能上有着更强的依赖性。

表现为图 3.2。其中,箭头表示技术要素的接收方,实线和虚线分别代表同一层面企业的专利协议与技术合作,以及企业间跨层的技术产品和知识产权输送。

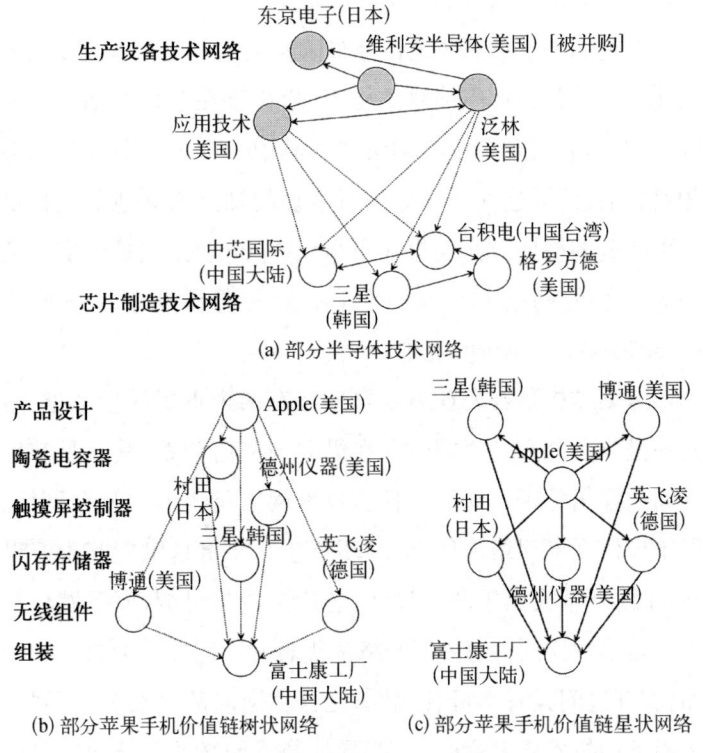

图 3.2 半导体技术网络图

参考资料:"Supplier List",2020,https://www.apple.com/supplier-responsibility/pdf/Apple-Supplier-List.pdf。

相较之下,价值链网络具有单层网络的特征。以苹果手机价值链网络为例,尽管根据生产加工环节该网络可以表现为自上而下的树状图[见图 3.2(b)],但是因为缺少横向连结,也同样能够表现为由内向外的星状图[见图 3.2(c)]。这是因为价值链网络只存在纵向连结,处于同一环节的供应企业之间一般不存在往来,例如同为无线组件供应商的博通公司和英飞凌公司(Infineon)在为苹果公司生产零件的时候没有交集。与之相反,技术网络中近似企业之间仍然会发生知识产权交互。此外,价值链概念的核心在于"价值"(value),或者说"增加值"(value added)的创造与分配。因而即便是不同类型的产品也能以增加值为标准进行统一的衡量。如经济合作与发展组织,就对Iphone 4各个环节的增加值进行了计算,中国境内的增加值仅占3.38%(最终品售价为194.04美元),详见表3.1。

表3.1 Iphone 4价值链中的各国增加值

美国贸易逆差	中国	韩国	德国	法国	日本	其他	世界
增加值	−6.54	−80.05	−16.08	−3.25	−0.7	−62.79	−169.4

资料来源:"Global Value Chains: Preliminary Evidence and Policy Issues," 2011, http://www.oecd.org/dataoecd/18/43/47945400.pdf.

如果网络结构表现为多层次的复合形态,且主导国在中上游网络都掌控中心节点,则其他节点绕开主导国的难度更高。这不仅是因为其他行为体需要同时在多个层面绕开中心节点,而且由于相互依赖网络相比单层网络具有更强的互惠性[1],主导国在结构中维持中心节点地位的能力也更强了。主导国国内位于不同网络层面的中心节点能够通过协作配合

---

[1] Zhen Wang, Attila Szolnoki, and Matjaž Perc, "Interdependent Network Reciprocity in Evolutionary Games," *Scientific Reports*, Vol. 3, Article 1183, 2013.

强化各自的优势位置。尤其是在进入数字化时代的技术结构中,跨领域的知识整合与交叉合作能够有效推动科技创新。①

另外,结构的内在规律影响了行为体改变结构的意愿。每个结构都有自身的运作规律,中心节点之所以能够位于结构优势地位,是因为它满足结构的功能性需求,即适应度(fitness)。适应度是一个节点的内在属性,这一属性代表着对其他节点的吸引力,指引着结构中连接的未来变化方向。吉妮斯特拉·比安科尼(Ginestra Bianconi)和艾伯特-拉斯洛·巴拉巴西(Albert-László Barabási)认为,一个网络的演变规律是同时由适应度,以及象征着一个节点所拥有的连接总合的度数中心性共同决定的。② 举例来说,在社交网络中,一个人的吸引力既与他的个人经历有关(度数中心性),也反映了他的才能(适应度)。奥特利等也以金融市场网络为例,指出该网络结构的适应度主要由四个要素构成,包括金融机构的制度设置、管理能力、历史声誉以及市场规范。③ 如果中心节点的适应度发生了变化,不再能够胜任结构和其他节点的需求,那么其他节点自然会产生绕开中心节点的意愿。

因此,美国政府对于结构演化速率的预期主要由结构的拓扑特征和结构适应度决定。结构的拓扑特征表现为"单中

---

① Raissa Pershina, Birthe Soppe, and Taran Mari Thune, "Bridging Analog and Digital Expertise: Cross-domain Collaboration and Boundary-spanning Tools in the Creation of Digital Innovation," *Research Policy*, Vol. 48, No. 9, 2019, pp.1-13.

② Ginestra Bianconi and Albert-László Barabási, "Competition and Multiscaling in Evolving Networks," *Europhysics Letters*, Vol. 54, No. 4, 2001, pp.436-442.

③ Thomas Oatley, W. Kindred Winecoff, Andrew Pennock, and Sarah Bauerle Danzman, "The Political Economy of Global Finance: A Network Model," *Perspectives on Politics*, 2013, Vol. 11, No. 1, pp.133-153.

心"和"多中心"。① 当结构体现为单层网络时,"单中心"意味着美国是该结构唯一的中心,或者该结构其他中心均明确支持美国网络化制裁,从而使得网络化制裁的实施方实际上处于多中心联合状态,稀释了结构演化压力;当结构表现为复合形态,美国必须在中上游的多层网络构成单一中心,才满足"单中心"条件。其他情况下,均为"多中心"。"中心"的衡量标准参见上一小节的"目标国中心性"。唯一的区别在于,当美国居间中心性分值最高,且没有其他节点的得分与美国的差距小于20%时,如果第二名的节点的得分大幅领先其他所有节点(是第三名得分的两倍以上),则此时同样构成"多中心",因为第二节点为其他节点提供了一个聚焦点,进而能够优化集体行动的效率,加快结构的演化速率,例如货币金融网络中的欧元。

结构适应度体现了结构内在的运作规律和功能性需求,因此是结构规范与价值取向的总和。比约克达尔(Annika Björkdahl)给出的规范定义是:"构建行为体利益和身份的主体间的理解,并且创造与规定了何为恰当的行为。"② 这一定义涵盖了国际关系中建构主义学派总结的两种规范,即调节性规范(regulative norm)和构成性规范(constitutive norm)。③ 前者约束行为,后者创造新的行为体、利益和行为模式。本研究

---

① 理论上,当美国处于非中心,或结构层面不存在中心节点的情况下,美国是无法实施网络化制裁的。
② Annika Björkdahl, "Norms in International Relations: Some Conceptual and Methodological Reflections," *Cambridge Review of International Affairs*, Vol. 15, No. 1, 2002, p.21.
③ Martha Finnemore and Kathryn Sikkink, "International Norm Dynamics and Political Change," *International Organization*, Vol. 52, No. 4, 1998, p.891.

聚焦的是前者,即什么行为是被结构所排斥的。因此,判断网络化制裁行为会在多大程度上损害中心节点的适应度,取决于该行为是否违背了结构规范,以及是否会破坏该中心节点的核心功能。通过对结构规范、结构功能性需求进行定性判断,本研究将网络化制裁对适应度的影响区分为"冲击大"和"冲击小"。

根据结构演化速率和结构适应度的取值,美国对结构演化速率的预期共分为"慢""中""快"三种情况,如表3.2所示。

表3.2 预期结构演化速率表

种　类	"单中心"结构	"多中心"结构
适应度"冲击小"	慢	中
适应度"冲击大"	中	快

在对演化速率进行概念具体化和操作化之后,需要回答的问题是结构演化速率与美国政府决策制定过程的逻辑联系,即美国领导人是否介意结构快速演化,以及是否愿意为其改变网络化制裁设计?

在马斯坦多诺(Michael Mastanduno)看来,只要美国自身的安全担忧足够强烈,就能接受丧失经济领导力。尽管在后冷战时代,以促进经济相互依赖为宗旨的自由主义经济秩序是美国霸权(hegemony)的关键组成部分,但是在无政府状态下,恐惧的力量(fear)一直支配着国家行为,国家恐惧一切对自身生存、领土完整和外交政策自主权的威胁。这两者具有相斥性,当霸权国家为了安全采取诸如网络化制裁的强迫性政策,则会削弱现存经济秩序的稳定性,使得其他从属者(followers)觉得主权和利益受到侵害。对于霸权国家而言,尽管长期安全和繁荣同等重要,但是短期内愿意牺牲经济秩序来解决安全关切。①

马斯坦多诺的观点触及了网络化制裁诞生的原因,却不能解释网络化制裁的内部差异性。他将特朗普执政时期定义为轻秩序重安全的时代,并以此解释经济相互依赖为何频繁被"武器化",称特朗普"没有将美国的结构性权力视为需要促进和保存的资产,而是视为满足国内外政策利益的现成工具"②。然而,即使在特朗普执政时期,网络化制裁实践也存在鲜明的维度间差异。当特朗普对伊朗进行技术网络化制裁时,他果断地制裁了中国"中兴"和"华为"这些第三方节点;然而当欧盟在 2020 年向伊朗注入了约 27 亿欧元的直接投资时③,他却没能跟进金融网络化制裁。

本研究认为,美国虽然出于安全关切愿意牺牲一定的经济领导地位,但绝不是无限制的,关键在于如何界定容忍度的底线。一是纵使执政者将美国的结构中心地位视为实现对外政策的手段而非目标,这一工具也是宝贵的消耗品。因为一旦美国在经济结构中的领导力消失殆尽,则安全利益也失去

---

① Michael Mastanduno, "Hegemony and Fear: The National Security Determinants of Weaponized Interdependence," in Daniel W. Drezner, Henry Farrell, and Abraham L. Newman, eds., *The Uses and Abuses of Weaponized Interdependence*, Washington, D.C.: Brookings Institution Press, 2021, pp.67-83.
② Ibid.
③ "Iran: EU Trade Relations with Iran," May 21, 2022, https://policy.trade.ec.europa.eu/eu-trade-relationships-country-and-region/countries-and-regions/iran_en.

了保障。斯特兰奇将世界经济中的权力结构分为安全结构、生产结构、金融结构和知识结构。本研究在此基础上发展了结构之间的关系。如图 3.3 所示,当霸权国感知国际环境为安全时,安全结构是底层逻辑,隐于底面的却是大厦基石,对其他结构的发展起支撑作用。在生产结构中,美国以强大的军事实力为依托确保航行自由成为国际习惯法,从而推动了生产贸易体系的全球化;在金融结构中,美国用安全保障和军事援助换来了以沙特为首的石油输出国组织国家的大力支持,石油与美元的挂钩稳固了美元的国际地位;在知识结构中,美国在冷战结束后推动军民融合,通过政策调整推动庞大的军工产能向民用技术领域发展,促成了"洛克希德·马丁""波音""雷神"等公司的黄金时代。在这一阶段,尽管美国没有受到实质性的安全威胁,但它在安全结构中的领导地位对于其他结构的发展也是不可或缺的。

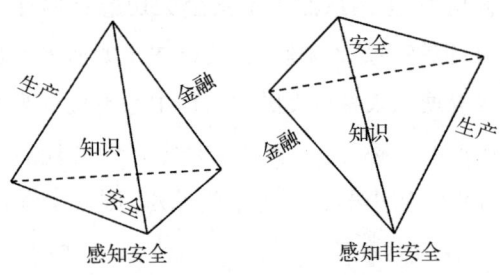

图 3.3　结构关系示意图

而当美国感知到实质性安全威胁时,安全结构浮出水面,转变为顶层设计,统领全局,并向处于下方的其他维度辐射,于是便有了"供应链安全化""金融安全化"以及"技术安全化"。此时,政治逻辑高于经济逻辑,其他三个位面源源不断地向安全结构供能。在现实主义政策框架中,这表现为削弱对手并将其排除在各自结构之外,例如网络化制裁。一旦美国失去了在其他三个结构中的中心地位,则位于顶层的安全结构就失去了经济保障。需要注意的是,对于自由主义倡导者而言,国家的结构领导地位还可以表现为"将连接转化为创新与发展"的能力,能够通过调控网络资源传播与弘扬所秉持的价值观念。① 这种能够将竞争对手转变为合作伙伴的塑造性权力也为解决安全隐患提供了其他可能性,成为强制性权力的机会成本。因此,即便美国出于安全考虑愿意在一定程度上牺牲经济领导地位,也绝对不能接受结构演化,不愿彻底失去经济结构中的中心地位。

二是西方的政治制度决定了美国的领导层重视短期收益远甚于长期收益。如上文所提到的,西方领导人的首要目标是赢得连任。同时,基于美国政体的分权特征以及对行政权力的制衡倾向,即使在不继续参选的情况下,政府首脑也会为了避免受到弹劾而专注于执政期间的表现。② 因此,考虑到美国总统的任期为 4 年,领导人所偏好的时间范畴在 4 年以内。这意味着,如果结构演化带来的滞后性成本在 4 年以后才会产生,那么对于现任美国总统而言实际成本可忽略不计,即是说,美国领导人需要避免的是结构的快速演化,防止在自身任期内失去经济结构中的领导地位。

本研究认为美国在实施网络化制裁时所表现出的维度间

---

① Anne-Marie Slaughter, *The Chessboard and the Web: Strategies of Connection in a Networked World*, New Haven, Conn.: Yale University Press, 2017.
② Jody C. Baumgartner and Naoko Kada, *Checking Executive Power: Presidential Impeachment in Comparative Perspective*, Praeger, 2003.

差异源于其对不同结构的演化速率预期的差别。美国会在易演化的结构中尽可能地保持克制,避免过度刺激第三方节点从而推动结构演化,而在相对固化的结构中则能够采取更为激进的网络化制裁策略。

3.2.3　国内自变量:企业权力

首先需要强调的是,企业权力是美国国内自变量,并不意味着企业特指美国国内企业。在经济全球化时代,总部位于第三方国家的跨国企业同样能够基于其在美国的子公司,抑或是其在美国国内的商业合作伙伴,去对美国政府施加影响。因此,这里的企业权力具体是指美国及国际跨国企业在美国内部政治生态中的地位及影响力。

参照比较政治学中的结构性权力理论,本研究将企业权力分为工具性权力和结构性权力。工具性权力强调企业-政府关系,即企业能够对政府直接施加影响力的政治资源,包括三类:一类是该企业与美国总统的个人纽带、该企业向美国政府内部输送的利益代言人以及该企业的地理位置(是否处于摇摆州)。在操作化层面,利益集团和美国总统的个人关系可以从两者的公开表态(包括推特),尤其是大选期间的互动,并借助联邦选举委员会(Federal Election Commission)提供的竞选资金数据(Campaign Finance Data)[①]作为辅助参考。二类为企业利益代言人,表现为在该企业任职过的内阁成员和白宫幕僚,因为在这一级别以下的政府官员一般能够参与的政策制定

---

① 详见"Campaign Finance Data," March 1, 2023, https://www.fec.gov/data/。

过程相对有限。① 此外,考虑到美国业界精英往往在各行各业中都有任职经历,因此须以该政府官员在进入政府前最后服务或服务时间最久的企业类型为准。三类为对摇摆州的界定以现有学界共识为标准,如现有研究对于2016年选举的摇摆州虽然有不同排序,但是都绕不开艾奥瓦州、佛罗里达州、威斯康星州、密歇根州、俄亥俄州以及宾夕法尼亚州。② 这六个州均在2008年和2012年支持了奥巴马,继而在2016年转向了共和党。

结构性权力则注重企业-国家关系,具体体现为该企业对现任美国政府大选期间竞选承诺和执政期间政策目标的支撑作用。背后的逻辑是,美国政府是否能够赢得连任取决于国家的整体政治经济环境,尤其是该届政府是否实现了其竞选承诺和执政目标。如果企业在政府推行政策纲领的过程中扮演了关键角色,那么对于政府也就具有更强的议价能力。对于结构性权力的测量在于从执政者的视角去分析他对不同产业的价值判断。③ 因此,必须结合美国总统在大选期间的竞选承诺和执政期间的政策目标进行定性判断。例如,特朗普在其贸易政策中反复强调三个主题:贸易平衡的重要性(包括双边)以及两个破坏贸易平衡的因素,即外国操作货币的危险性和现有贸易协定的灾难性。④ 由此可以做出判断,减少

---

① Bob Davis and Lingling Wei, *Superpower Showdown: How the Battle Between Trump and Xi Threatens a New Cold War*, Harper Business, 2020.
② John E. Farley, "Five Decisive States: Examining How and Why Donald Trump Won the 2016 Election," *The Sociological Quarterly*, Vol. 60, No. 3, 2019, pp.337-353.
③ Tasha Fairfield, "Structural Power in Comparative Political Economy: Perspectives from Policy Formulation in Latin America," *Business and Politics*, Vol. 17, No. 3, 2015, pp.411-441.
④ Marcus Noland, "US Trade Policy in the Trump Administration," *Asian Economic Policy Review*, Vol. 13, No. 2, 2018, pp.262-278.

贸易逆差是特朗普政府的重要政策目标,而有助于达成这一目标的企业将获得政府的政策支持。

结合该企业的直接和间接政治影响力,本研究对企业权力设置"弱"和"强"两个取值。一般情况下,只要企业具备工具性权力和结构性权力中的任意一种权力时,就符合"强"的标准。不过,考虑到具体案例分析中主要是对同一国家不同结构的企业权力进行横向对比,"强"和"弱"往往是相对概念。

在有关西方国家公共政策制定的理论探讨中,利益集团模式一直占据着中心地位。① 这一解释模式的理论适用性通常取决于具体的议题领域。其中,国际经济政策议题相比于对外安全政策议题更契合利益集团模式,因为后者的公共性使得社会行为体甘愿将权力让渡给政府。② 而在国际经济政策议题中,利益集团模式又尤其适用于解析网络化制裁议题,因为以跨国企业为代表的非国家行为体不仅是政策的利益攸关方,同时也是国际经济结构中网络化非对称依赖权力的实际持有者与网络化制裁的直接执行者。

在美国,尽管政府体制具有三权分立的制衡特征,但是经济制裁的使用权力几乎全部掌握在行政系统手上。③ 一方面,以《国家紧急经济权力法案》(International Emergency

---

① David Truman, *The Governmental Process: Political Interests and Public Opinion*, New York: Knopf, 1951.
② 李巍:《制度变迁与美国国际经济政策》,上海人民出版社,2010年,第37页。
③ James J. Savage, "Executive Use of the International Emergency Economic Power Act-Evolution through the Terrorist and Taliban Sanctions," *Currents: International Trade Law Journal*, Vol. 10, 2001, pp. 28 - 39; John P. Giraudo, "Waging Economic Warfare: The Sanction Power under the Constitution," *New York University Journal of International Law and Politics*, Vo. 19, 1987, p.935.

Economic Powers Act，IEEPA)为代表的法令赋予了美国总统以"不一般和异乎寻常的威胁"(unusual and extraordinary)为由向任意个人或实体施加制裁的权力。尽管《国家紧急经济权力法案》最初基于制衡理念，同样给予了国会以立法否决(legislative veto)终止制裁的权力，但是1983年美国最高法院做出立法否决属于违宪的判决，瓦解了这一制衡条件。① 另一方面，美国国会颁布的制裁法案通常授予总统豁免、暂停和终止的权力。② 譬如在美国国会1996年通过《伊朗与利比亚制裁法案》后，克林顿政府曾多次赦免欧洲企业，小布什政府也于2006年签署行政命令终止了对利比亚的有关制裁。在此情形下，美国国会只有在达成内部统一，即2/3的绝对多数制(supermajority)的前提下，才能挑战总统对经济制裁的相关权力。然而在21世纪以来美国政治极化与党政激化的背景下，两党在国会的合作无疑是举步维艰，这就使得政治权力愈加向白宫倾斜。③

因此，企业若是要影响美国网络化制裁的选择策略，则需要对美国政府的行政系统施加影响。由于企业本身并非政府内部决策的直接参与者，在此过程中起决定性作用的是企业在国内政治经济结构中的位置。比较政治经济学的结构性权

---

① Curtis A. Bradley, "Reassessing the Legislative Veto: The Statutory President, Foreign Affairs, and Congressional Workarounds," *Journal of Legal Analysis*, Vol. 13, No. 1, 2021, pp.439-501.
② Afrimadona, "Party Polarisation in the American Congress and the Duration of Legislated Economic Sanctions, 1945–2005," *Contemporary Politics*, Vol. 27, No. 4, 2021, pp.419-438.
③ James M. Goldgeier and Elizabeth N. Saunders, "Checks and Balances Eroded Long Before Trump," August 14, 2018, https://www.cfr.org/article/unconstrained-presidency-checks-and-balances-eroded-long-trump.

力理论将企业权力区分为工具性权力与结构性权力,前者指的是企业通过与政府交往联系如竞选捐款和游说而获得政治优势;后者体现在资本家控制了国家经济赖以增长的投资决策。①

基于美国独特的国内政治经济制度,本研究对工具性权力和结构性权力做出两点补充。一是除了与总统建立紧密联系、向政府内部输送利益代言人的传统工具性权力以外,美国的选举人团制度给予了摇摆州特殊的政治影响力。2016年,希拉里·克林顿在领先特朗普接近290万张普选选票的情况下败选。这再次说明了美国大选虽然是全民选举,但是胜负却是由州一级层面决定的。而且,由于各州相对固定的政党认同和意识形态倾向②,在美国的51个选区中,有近40个州的选票在大部分时间是两党其中之一的稳固票仓。③ 这就使得摇摆州的选票异常关键,成为大选期间两党的聚焦点,例如2000年的佛罗里达州。因此,美国摇摆州的关键选民在国内政治生态中有着突出的位置。如果违背了摇摆州的民意,则执政党很有可能在下次大选中付出惨重的代价。

二是虽然比较政治经济学中的结构性权力理论认为,在资本主义市场经济体制的国家,企业凭借对国家经济发展的贡献获得了对国家经济政策制定的话语权,但是这一"贡献"方式需

---

① Pepper D. Culpepper and Raphael Reinke, "Structural Power and Bank Bailouts in the United Kingdom and the United States," *Politics & Society*, 2014, pp.427-454.
② Robert S. Erikson, Gerald C. Wright, and John P. Mclver, *Statehouse Democracy: Public Opinion and Policy in the American States*, Cambridge University, 1993.
③ Donald W. Beachler, Matthew L. Bergbower, Chris Cooper, et al., *Presidential Swing States: Why Only Ten Matter*, Lexington Books, 2017.

要重新定义。这一理论最初发源于20世纪70年代的多元主义学派和马克思主义学派。在林德布鲁姆(Charles E. Lindblom)看来,因为市场经济体制内的一系列公共功能都取决于企业家的表现和投资决定,如就业岗位、价格、生产、经济增长、生活水平乃至每个人的经济安全,所以政府的主要工作就是保证企业家顺利完成工作,鼓励其投资。而且由于资本主义国家将私有财产视为神圣不可侵犯,政府对于企业家只能诱使(induce)而不能命令(command),因此,政府不得不持续性地向企业家提供适当的经济刺激以满足他们的胃口。

然而,在经济全球化时代,美国跨国企业为了获得税收减免、拓展全球市场并降低生产成本,开始大量投资海外。2021年年底,美国的跨国企业海外投资达到6.49亿万美元[1],超过了对国内的投资(4.50亿万美元)[2],如可口可乐公司的海外资产占到了总资产的92.4%。[3] 在此背景下,即便美国政府在经济政策上向跨国企业倾斜,也无法逆转这一趋势。与此同时,伴随着政治极化与党争加剧,21世纪的美国总统候选人逐渐从争夺中间选民转向保护极端选民。[4] 因此,除了国

---

[1] "Direct Investment by Country and Industry," U.S. Bureau of Economic Analysis, July 21, 2022, https://www.bea.gov/news/2022/direct-investment-country-and-industry-2021.

[2] "Gross Private Domestic Investment," March 1, 2023, https://fred.stlouisfed.org/series/GPDI.

[3] Mark J. Perry, "Many Large US Firms Sell, Hire and Invest More Overseas Than in US and They Have to Think Globally, Not Domestically, to Survive," June 14, 2018, https://fee.org/articles/many-large-us-firms-sell-hire-and-invest-more-overseas-than-in-us-and-they-have-to-think-globally-not-domestically-to-survive/.

[4] Matthew I. Jones, Antonio D. Sirianni and Feng Fu, "Polarization, Abstention, and the Median Voter Theorem," *Humanities and Social Sciences communications*, Vol.9, No.1, 2022, Article 43.

家的宏观经济指标,美国领导人开始追求服务于自身选民基础的特定经济指标。举例来说,有色种族的年轻选民是奥巴马的重要选民基础。为了回应他们的支持,奥巴马政府特别看重住房的可负担性,不仅在美国郊区开展了"低收入住房"计划,还要求社区采取措施减少种族隔离,否则将减少联邦资金的支持。① 特朗普则反过来,乐于看到房价的提高。由于支持者中不乏种族主义者,特朗普政府在放任房价自由上涨的同时反对国会所提出的"可负担住房"计划,并打算废除奥巴马政府时期的"低收入住房"项目,推动郊区房价上涨。② 可见,在奥巴马政府任期内,建筑类企业获得了一定的结构性权力,因为它们能够帮助压低房价;反之,他们在支持房价上涨的特朗普政府面前不具备谈判筹码。因此,美国的企业或个人的结构性权力来源于其对现任美国政府的国内外诉求的支撑作用。只有在能够帮助美国政府实现其竞选承诺和政策目标时,该利益集团才会对政府具有一定的议价能力。

总而言之,跨国企业一方面基于其和美国政府行政系统的政治纽带,包括与总统的个人关系以及在政府高层确立的利益代言人,获得了直接的政治影响力。而如果该企业对摇摆州的关键选民有重要影响,则工具性权力能够进一步提高。另一方面,跨国企业的经济功能如果能够帮助实现现任美国

---

① "Obama Signs Deep HUD Budget Cuts," November 28, 2011, https://www.pschousing.org/news/obama-signs-deep-hud-budget-cuts.
② Renae Merle, "Trump's Housing Plan Could Leave Buyers Fewer Options, Experts Say," *Washington Post*, September 6, 2019, https://www.washingtonpost.com/business/2019/09/06/trumps-housing-plan-could-leave-buyers-fewer-options-experts-say/.

总统的竞选承诺和国内外政策目标,则由此获得了结构性权力。通过动用工具性权力和结构性权力,企业能够向执政者施加一系列高昂的政治成本,并以此为筹码尽可能地影响美国政府的网络化制裁政策以维护自身经济利益。

3.2.4 因变量:制裁维度、制裁烈度和贯彻力度

本研究主要关注网络化制裁策略在制裁维度、制裁烈度和贯彻力度三个方面的体现。制裁维度指美国是否对目标国采取了货币金融网络化制裁、价值链网络化制裁或者技术网络化制裁,针对不同目标国和结构存在两种取值,即"是(使用了)"和"不是(未使用)"。判断货币金融网络化制裁的主要依据为美国是否明确要求第三方节点配合对目标国的制裁诉求,并威胁切断或限制第三方节点与美国金融系统的联系,如禁止使用美元支付系统。需要注意的是,网络化制裁的直接施压对象是第三方节点,因而冻结目标国个人或实体在美资产、禁止目标国企业赴美上市乃至冻结目标国美国国债都属于直接性的金融制裁,而并不构成网络化制裁。相较之下,银行间金融通信协会制裁就是典型的金融网络化制裁。作为第三方国际金融机构,银行间金融通信协会总部坐落于比利时,遵从比利时法律,名义上由全球2 400多家金融机构共同拥有和控制,并且受到G10中央银行的共同监管。① 因此,即便银行间金融通信协会在美国建有数据中心,美国对其也并没有直接管辖权。不过,由于银行间金融通信协会的主要功能是

---

① SWIFT:"Compliance", March 1, 2023, https://www.swift.com/about-us/legal/compliance-0/swift-and-sanctions.

传输金融报文，为成员机构之间的连接与金融信息交换提供平台、产品和服务，这就使得美国能够通过威胁禁止银行间金融通信协会使用纽约清算所银行同业支付系统（CHIPS）等美元支付系统来施压这一特殊的第三方节点，因为信息传递的前提是实质性的资金流通与清算，银行间金融通信协会无法脱离美元支付系统而单独运行。

在价值链层面，网络化制裁主要表现为美国基于本国常驻企业在价值链中的主导位置，通过对中间品加征关税、实施禁运，以迫使第三方企业将上游产业链从目标国转移出去。因此，主要的判断依据在于是否针对目标国的中间品采取了关税壁垒和非关税壁垒。换而言之，如果目标国与美国之间不存在价值链中的向前连接（forward linkage），即中间品出口贸易，则美国政府实际上也没有价值链网络化制裁的选项。由于此时美国不具备使用价值链网络化制裁的条件，而非不愿意承担网络化制裁的成本，故而不属于本研究的解释范围。在技术层面，只有当美国的技术出口管制政策同时满足以下两点时才构成技术网络化制裁。第一，美国对于技术出口管制范围的定义除了技术产品和硬件以外，还包括美国软件、技术及专利；第二，对于违反美国技术出口管制政策的第三方国家企业，将采取剥夺其出口特权（export privilege）、禁止美国企业向其输送技术要素的惩罚措施。

第二个因变量制裁烈度（intensity）指的是网络化政策的力度和涵盖范围。在操作层面，货币金融网络化制裁的烈度体现在目标国的金融系统（主要银行）在多大程度上被纳入制裁范围。价值链网络化制裁首先需要根据所涉及产品在往年的实际价值转化成相应金额，再通过与未实施制裁的产品价值进行对比以估算相对制裁范围。比如在价值链网络中,美国在2018年一共针对中国发布了三份关税清单。因为价值链网络化制裁是基于中间品而非最终品,因此首先需要参考联合国统计局的广泛经济类别(BEC)编码,依照国际贸易商品的主要最终用途将其分为中间品、资本品和消费品。① 在确定了清单中哪些产品是中间品后,再根据2017年中美贸易的实际价值进行赋值,并与未在清单中的中间品价值进行比较。根据笔者计算得出,美国清单一至清单三所覆盖的中间品占2017年中国输美中间品总额的76.36%。此外,加征关税和禁运清单中被豁免的中间品,也不处于制裁范围之内,需要另外进行追踪分析。

在技术网络中,制裁烈度同样体现为限制技术要素占实际交易额度的比例。但与此同时,还需考虑临时通用执照和许可证的延续时间和范围。例如,虽然美国在2019年5月对"华为"的芯片禁令覆盖所有包含美国技术的芯片,但是直到2020年5月,美国向大部分半导体企业发放了临时通用执照,使其可以正常向"华为"供货。在临时通用执照过期后,美国的"高通""英特尔"和"微软"也仍顺利从美国政府手中拿到了许可证。考虑到面临制裁压力之下,临时通用执照和许可证实际上能够帮助"华为"缓解大量压力,通过主动囤货对冲未来的制裁风险。美国对于"华为"的半导体技术网络化制裁烈度并不算高。总体上,当制裁烈度达到50%及以上时即为"高",否则为"低"。不过,严格意义上制裁烈度的可比性仅限

---

① 对于多用途的产品,根据广泛经济类别给出的中间品使用比例计算金额,例如消费品50%,中间品50%,那么就是该产品的总价值乘以50%。

于同一个国家,例如美国价值链网络化制裁分别对中国医药类中间品和汽车类中间品的制裁烈度。这是因为美国对中国中间品加征关税的最高额度为25%,对俄罗斯的价值链网络化制裁则表现为加征35%关税和完全禁运,因此,两者的制裁烈度并不能直接进行比较。

最后,网络化制裁的贯彻力度指的是在美国开始实施网络化制裁后,是否向第三方节点严格贯彻了制裁威胁,以及是否及时填补了规则漏洞,防止目标国和第三方节点绕开制裁。贯彻制裁威胁的标准相对容易理解,例如在技术网络,如果第三方节点仍然向目标对象输送被禁止的技术要素,美国是否会履行威胁,停止向其出口技术;在货币金融网络,当第三方节点未中断与目标国的金融交易时,美国是否会禁止其使用美元支付系统。填补规则漏洞主要体现了行为体之间的动态博弈关系。现有经济制裁理论和历史制裁案例说明,被制裁国家面对制裁时往往并不会坐以待毙,而是会积极寻找替代方案和规则漏洞,从而绕开制裁(sanction evasion)。[①] 因此,如果美国政府想要保证网络化制裁的实施效果,就必然需要在其他行为体发现并利用漏洞的情况下进行后续政策跟进。譬如在价值链网络,当目标国将中间品出口转运到第三方节点以规避关税时,美国是否会跟进调查并征收关税。根据贯彻制裁威胁和填补规则漏洞的情况,贯彻力度分为"弱""中""强"三个取值(见表3.3)。

[①] Francesco Giumelli, "Understanding United Nations Targeted Sanctions: An Empirical Analysis," *International Affairs*, Vol. 91, No. 6, 2015, pp.1351-1368.

表 3.3 贯彻力度示意图

种　　类	贯彻制裁威胁	没有贯彻制裁威胁
填补规则漏洞	强	中
没有填补规则漏洞	中	弱

上述三个因变量并非彼此独立,而是相互之间具有内在联系和前后逻辑关系,不过,在进入对网络化制裁策略的具体讨论前,需要考虑外部威胁和备选方案两个变量。如图 3.4 所示,美国政府首先需要遇到外部刺激并判定其威胁程度为高(国家安全威胁①),接着从政策选项中排除其他备选方案,然后才会进行网络化制裁设计。进入 21 世纪以来,在美国政府报告中明确被视为国家安全威胁的原因主要包括大国(地缘政治)竞争、大规模杀伤性武器和核扩散以及恐怖主义。除了网络化制裁以外,美国常用的对外政策手段包括传统单边经济制裁、外交手段和军事手段。根据现有文献,美国不选择这些政策手段的主要原因包括传统经济制裁效率不足(缺乏多边支持、"黑骑士"效应)②,外交手段缺乏力度以及军事手段代价过高等。③ 尽管外部威胁和备选方案在时间线索上出现较早,但由于造成外部威胁和不使用备选方案的因素与本

---

① 根据美国法律,只有当事件构成了国家安全威胁,美国总统才能使用一系列强制手段,如出口管制。
② Daniel W. Drezner, "Introduction," in Daniel W. Drezner, Henry Farrell, and Abraham L. Newman, eds., *The Uses and Abuses of Weaponized Interdependence*, Washington, D. C.: Brookings Institution Press, 2021, pp.1-18.
③ David A. Baldwin, "The Sanctions Debate and the Logic of Choice," *International security*, Vol. 24, No. 3, 1999, p.92.

研究的自变量之间没有联系,因此在因果机制上相互平行,并不会产生内生性问题,也不需要进行控制。

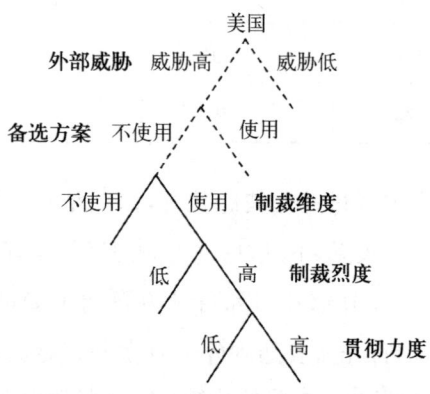

图 3.4 美国政府网络化制裁策略制定顺序

在此之后,网络化制裁的维度,即是否在某一经济结构中使用网络化制裁才是美国政府需要考虑的问题。首先,只有在确定使用网络化制裁时,才有必要对该政策进行更为具体的烈度设计。其次,美国网络化制裁政策的烈度和贯彻力度分别对应其事前约束(ex-ante)与事后约束(ex-post)。当某一项网络化制裁政策烈度较高,制裁覆盖范围较为全面,那么美国政府对于这一政策的事前约束就较为薄弱。此时,作为事后约束的贯彻力度设计能够对制裁实施产生重大影响。而当某一项网络化制裁政策的烈度较低时,美国政府往往并不需要考虑后续的贯彻力度,因为事前约束已达到较高水平,制裁实施范围不再会因事后约束而产生明显变化。代入数值进行阐述,假设目标国通过逃避制裁能够将制裁烈度减半,而美国的强贯彻力度能够阻止制裁逃避行为。当美国网络化制裁烈度为 90%,如果目标国逃避制裁而美国政府不进行政策跟进,则最终的制裁覆盖范围仅为 45%,较预期结果差距为 45%;而当美国网络化制裁烈度为 20%时,目标国逃避制裁后制裁覆盖范围降低至 10%,此时差距仅为 10%。可见,只有当制裁烈度较高时,讨论制裁的贯彻力度才更有实际政策意义。

3.2.5　假设与推论

正因为三个因变量之间存在内在联系,在逻辑上具有递进性和整体性,三个主要自变量并不是仅对某一项因变量施加影响,而是共同对三个因变量产生作用。不过,基于不同自变量的作用机制和生效时间,它们对于不同因变量的影响并不一致。西方政治理论中的公共政策模型一般将政策制定和实施过程分为五个阶段,分别是议程设置、政策形成、政策采纳、政策实施和政策评估。① 而在长于分析对外政策的新古典现实主义理论中,政策制定过程一般简化为三个阶段:认知形成、政策制定与政策实施(见图 3.5)。②

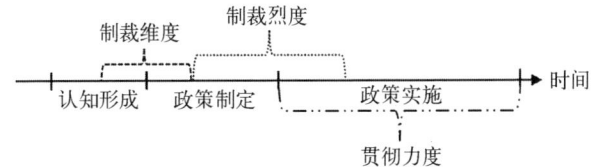

图 3.5　美国政府网络化制裁政策制定过程

---

① Michael Howlett and M. Ramesh, *Studying Public Policy: Policy Cycles and Policy Subsystems*, Toronto: Oxford University Press, 1995.
② Norrin M. Ripsman, Jeffrey W. Taliaferro, and Steven E. Lobell, *Neoclassical Realist Theory of International Politics*, Oxford University Press, 2016.

制裁维度的选择出现在认知形成到政策制定之间,主要反映了政府的理性行为体模型(rational actor model)①,即根据自身效用(utility)选择回报(payoff)最高的政策选项。对于美国政府而言,无论是目标国的中心性还是结构演化速率,结构方面的信息相对透明,美国能够相对迅速地对即时性和滞后性结构成本进行评估并做出选择。相较之下,美国政府在这一阶段对于国内企业的利益偏好和潜在的国内政治成本理解并不透彻,美国政府和企业存在信息不对称问题。② 这是因为在政策制定初期,企业并非政策制定过程的直接参与者,其利益和诉求往往难以及时传达,因此,尽管三个自变量均作用于制裁维度,但是结构自变量对于制裁维度的影响相对更大、更直接。由此,推出以下假设。

假设1:在该经济网络结构中,目标国中心性、预期结构演化速率以及受网络化制裁负面影响的企业在美国国内的政治影响力,共同作用于美国网络化制裁的使用决定。其中,目标国中心性和结构演化速率为主导因素,目标国中心性越高,结构演化速率越快,则美国政府越倾向于避免使用网络化制裁。

在美国政府领导层内部已经决定在某一网络结构中使用网络化制裁后,他们会进一步扩大讨论的范围。一方面,政府内部有更多负责具体事项的官员会参与详细的政策制定过

---

① Graham T. Allison, "Conceptual Models and the Cuban Missile Crisis," *The American Political Science Review*, Vol. 63, No. 3, 1969, pp.689-718.
② 一个典型的例子为克林顿政府在与中国进行WTO谈判时,并不了解国内企业的利益诉求,一度误判形势,没有与中国签订协议。直到协议内容在国内曝光,美国商会施压后,克林顿政府才转而签下协议。

程,因而企业也有更多机会通过其在政府内部确立的利益代言人传递信息、施加影响。另一方面,根据惯例,美国联邦机构根据法律要求需要在出台最终规定前征求公民的意见,即"公告与评论"(notice and comment)程序。跨国企业能够借此机会直接向政府施压。雅克二人通过对超过30条法律规定和1 700条公众评论进行分析,发现企业而非广大群众事实上主宰了官僚机构的政策制定。① 即使在政策开始实施后,企业也依然能够通过争取许可证和临时通用执照等方式影响后续的制裁烈度。

在动机层面,以跨国企业为代表的深嵌全球经济网络结构的利益集团相对更容易受到结构波动的反噬,也更有可能动用其政治经济权力去影响政策,减小政策烈度以最大化地减少损失,如价值链网络中的美国国内生产商。如果说对最终消费品征税是伤害了国内消费者的权益,那么对进口中间品征税则是影响了国内生产者的效益。② 早在20世纪60年代,西方政治经济学家就提出了"有效税率"(effective tariff)的概念,"对一个生产过程中使用的商品征收关税等同于对该过程的产出征税……对于构成商品生产体系的(不同)过程或生产阶段(施加的总体)税率结构……被称为附加值的保护率,或是'隐性',又

---

① Jason Webb Yackee and Susan Webb Yackee, "A Bias Towards Business? Assessing Interest Group Influence on the U.S. Bureaucracy," *The Journal of Politics*, Vol. 68, No. 1, 2006, pp 128-139.
② Sébastien Miroudot, Rainer Lanz, and Alexandros Ragoussis, "Trade in Intermediate Goods and Services," OECD, Nov 3, 2009, https://www.oecd-ilibrary.org/docserver/5kmlcxtdlk8r-en.pdf?expires=1666857518&id=id&accname=guest&checksum=673CCA65A272CCFC71B979006BC57EF2.

或是'有效'保护率"①。凯尔·汉德利(Kyle Handley)等人的研究也表明,2018年至2019年的中美贸易战对美国出口产生了显著的负面效应,且受影响的企业出口规模占美国出口总额的80%以上。② 由此可见,在美国各产业从目标国进口的中间品中,被加征关税的产品范围越大,则该产业的损失也愈大。事实上,不仅是美国企业,其他在美国设厂的跨国企业也同样会受到负面影响波及,例如日本的丰田公司和德国的大众公司。

假设2：在该经济网络结构中,目标国中心性、预期结构演化速率以及受网络化制裁负面影响的企业在美国国内的政治影响力,共同作用于美国的网络化制裁烈度。其中,企业政治影响力为主导因素,受网络化制裁负面影响的企业在美国国内的政治影响力越大,结构演化速率越快,则美国的网络化制裁烈度越低。

需要注意的是,并非所有美国国内企业和个人都是网络化制裁的反对者。以小型中间品制造商和蓝领工人为代表的"全球化输家"对全球经济网络的依存度较低,出于对自身经济利益的考量,反对所从事的产业融入经济全球化,支持贸易保护主义。③ 由于美国汽车生产商纷纷将汽车零部件制造从美国转移到以中国为代表的发展中国家和新兴经济体中,美

---

① Harry G. Johnson, "The Theory of Tariff Structure, with Special Reference to World Trade and Development," in Harry G. Johnson, *Aspects of the Theory of Tariffs* (*Collected Works of Harry Johnson*), Routledge, 1971.
② Kyle Handley, Fariha Kamal, and Ryan Monarch, "Rising Import Tariffs, Falling Export Growth: When Modern Supply Chains Meet Old-Style Protectionism," NBER working paper, No. 26611, 2020.
③ Guillermo de la Dehesa, *Winners and Losers in Globalization*, Wiley-Blackwell, 2008.

国"铁锈地带"的汽车工人失去了大量就业机会。美国的"汽车之城"底特律所在的密歇根州的劳动人口从2000年的5 158 466人降到2017年的4 910 725人,减少了约4.80%,而从事汽车零部件生产的工人岗位却从23万个下降到了13万个,降幅高达41.83%,贡献了整个制造业流失岗位的三分之一。① 对于这部分企业和工人而言,他们的主要诉求是所属行业内更少的离岸外包和更多的工作岗位,因而他们的政治影响力将会转化为网络化制裁的推力。

推论：在该经济网络结构中,反对全球化的企业和个人在美国国内的政治影响力越大,则美国的网络化制裁烈度越高。

最后,在网络化制裁政策正式实施后,美国政府需要决定制裁的贯彻力度,即是否对违背制裁的第三方节点贯彻制裁威胁,以及是否对第三方节点绕开网络化制裁的行为加以阻止和限制。由于在这一阶段,美国政府与第三方节点的矛盾构成了主要矛盾,第三方节点推动的结构演化成为最主要的解释因素。本研究认为,为了避免结构在短期朝着不利于自身的方向演化,美国在易演化的经济结构中会保持克制,减小制裁贯彻力度以防止过度刺激第三方行为体。而在相对固化的经济结构中,美国能够更为激进,保证网络化制裁的高贯彻力度。

假设3：在该经济网络结构中,目标国中心性、预期结构演化速率以及受网络化制裁负面影响的企业在美国国内的政

---

① "Industries at A Glance," U.S. Bureau of Labor Statistics, March 1, 2023, https://www.bls.gov/iag/tgs/iagauto.htm.

治影响力,共同作用于美国的网络化制裁贯彻力度。其中,结构演化速率为主导因素,结构演化速率越快,则美国的网络化制裁贯彻力度越弱。

在"结构自变量:结构演化速率"小节中,本研究结合社会网络分析和复合依赖型政治经济学理论构建了围绕演化速率的解释机制,即结构的拓扑特征和适应度分别约束了第三方节点推动结构演化的能力和意愿。一方面,结构中除美国以外的中心节点越多,其他节点可匹配的替代方案和聚焦点就越多,越容易在连接上摆脱对美国的依赖。另一方面,网络化制裁对美国中心节点适应度造成的冲击越大,其他节点绕开美国的意愿就越强,愿意付出的代价就越大。由此,本研究得出以下两项推论:

推论 1:该经济结构的中心节点数量越多,预期结构演化速率越快,则美国的网络化制裁贯彻力度越弱。

推论 2:网络化制裁导致该结构中心节点适应度的降幅越大,预期结构演化速率越快,则美国的网络化制裁贯彻力度越弱。

综上所述,网络化制裁来源于结构层面的位置性权力,而表现为行为体层面(针对具体目标)的强制性权力,因而其理论内核是权力转化。考虑到强制性权力的目标是切断连接、撕裂结构,脉脉相通的结构性权力势必孕育着阻止这种转化的力量和态势。具体而言,结构中的行动者和结构本身会对网络化制裁的使用施加双重阻力与压力:在结构层面,目标国会基于自身的中心性借由结构波动对美国进行反冲,第三方节点也会推动结构演化,向美国施加滞后性成本;在美国国内层面,以跨国企业为代表的利益攸关集团会通过自身在国内政治生态中的权势去遏制权力转换。由此,目标国中心性、美国对于结构演化速率的未来预期和企业政治影响力共同制约着网络化制裁的策略选择,并分别对于制裁维度、制裁烈度和贯彻力度有不同的着重点。如图 3.6 所示,实线代表主要影响,虚线代表次要影响。

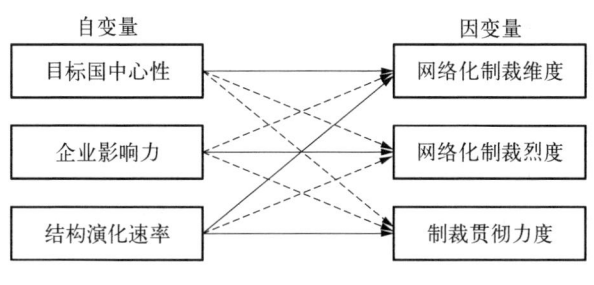

图 3.6　因果机制示意图

3.3　研 究 设 计

本研究试图揭示美国网络化制裁政策背后的制约因素,而美国 21 世纪以来频繁的网络化制裁实践为本研究提供了用以检验的案例。因此在研究方法上,本书旨在通过用观察经验来检验理论假设,属于实证性研究。在社会科学研究中,是否使用定量方法取决于信息的可获取性以及信息可被系统化和量化的程度。[①] 受制于可选案例的数量有限和研究概念的量化困难,本书的主要研究方法是定性分析方法中的案例研究(case study)。

---

① Gary King and Eleanor Neff Powell,"How Not to Lie Without Statistics," August 22, 2008, https://gking.harvard.edu/files/gking/files/nolie.pdf.

网络化制裁的使用者需要满足在外部掌控结构中心节点和在内部具有单边主义政策倾向两个特征。① 在后冷战时期,美国是国际社会中最契合这两个特征的国家。一方面,美国长期以来都在主要经济结构中位于主导地位,包括在经济实力相对优势较小的 20 世纪 80 年代②;另一方面,美国的单边主义倾向在冷战结束后也愈加明显,其政策制定聚焦本国利益,并不理会其盟友乃至世界其他国家的利益和观点。③ 这就使得美国政府能够且希望依托于自身的结构性优势,迫使其他国家配合美国的单边政策。因此,在现阶段,要探究网络化制裁的策略选择及制约因素,就必须研究美国的网络化制裁实践。

关于网络化制裁的对象选择不存在严格意义上的前提条件,但是根据现有理论推断,目标国理应对美国产生了一定的安全威胁,才会致使美国愿意牺牲自身的经济发展和结构优势去发动网络化制裁。④ 进入 21 世纪以来,美国《国家安全战略》《国防战略》等政府报告主要识别了四个挑战美国安全利益的国家,分别是朝鲜、伊朗、俄罗斯和中国。事实上,美国也确实对这四个国家进行了不同程度的网络化制裁,这就为本

---

① 与多边(multilateralism)制裁并不同,网络化制裁具有单边主义色彩,在一些情况下接近"小多边"(minilateralism)。
② Susan Strange, "The Persistent Myth of Lost Hegemony," *International Organization*, Vol. 41, No. 4, 1987, pp.551-574.
③ Charles William Maynes, "US Unilateralism and Its Dangers," *Review of International Studies*, Vol. 25, No. 3, 1999, pp.515-518.
④ Michael Mastanduno, "Hegemony and Fear: The National Security Determinants of Weaponized Interdependence," in Daniel W. Drezner, Henry Farrell, and Abraham L. Newman, eds., *The Uses and Abuses of Weaponized Interdependence*, Washington, D.C.: Brookings Institution Press, 2021, pp.67-83.

研究提供了生动的案例。

最后,在经济结构的选择上,本研究以价值链、技术和货币金融三个领域作为研究对象。这三个位面分别对应了斯特兰奇所归纳的主要世界经济政治结构,即市场、知识和金融,且自身都呈现出稳定且鲜明的等级网络形态,因而也是网络化制裁的主战场。更重要的是,价值链、技术和货币金融在结构自变量上相互之间存在区别,能够为本研究关于维度间差异的假设检验提供重要线索。

总之,本研究以美国自21世纪以来分别在价值链、技术和货币金融三个领域对伊朗、俄罗斯和中国等展开的网络化制裁作为案例,围绕制裁的选择策略(制裁手段、制裁范围及制裁实施)对五项主要假设进行检验。不可否认的是,小样本与单一国家案例带来的问题是理论的外部效度不足。然而事实上,社会科学的研究一直都面临着权衡利弊的问题,即是追求理论的普遍性还是简约性、因果关系、准确性以及概念效度(conceptual validity)。[①] 考虑到本研究侧重于识别因果推论的机制和过程,而非变量之间的协变关系[②],这与小样本的定性研究方法特征是契合的。

具体而言,本研究主要运用了三种案例分析方法,通过将制裁对象和制裁维度进行不同的组合比较以针对不同假设关注的组内及组间差异。第一项假设关注的是结构性自变量与

[①] David Collier and James Mahoney, "Insights and Pitfalls: Selection Bias in Qualitative Research," *World Politics*, Vol. 49, No. 1, 1996, p.69.

[②] David Collier, Henry E. Brady, and Jason Seawright, "Sources of Leverage in Causal Inference: Toward an Alternative View of Methodology," In Henry E. Brady and David Collier Eds., *Rethinking Social Inquiry: Diverse Tools, Shared Standards*, Rowman and Littlefield, 2004, p.260.

制裁维度之间的关系,而同时满足目标国中心性在"半中心"及以上、预期结构演化速率为"快"的只有货币金融网络结构中的中国。这就使得货币金融网络结构中的中国成为一个关键案例。一方面,在横向的跨国比较中,美国对华货币金融网络化制裁构成了"最不可能案例"①。这是因为自特朗普政府以来,美国认为中国已在真正意义上成为头号安全威胁。在2017年年底发布的《美国国家安全战略》报告中,中国出现了33次,俄罗斯为25次,伊朗和朝鲜分别为17与16次。② 在拜登政府于2021年3月发布的《临时国家安全战略指南》中,中国被视为唯一能够在经济、军事和技术等领域全方位挑战美国的潜在竞争对手。俄罗斯同样也被视为美国在全球范围内的挑战者,而伊朗和朝鲜则仅被视作地区性威胁。③ 无独有偶,在2022年美国发布的《美国国防战略》中,中国在印太地区的挑战被美国国防部视为最优先事项,俄罗斯在欧洲地区的威胁紧随其后。④ 如果美国对安全威胁相对较低的俄罗斯、伊朗和朝鲜使用了货币金融网络化制裁,却反而没有对中国使用,这便验证了本研究所提出的假设,即货币金融结构较快的演化速率结合中国较高的中心性产生了令美国政府无法接受的结构成本。另一方面,通过纵向的跨维度比较,即关注

---

① Bent Flyvbjerg, "Five Misunderstandings About Case-Study Research," *Qualitative Inquiry*, Vol. 12, No. 2, 2006, pp.219-245.
② "National Security Strategy of the United States of America," The White House, December 2017, https://apps.dtic.mil/sti/pdfs/AD1043812.pdf.
③ "Interim National Security Strategic Guidance," The White House, March 2021, https://www.whitehouse.gov/wp-content/uploads/2021/03/NSC-1v2.pdf.
④ "Fact sheet: 2022 National Defense Strategy," U.S. Department of Defense, March 28, 2022, https://media.defense.gov/2022/Mar/28/2002964702/-1/-1/1/NDS-FACT-SHEET.PDF.

中国案例在价值链层面、技术层面和货币金融层面的差异性,能够进一步验证第一项假设。在相同时间、发生于同一国家、作用于一致的目标,在案例选取方法上满足"最相似案例"①,能够有效地在国家层面控制理论的遗漏变量。如果美国对华采取了价值链与技术网络化制裁,却没有对华采取货币金融网络化制裁,那么具有维度间差异性的结构性自变量对此自然有着最强的解释力。

同样地,第二项假设关注的是企业和利益集团在美国国内的政治影响力对网络化制裁烈度的影响,主要关注的是产业间和维度间的差异。通过对同一目标国同一经济维度的不同子结构(如价值链层面的医药产业和汽车产业)进行比较分析,在案例选取方法上满足最相似案例。研究美国对于同一目标国的不同网络化制裁范围客观上避免了制裁动机、国家实力等外生变量干扰,同时又能够突出本研究所关注的自变量,即不同国内经济利益集团对政策走向的牵引力。这是因为不同领域的网络化制裁涉及不同类型企业的经济利益。在中美冲突中,受价值链网络化制裁冲击最大的美国企业涉及农业、零售业和制造业。在贸易战前期,反对加征关税的势力主要是"农场主争取自由贸易"组织(Farmers for Free Trade)和"美国人争取自由贸易"组织(Americans for Free Trade)。前者由美国农业联合会、美国大豆协会和美国苹果协会等农业组织构成,后者包括美国零售联合会、美国玩具行业协会以及美国消费技术协会等零售商以及制造商组织。尽管这些企

---

① John Gerring and Lee Cojocaru, "Selecting Cases for Intensive Analysis: A Diversity of Goals and Methods," *Sociological Methods & Research*, 2016, Vol. 45, No. 3, 2016, p.399.

业抱有同样的目标,但是这些经济实体在美国国内政治生态中却有着不同的地位,而政府出台的网络化制裁范围亦映射了它们差异化的影响力。

表 3.4　自变量取值与因变量预期示意图

案例	中国					俄罗斯				
主要经济结构	货币金融	价值链		技术		货币金融	价值链		技术	
子经济结构		枪支医药	汽车	半导体	手机软件		铂镍铀	石油	油气开采	半导体
自变量										
目标国中心性	半中心	中心	中心	半中心	半中心	边缘	半中心	半中心	边缘	边缘
企业政府关系	强	强	弱	强	弱	弱	强	弱	强	弱
预期演化速率	快	中	中	慢	中	中	慢	慢	中	慢
因变量(预期)										
制裁维度	否	是	是	是	是	是	是	是	是	是
制裁烈度		低	高	低	高	高	低	高	低	高
贯彻力度		中	中	中	中	中	中	强	强	强

续　表

案例	伊朗				朝鲜		
主要经济结构	货币金融		价值链	技术	货币金融	价值链	技术
子经济结构	2010—2015	2018—		通信技术			通信技术
自变量							
目标国中心性	边缘		半中心	边缘	边缘	边缘	边缘
企业政府关系	弱			弱	弱		强
预期演化速率	中	快		慢	中		慢
因变量（预期）							
制裁维度	是			是	是		是
制裁烈度	高			高	高		低
贯彻力度	中	弱		强	中		

最后，第三项假设基于结构的外部拓扑特征和内部适应度，围绕结构演化速率构筑了结构性解释。如果说对第二项假设的分析视角是从同一个目标国的不同维度展开，那么对于第三项假设的着眼点和切入点则是同一个维度下的不同目标国。在价值链网络、技术网络和货币金融网络中，美国网络化制裁的最终对象包括朝鲜、伊朗、俄罗斯和中国，在案例选择上满足"最大化差异研究设计"（most different systems design)原则。① 在这两个网络结构各自的相关案例中,除了在关键自变量,即预期结构演化速率因素上保持一致以外,其他既有解释变量均存在变化。在国内层面,美国与朝鲜和伊朗几乎不存在经济往来,与俄罗斯则同作为石油出口国存在一定竞争关系,而与中国的经济关系相对复杂,既有"压舱石"的稳定特征,也有"导火索"的冲突风险。在制裁动机上,朝鲜和伊朗因为非法拥核以及尝试拥核被美国视为"邪恶轴心国",在不同程度上损害了美国的安全利益,而中国和俄罗斯则是由于分别挑战了美国的重大经济和安全战略利益,被定位为"战略竞争对手"。② 在国际层面,这四个国家所具有的国际影响力也大相径庭。朝鲜和伊朗在体量上属于小国,俄罗斯是传统军事强国,中国则是四国中唯一在综合实力上比较接近于美国的。因此,通过选取美国在不同经济结构中开展的网络化制裁实践作为案例,并观察相同结构不同案例之间是否存在一致性规律,能够有效检验组内规律。

在对以上案例展开分析的过程中,本研究既重视对二手文献和历史档案的运用,也依赖各类数据库所提供的量化指标。

---

① Dirk Berg-Schlosser and Gisèle De Meur, "Comparative Research Design: Case and Variable Selection," in Benoît Rihoux and Charles C. Ragin, eds., *Configurational Comparative Methods: Qualitative Comparative Analysis (QCA) and Related Techniques*, SAGE Publications, Inc., 2009, pp.21-23.
② "National Security Strategy of the United States of America," The White House, December 18, 2017, https://trumpwhitehouse.archives.gov/wp-content/uploads/2017/12/NSS-Final-12-18-2017-0905.pdf.

第4章
美国对华网络化制裁

美国政界与学术界曾在20世纪90年代发起了一场有关对华政策的大辩论。① 辩论的核心问题就是中国的经济军事力量是否已经对美国形成威胁。尽管"中国威胁论"一度大行其道,美国学界彼时的主流认知仍是中国的实力被夸大。

20年后,伴随着南海问题的不断发酵与中美利益冲突的日益激化,美国开始了新一轮影响深远的对华政策大辩论。这一次,辩论的主题变成了美国对华政策调整的方向。显然,已经没有人会怀疑中美两国迅速缩小的实力差距了。2017年,特朗普政府的《美国国家安全战略》报告称中国正在"挑战美国的力量、影响力和利益,试图削弱美国的安全和繁荣"。2021年拜登政府的《临时国家安全战略指南》更是直称:"全世界的权力分配正在发生变化,产生了新的威胁,尤其是中国",将中国视为唯一能够在经济、外交、军事和技术全方位向美国发起挑战的竞争者。

---

① 陶文钊:《中美关系史》(第三卷,1972—2000),上海人民出版社,2016年,第282—297页。

虽然美国认为中国已经构成了美国国家安全威胁,但是传统经济制裁和军事手段都不适用于中国。一方面,在经济全球化时代单边经济制裁的效果极为有限。国际制裁最早的数据库霍斯艾奥数据库的作者之一金伯莉·安·艾略特(Kimberly Ann Elliott)在 1997 年参加国会听证时就直言:"快速变化的全球经济意味着单边经济制裁的作用越来越小,但成本却越来越高。制裁若是想要产生有利结果,就必须是多边的。"① 正因如此,当欧盟在 2004 年和 2005 年计划取消 1989 年后同美国一起对中国实施的武器禁运政策时,美国学界和政坛对此反应剧烈,小布什政府也在第一时间向欧盟施压。② 因此,考虑到欧盟、日本等其他美国盟友和伙伴无意配合美国对华经济制裁政策,单边经济制裁并非明智之举。另一方面,与中国产生军事冲突的代价过于高昂。兰德公司曾在 2016 年对中美之间的军事战争进行演算,发现尽管美国的战争损失程度可能小于中国,但是其军事实力也将受到实质性损害,无法应对其他威胁。③ 这就是为什么美国积极通过国防政策协调会谈(The Defense Policy Coordination Talks,DPCT)、国防电话连线(Defense Telephone Link,DTL)以及

---

① "Use and Effect of Unilateral Trade Sanctions," U. S. Government Publishing Office, October 23, 1997, https://www.govinfo.gov/content/pkg/CHRG-105hhrg54892/html/CHRG-105hhrg54892.htm.
② "European Union's Arms Embargo on China: Implications and Options for U.S Policy," Congress Research Service, January 26, 2006, https://www.everycrsreport.com/files/20060126_RL32870_38435fb1217d4580f1f40947d9a5fe809931f76a.pdf.
③ David C. Gompert, Astrid Stuth Cevallos, and Cristina L. Garafola, "War with China: Thinking Through the Unth-inkable," Rand Corporation, 2016, https://www.rand.org/content/dam/rand/pubs/research_reports/RR1100/RR1140/RAND_RR1140.pdf.

视频电话会议等方式,同中国加强军事交流,建立双边信任机制,以增进危机沟通能力,进行风险管控,避免意外冲突。① 根据1972年美国水门事件记者鲍勃·伍德沃德(Bob Woodward)和罗伯特·科斯塔(Robert Costa)的报道,美国参谋长联席会议主席马可·米利(Mark Milley)甚至在2020年10月30日(大选前四天)和2021年1月8日("国会山暴乱"后两天)分别致电中国军方领导人,保证美国政局稳定,不会进攻中国。② 可见,美国军方并不希望看到中美之间兵刃相见。此外,在外交层面,虽然中美高层自2006年便建立了常规性双边会谈机制,在小布什政府时名为中美战略经济对话(U.S.-China Strategic Economic dialogue,SED),到了奥巴马政府时升级为中美战略与经济对话(U.S.-China Strategic and Economic Dialogue),但是其由于达不到美方的预期效果被特朗普政府暂停。

于是,美国政府开始将目光转向其他对外政策工具。2015年3月,前美国驻印度大使布莱克威尔和卡内基国际和平基金会研究员泰利斯通过美国外交学会发表了有关重新审视美国对华大战略的报告,在美国学界、政界引发了激烈讨论。这篇报告的核心观点是,正是美国把中国融入自由主义国际秩序的努力造成了对美国现如今优势地位的最大挑战,

---

① "Annual Report to Congress: Military and Security Developments Involving the People's Republic of China 2020," U. S. Office of the Secretary of Defense, August 21, 2020, https://media.defense.gov/2020/Sep/01/2002488689/-1/-1/1/2020-DOD-CHINA-MILITARY-POWER-REPORT-FINAL.PDF.

② "US Top General Secretly Called China Twice Trump Term Ended Report", September 14, 2021, https://www.reuters.com/world/us/us-top-general-secretly-called-china-twice-trump-term-ended-report-2021-09-14/.

因为中国在过去三十年从世界经济结构中获取的相对收益远大于美国。为了维护美国的经济实力优势,必须将中国从现有的国际经济结构中推出去①——而切断结构连接正是网络化制裁的表现特征。正是在此背景下,美国政府开始了对华网络化制裁的讨论和设计。

4.1 美国对华货币金融网络化制裁

美国的货币金融网络化制裁具体表现为威胁切断或限制第三方企业或个人与美国金融系统的联系,包括禁止使用美元支付系统,以迫使其断开与最终目标的资金往来。不过,货币金融网络结构较快的演化速率预期,中国在货币金融网络中的"半中心"位置,加之华尔街在美国国内强大的政治影响力,决定了美国若对华采取货币金融网络化制裁,则将会付出难以承受的经济代价。

首先,货币金融结构较快的演化速率预期注定美国对货币金融网络制裁的态度较为审慎。货币金融网络中的实际参与者包括参与国际支付和结算的各类金融机构、企业和个人,用于跨境支付和金融交易的主权国家信用货币流通构成了节点之间的连结。因为只存在货币交易这一种连结形式,货币金融网络主要表现为单层网络。② 在货币金融网络中,美元霸权体现在美元作为交易媒介的居间地位,即它可以任意操

---

① Robert D. Blackwill and Ashley J. Tellis, "Revising U.S. Grand Strategy Toward China," Council Special Report, No. 72, March 2015, https://carnegieendowment.org/files/Tellis_Blackwill.pdf.
② 理论上,虚拟货币的发展可能会导致货币金融网络出现新的层级,不过目前形势仍不明朗,故不作讨论。

纵其他节点之间的金融联系。美元既是最主要的外汇市场交易货币，同时也是最常用的国际结算货币。2019年，美元在外汇市场所有货币交易中的出现率高达88%。① 1999年至2019年的20年中，美元结算占美洲贸易的96%，占亚太地区贸易的74%，以及占世界其他地区贸易的79%。② 同时，据银行间金融通信协会统计，在美洲、欧洲和亚太三个地区间的业务中，美元作为支付货币的贸易占比高达79.5%。③ 不过，除了美元以外，欧元也处于货币金融网络中的居间位置。欧元在2001年正式投入使用后，在前十年迅速提升自身在外汇市场和国际贸易中的地位。④ 欧元作为欧洲市场的主导性货币在2014年的国际跨境交易中占比30.5%⑤，并在2019年占外汇市场货币交易中的32%。⑥ 这两个数据虽然距离美元都存在一定差距，但同时对其他货币都享有大幅领先优势，俨然已是结构的第二中心。这意味着，当其他节点想要绕开美国时，欧元为这些节点提供了一个聚焦点，进而能够优化集体行动

---

① "Triennial Central Bank Survey: Foreign exchange turnover in April 2019," September 16, 2019, https://www.bis.org/statistics/rpfx19_fx.pdf.
② Carol Bertaut, Bastian von Beschwitz, and Stephanie Curcuru, "The International Role of the U.S. Dollar," October 6, 2021, https://www.federalreserve.gov/econres/notes/feds-notes/the-international-role-of-the-u-s-dollar-20211006.htm.
③ "Worldwide Currency Usage and Trends: Information Paper Prepared by SWIFT in Collaboration with City of London and Paris," December 2015, https://www.swift.com/swift-resource/19186/download?language=en.
④ Elias Papaioannou and Richard Portes, "The International Role of the Euro: A Status Report," *European Economy*, Economic Papers 317, 2008.
⑤ "Worldwide Currency Usage and Trends: Information Paper Prepared by SWIFT in Collaboration with City of London and Paris," December 2015, https://www.swift.com/swift-resource/19186/download?language=en.
⑥ "Triennial Central Bank Survey: Foreign exchange turnover in April 2019," September 16, 2019, https://www.bis.org/statistics/rpfx19_fx.pdf.

的效率,加快结构的演化速率。

不仅结构外在的拓扑特征不利于美国,结构内在的适应度进一步束缚了美国的行为。在规范层面,"金融开放"是自由主义世界经济秩序中的基本原则。伊肯伯里(G. John Ikenbeny)在2018年的一篇文章中称:"七十年来,美国一直位于一个以西方为导向的自由国际体系的中心,围绕着开放、规则和多边合作进行组织。"①在国际金融领域,金融市场的开放意味着资本账户的自由化以及资本的自由流通。② 自20世纪80年代以来,美国一直秉持着放任国际资金自由流通的立场,其主张的"华盛顿共识"也强调"大市场,小政府"的国家经济治理理念,如允许外来投资进入以及放松国家对资本进入和退出的管制。③ 在美国政府和金融机构的大力推动下,国际货币基金组织也以促进资本流动的自由化作为该机构的基本立场和主要目标④,即使在此期间遭遇了亚洲金融危机等金融事件的挑战,这一原则也仍然被恪守。⑤ 就这一点而言,旨在阻止国际资本向中国自由流入的网络化制裁显然是有悖于货币金融网络的现有规范。

---

① G. John Ikenberry, "Why the Liberal World Order Will Survive," *Ethics and International Affairs*, Vol. 32, No. 1, 2018, pp.17-29.
② Barry Eichengreen and Michael Mussa, "Capital Account Liberalization and the IMF," *Finance and Development*, Vol. 35, No. 4, 1998, https://www.imf.org/external/pubs/ft/fandd/1998/12/eichen.htm.
③ Douglas A. Irwin and Oliver Ward, "What Is the 'Washington Consensus?'" PIIE, September 8, 2021, https://www.piie.com/blogs/realtime-economic-issues-watch/what-washington-consensus.
④ Davide Furceri and Prakash Loungani, "Openness and Inequality: Distributional Impacts of Capital Account Liberalization," November 24, 2015, https://www.imf.org/en/Blogs/Articles/2015/11/24/openness-and-inequality-distributional-impacts-of-capital-account-liberalization.
⑤ Barry Eichengreen and Michael Mussa, "Capital Account Liberalization and the IMF," *Finance and Development*, Vol. 35, No. 4, 1998, https://www.imf.org/external/pubs/ft/fandd/1998/12/eichen.htm.

其次，基于美元的网络化制裁将会对美元作为国际货币的功能产生巨大冲击。货币的三个核心功能分别是交换媒介、价值储存以及计价单位。① "二战"结束以来，正是因为美元在这三个功能上的稳定性，才成就了美元的霸权地位。在布雷顿森林体系解体后，美元与黄金脱钩，继而与工业社会最重要的能源石油挂钩。至此，国际社会流通的标准商品都以美元计价，用美元购买，即美元商品（dollar goods）。同时，美国经济②的庞大规模以及金融市场的良好信誉又促成了美元资产储备（dollar stock），绝大部分的国际资产与债务都是以美元形式持有。③ 美元霸权的背后是无数私有企业的经济决策汇聚而成的市场选择。④ 当美国开始威胁冻结其他节点的美元资产，禁止其他节点使用美元支付系统，实际上就是破坏美元在价值储存和交易媒介上的稳定性，转变市场风向。事实上，早在美国开始使用网络化制裁之前，美元作为计价单位的功能就已经屡次遭受国际社会的诟病。美国政府习惯于通过货币政策转移国内通货膨胀压力⑤，进而影响国际大宗商品的价格⑥。因此，美国在货币金融网络中实施网络化制裁

---

① Karl Brunner and Allan H. Meltzer, "The Uses of Money: Money in the Theory of an Exchange Economy," *The American Economic Review*, Vol. 61, No. 5, 1971, pp.784-805.
② Eric Helleiner, *The Status Quo Crisis: Global Financial Governance after the 2008 Meltdown*, New York: Oxford University Press, 2014.
③ Stephan Schulmeister, "Globalization without Global Money: The Double Role of the Dollar as National Currency and World Currency," *Journal of Post Keynesian Economics*, Vol. 22, No. 3, 2000, pp.365-395.
④ Alan S. Blinder, "The Role of the Dollar as an International Currency," *Eastern Economic Journal*, Vol. 22, No. 2, 1996, pp.127-136.
⑤ 苏珊·斯特兰奇：《国际政治经济学导论——国家与市场》，杨宇光等译，第127页。
⑥ 李巍：《制衡美元的政治基础——经济崛起国应对美国货币霸权》，《世界经济与政治》2012年第5期。

势必会导致美元适应度的全方位塌陷,从而大幅增强其他节点绕开美元的意愿,加速结构演化。结合两方面因素,美国预期货币金融网络结构的演化速率较快,美国对于货币金融网络化制裁的使用本身就相对审慎(见表 4.1)。

表 4.1　美国对华网络化制裁下的货币金融结构演化速率预期

	结构拓扑特征	适应度	演化速率
货币金融网络	单层	受影响较大	较快
		规范:违背了自由主义世界经济秩序中的金融开放规范	
	美元欧元双中心	功能:破坏了美元在价值储存和交易媒介上的稳定性	

在此基础上,中国在货币金融网络中较高的中心性以及美国内部利益攸关企业强大的政治影响力进一步约束了美国对华采取货币金融网络化制裁的行为。人民币在 2016 年被国际货币基金组织纳入特别提款权(SDR),到了 2019 年近 2% 的全球外汇储备是以人民币持有。[①] 图 4.1 的和弦图是笔者根据国际清算银行 2019 年对外汇市场的统计所制成,直观地描绘了美元在外汇市场交易中的中心地位。图 4.1 中货币之间连线的宽度反映该组货币对应的交易总量,货币所占圆周弧长反映了该货币的交易总额。[②] 美元在所有货币交易中

---

① Mark Copelovitch, "Jack Dorsey Is Wrong. The Dollar Is Still a Global Reserve Currency," June 2, 2022, https://www.washingtonpost.com/politics/2022/06/02/usd-dollar-reserve-currency-economy/.
② "Annex tables: Global foreign exchange market turnover in 2019," Bank for International Settlement, September 16, 2019, https://www.bis.org/statistics/rpfx19_fx.htm.

的使用率高达88%(最高200%),占支配性地位。而人民币则以4.32%的使用率和2 840亿美元的交易额排在世界第八,超过了国际清算银行统计的53个地区的平均值(3.77%),且与排名第五到七的澳大利亚元(6.77%)、加拿大元(5.03%)以及瑞士克朗(4.96%)差距并不明显。

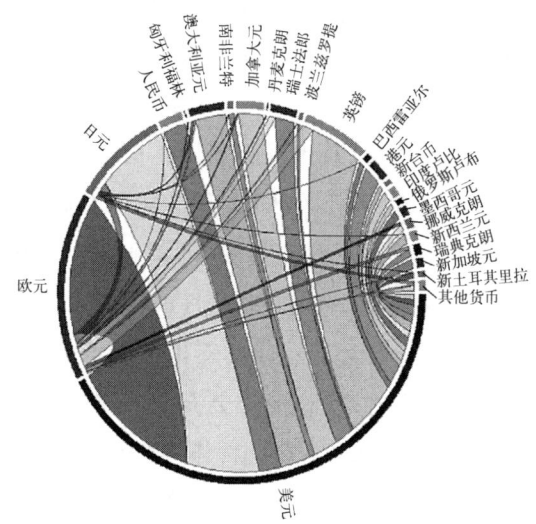

图4.1　2019年货币对应交易量和弦图

与此同时,根据银行间金融通信协会的统计,如果按国内和国际支付价值计算,人民币在2016年1月成为第五大国际支付货币,享有2.45%的份额,距离世界第四的日元(3.07%)仅有0.62%的差距。如果仅计算国际支付且不算欧元区内部交易,那么人民币排名为世界第七,所占比例为1.70%,以微弱的劣势落后于加拿大元(2.34%)。尽管无论按照哪种计算方式,人民币的国际支付货币地位都远远落后于美元,但是考虑到银行间金融通信协会系统共涵盖180种国际货币,人民币已经超过了平均值(0.56%)。结合人民币在外汇交易和国际支付方面的相关数据,可以判断人民币在货币金融网络中达到了"半中心"地位。如果美国对华采用货币金融网络化制裁,逼迫中国脱离现有国际金融体系,那么在短期结构和其他节点将难以完全填补中国和人民币的漏洞及失去的连接,从而对美元和美国金融市场产生一定的反冲作用。

在美国国内层面,以华尔街为代表的金融集团将是对华网络化制裁政策最直接的受害者。中国在 2019 年持有超过 1 万亿美元的美国国债[①],且中国在美国上市的企业市值超过了 2 万亿美元。一旦美国将中国排除在国际金融体系之外,自身的金融市场也将遭受重击。在特朗普政府的内阁成员和白宫幕僚中,"华尔街翼"有两位代表性成员,分别是国家经济委员会主任、白宫首席经济顾问的盖里·戴维·科恩(Gary David Cohn),以及财政部部长史蒂夫·特纳·姆努钦(Steven Terner Mnuchin)。他们都作为美国投资银行家在高盛集团工作了 15 年以上,并分别担任过总裁兼首席运营官和首席信息官。其中,姆努钦与特朗普的个人关系尤为密切,他在 2016 年竞选期间便执掌特朗普竞选团队的财务事务,并帮助筹集了高达 1.59 亿美元的资金。[②] 除了基于个人纽带的工具性权力,掌握巨额投资能力并对金融和股票市场有实质影

[①] Jeff Cox, "China's 'Self-destructive Nuclear Option' in Trade War: Selling US Treasury Bonds," CNBC, May 13, 2019, https://www.cnbc.com/2019/05/13/chinas-self-destructive-nuclear-option-in-trade-war-selling-us-treasury-bonds.html.

[②] Martin Crutsinger, Julie Bykowicz, and Julie Pace, "Treasury Nominee Mnuchin Was Trump's Top Fundraiser," PBS, November 30, 2016, https://www.pbs.org/newshour/politics/treasury-nominee-mnuchin-trumps-top-fundraiser.

响的华尔街还在特朗普执政时期具有较高的结构性权力。这是因为特朗普尤其看重股市,将其视为赢得连任的关键。① 正是在此背景下,姆努钦几乎总能在政府内部争论中获得特朗普的支持。前特朗普政府财政部高级官员也感叹道:"对于宾夕法尼亚大道 1500 号(财政部)来说,没有比宾夕法尼亚大道 1600 号(白宫)更重要的关系了。"②

事实上,姆努钦也确实通过运用其个人权力和影响力保障华尔街的利益,阻止对华使用货币金融网络化制裁。根据鲍勃·戴维斯(Bob Davis)和魏玲灵通过访谈特朗普政府时期官员得到的信息,2018 年 7 月,美国芯片制造商美光公司(Micron)的首席执行官桑杰·梅赫罗特拉(Sanjay Mehrotra)曾在与姆努钦的会面中提出,希望姆努钦通过动用《国家紧急经济权力法案》(International Emergency Economic Powers Act,IEEPA)将中国的"金华"(被"美光"指控专利侵权)排除在全球金融体系之外。对此,一个月前就在政府内部会议中否决对华动用货币金融网络化制裁的姆努钦"面红耳赤"地称:"我不会为此动用《国家紧急经济权力法案》",并结束了会面。

综上所述,货币金融网络相对较快的演化速率预期、中国较高的中心性位置再加之华尔街的强大政治影响力,向美国对华货币网络化制裁的使用施加了高昂的国内和结构成本。随着特朗普政府向中国展开"全政府竞争"(whole-of-government approach),中美之间金融摩擦不断升级。在个人

---

① Bob Davis and Lingling Wei, *Superpower Showdown: How the Battle Between Trump and Xi Threatens a New Cold War*, Harper Business, 2020.
② Ibid.

层面,特朗普政府先是在2020年7月9日根据所谓的《2019年维吾尔人权政策法案》对数名中国官员实施了金融制裁①,接着又在2020年12月以香港问题为借口冻结了十四名中国官员的在美资产。② 在企业层面,为了所谓的"应对以证券投资形式资助中国共产党公司的威胁",特朗普于2020年11月12日签署了第13959号行政令,禁止所有美国国民购买或投资被美国国防部列为"中国共产党军方企业"的公司债券。受此影响,中国的三家电信公司被美国纽约证券交易所摘牌。③此后的拜登政府延续了特朗普政府的相关政策,包括在个人层面以香港和新疆问题为借口对中国公务员进行资产冻结,以及在企业层面加强监管审查制度迫使中国国企退出美国证券交易所。不过,在此期间美国政府始终没有跨过红线、按下"核按钮",未在国家层面对华采取货币金融网络化制裁。

4.2 美国对华价值链网络化制裁

4.2.1 美国对华价值链网络化制裁的使用

美国对华开展的价值链网络化制裁主要表现为通过向中国输美中间品征收额外关税,进而迫使第三方企业将供应链

---

① "Treasury Sanctions Chinese Entity and Officials Pursuant to Global Magnitsky Human Rights Accountability Act," U.S. Department of the Treasury, July 9, 2020, https://home.treasury.gov/news/press-releases/sm1055.
② Humeyra Pamuk, "U.S. Slaps Sanctions on 14 Chinese Officials over Hong Kong Crackdown," Reuters, December 7, 2020, https://www.reuters.com/article/usa-china-sanctions-idUSKBN28H1ZT.
③ Robert Olsen, "NYSE to Delist China's Telecom Giants on Trump's Executive Order," Forbes, December 31, 2020, https://www.forbes.com/sites/robertolsen/2021/12/31/nyse-to-delist-chinas-telecom-giants-on-trumps-executive-order/?sh=3b6bdf593aab.

从中国转移出去,从而将中国排除在全球生产体系之外。如图 4.2 所示,以汽车产业为例,德国大众公司等第三方汽车企业在中国和美国分别设有汽车零部件工厂和汽车组装厂,并从中国工厂将汽车零部件运输到美国进行组装。通过向汽车中间品加征关税,美国能够增加德国大众公司在中国设厂的成本,从而推动其将零部件生产链从中国撤出(见图 4.2)。特朗普政府早在 2018 年年初就先后对进口的太阳能电池板与洗衣机加征《201 条款》关税,以及向钢铁和铝产品加征《232 条款》关税。不过,这些关税的首要目的在于保护国内相关企业而非针对中国。除了中国,韩国、加拿大、墨西哥等美国太阳能电池板和铝产品的主要出口国也受到了一定影响。

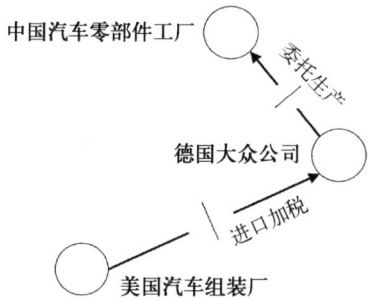

图 4.2 美国对华价值链网络化制裁示意图

正式的对华价值链网络化制裁始于 2018 年 7 月。该月 6 日,特朗普政府以"中国政府不合理和歧视性的技术转让、知识产权和创新政策"为由向中国价值 340 亿美元的输美产品加征《301 条款》关税。2018 年 8 月 23 日,美国接着对 160 亿美元的中国产品加征同等额度关税。这两份清单被称为清单一(List 1)和清单二(List 2),共计 500 亿美元。这一轮制裁的焦点是中国的高端制造业,尤其是《中国制造2025》所涵盖的关键技术领域,包括电动汽车、电子通信产品和工业机器人等。[①] 美国担心《中国制造2025》的目标一旦实现,中国便能达成进口替换,损害美国高技术供应商的在华利益,并破坏世贸组织的相关规则。

由于中国政府态度坚决并实施了同等规模的反制措施,美国在2018年9月24日继续加码,对中国的2000亿美元输美产品加征10%关税,即清单三(List 3)。与之前不同的是,此番制裁不仅瞄准了中国的高新技术产品(如数码摄像机和整流器),同时也涵盖了仅需简单加工的手工制品和农产品(如竹编家具和蔬菜种子),意图提升打击范围从而迫使中国政府让步。中国政府随即表示对600亿美元的美国产品实施反制。到了2019年5月,在中美第11轮经贸高级别磋商结束后,美方指责中方立场"倒退",并于次月宣布将清单三的关税从10%提高至25%。

此后,美国政府威胁对剩下的3000亿美元中国产品加税,并于2019年9月1日对其中的一部分产品,即清单四第一部分(List 4A)加征15%关税。直到2020年1月15日,中美经贸团队在华盛顿签署了第一阶段经贸协议,双方的层层加码才告一段落。根据协议内容,美方于2020年2月14日宣布将清单四第一部分的关税减半为7.5%,而清单一至清单三的25%关税则被保留了下来(见表4.2)。

[①] "The Made in China 2025 Initiative: Economic Implications for the United States," Congressional Research Service, April 12, 2019, https://crsreports.congress.gov/product/pdf/IF/IF10964/4.

表 4.2 美国对中国产品《301 条款》关税加征表

加征时间	加征轮数/清单	金额(美元)	加征税率
2018.7.6	第一轮清单一	340 亿	25%
2018.8.23	第一轮清单二	160 亿	25%
2018.9.24	第二轮清单三	2 000 亿	10%—25%
2019.9.1	第三轮清单四第一部分	3 000 亿	15%—7.5%
2019.12.15	第三轮清单四第二部分		无限延迟

对华使用价值链网络化制裁并不是一个容易的抉择,特朗普内部决策圈对此进行了激烈的讨论。① 这是因为一方面中国在全球价值链中位于中心地位,尤其是作为增加值输出国的结构性权力首屈一指;另一方面价值链的预期演化速率相对有限,美国内部利益攸关企业也在政策初期基于自身利益计算抛弃了自中国入世以来的一贯立场,转而支持对华进行价值链网络化制裁。

图 4.3 显示了庞珣和何晴倩对全球价值链中结构性权力的测量结果。横轴表示一国作为增加值输入国的结构性权力,对应它从其他国家进口增加值占这些国家出口份额的对数加总,反映了其他国家能够在多大程度上绕开与该国的向前连结;纵轴表示一国作为增加值输出国的结构性权力,对应它向其他国家出口增加值占这些国家出口份额的对数加总,

---

① 特朗普决策圈包括鹰派莱特希泽、纳瓦罗,鸽派姆努钦、科恩,双方对中美贸易战持不同意见。详见 Bob Davis and Lingling Wei, *Superpower Showdown: How the Battle Between Trump and Xi Threatens a New Cold War*, Harper Business, 2020.

即其他国家对该国供应链的依赖程度。两者加总便得到了一国的整体结构性权力,由圆的大小来体现,直观地反映了国家在价值链网络中的居间性地位。从图4.3可见,在中美贸易战前夕的2017年,中国的综合结构性权力已经超过了美国,来到了世界第二的位置,仅次于德国,而中国作为增加值输出国的结构性权力更是力压群雄,得分为5.22,明显领先于第二位的德国(3.60)和第三位的美国(3.58)。

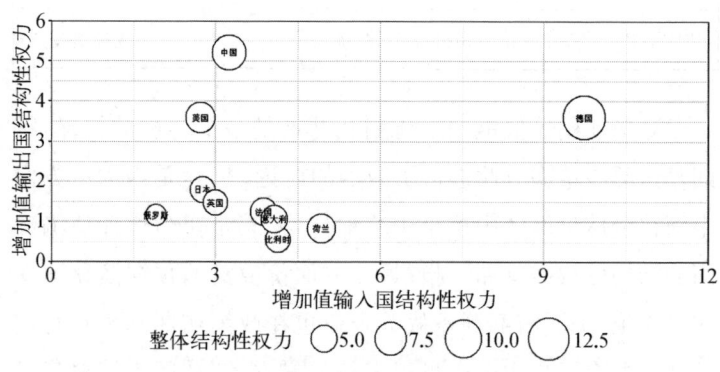

图4.3 全球价值链中的结构性权力(2017年)

资料来源:笔者根据庞珣、何晴倩整理数据自制。

中国在全球价值链中的中心位置有赖于其健全的工业体系、完善的基础设施建设和充足的人才储备。中国是"全世界唯一拥有联合国产业分类中所列全部工业门类的国家",包括41个工业大类、207个工业中类和666个工业小类。① 同时,中国又具有可靠的基础建设和强大的物流能力,能够迅速把供应商、装配厂和港口都串联起来。2017年,中国建有超过

---

① 新华社:《我国是全世界唯一拥有全部工业门类的国家》,2019年9月20日,http://www.gov.cn/xinwen/2019-09/20/content_5431714.htm。

13万千米的全国高速公路,足以绕地球三圈以上。更重要的是,中国拥有世界上最大的劳动力市场,包括二亿多名技术工人和五千多万名高技术工人。在此背景下,中国制造业增加值占全世界份额在2018年超过了28%。尽管在2010年前后,随着中国劳动力工资的上涨,一部分外国企业选择将生产线转移至越南和孟加拉等东南亚国家。然而,东南亚并不具备像中国这般完整的产业链和充足的专业人才,仅能吸收极少部分外国公司在中国的生产作业。正如《中国经济季刊》(China Economic Quarterly)总编亚瑟·克罗伯尔(Arthur Kroeber)所言,"把如此规模的生产运作迅速复制到越南或者印度就是白日做梦"。美国灿烂智能家居公司的联合创始人亚伦·埃米尔(Aaron Emigh)也称:"整个产业链都在中国,如果我们要搬走,我们也仍要在中国购买部件,然后将它们出口到其他地方。"①

除了具备完善的工业生产体系以外,中国还是重要原材料的主要供应国,包括铋、镁、钪、钛、钨、钒、重晶石和天然石墨。中国有着世界上最大的稀土储备,2017年占全球稀土金属产量的80%,分别向美国和欧盟供应了80%和98%的稀土资源。② 此外,中国还是医药产品原材料的主要来源,是活性药物成分(API)最大的生产国和出口国。特朗普的首席经济

---

① Alexandra Stevenson, "Trump's Tariffs May Hurt, But Quitting China Is Hard to Do," *New York Times*, September 24, 2018, https://www.nytimes.com/2018/09/24/business/china-tariffs-manufacturing-cambodia.html.
② Tom Daly and Shivani Singh, "China Rare Earth Prices Soar on Their Potential Role in Trade War," Reuters, June 6, 2019, https://www.reuters.com/article/us-usa-trade-china-rareearths-idINKCN1T70IB; "Critical Raw Materials," March 1, 2023, https://single-market-economy.ec.europa.eu/sectors/raw-materials/areas-specific-interest/critical-raw-materials_en.

顾问科恩曾指出,美国商务部调查发现97%的美国抗生素来自中国。① 显然,对位于结构优势地位的中国开展价值链网络化制裁势必会对美国自身产生强烈反冲作用,正如2020年新冠疫情爆发后中国工厂停工,从而导致世界范围供应链的短缺。

问题在于,本应是对华价值链网络化制裁受害者的美国贸易集团,反而基于对自身长期利益的计算和对中美博弈结果的预估选择支持对华展开价值链网络化制裁。美国三大主要商业贸易组织——商业圆桌会议、美国商会和全国制造商协会在20世纪90年代竞相为中国加入世贸组织向美国政府游说,希望与中国政府建立良好的关系,在中国开放市场后抢占先机。然而,二十年后,中国美国商会(American Chamber of Commerce in China)在2019年4月发布关于中国商业环境的年度报告时直称:"情绪已经转变了。"②根据中国美国商会在2019年2月对内部成员的调查问卷,大部分成员都赞成至少保持对中国商品的一部分关税,以持续对中国政府施压并确保其遵守承诺。更为关键的是,在作为美国政府对华采取价值链网络化制裁法理依据的《301条款》报告中,美国商会的意见被引用了54次,这三个集团的高管站到了制裁的最前沿。③ 这说明,曾经作为中美关系压舱石的一部分的美国

---

① Yanzhong Huang, "U. S. Dependence on Pharmaceutical Products from China," Council on Foreign Relations, August 13, 2019, https://www.cfr.org/blog/us-dependence-pharmaceutical-products-china.
② Michael Martina, "U. S. Firms No Longer 'Positive Anchor' for Beijing Ties: AmCham in China," Reuters, April 17, 2019, https://www.reuters.com/article/us-usa-trade-china/u-s-firms-no-longer-positive-anchor-for-bei?ing-ties-amcham-in-china-idUSKCN1RT0CA.
③ Bob Davis and Lingling Wei, *Superpower Showdown: How the Battle Between Trump and Xi Threatens a New Cold War*, Harper Business, 2020.

商业贸易组织,在贸易战前期改变了其初心,不再致力于约束经济摩擦的升级。

与此同时,价值链结构的预期演化速率并不算快,其结构特征并不像货币金融网络一样能够迫使美国政府保持克制。在结构拓扑特征方面,价值链网络主要映射了增加值输入国的结构性权力,体现出"一超多强"的格局特征。① 这是因为价值链网络制裁的前提条件是美国和目标国之间的向后连结,如果美国不从中国进口中间品,就无法对中国实施价值链网络制裁。而增加值输入国的结构性权力反映的是一国所拥有的全部向后连结对网络结构的重要性,如有多少国家向该国直接或间接输入增加值、向该国输入的增加值占它们自身出口份额的大小。换而言之,一国作为增加值输入国的结构性权力越大,其他国家的向前连结就越难绕开该国,代表了该国在价值链输入网络中的居间中心性。如图 4.4 所示,根据庞珣与何晴倩所得出的数据,2017 年德国(9.74)在该指标上遥遥领先于其余国家,欧洲的一众国家荷兰(4.92)、比利时(4.13)、意大利(4.07)、法国(3.88)紧随其后,中国排在第六位(3.24),美国仅排在第九位(2.73)。

就适应度而言,价值链网络导致美国中心节点适应度的降幅较小。在规范层面,加征关税政策固然违反了国际自由主义秩序所强调的经济自由主义和自由市场原则,但它同时也是世界贸易组织规则下常见的反倾销和反补贴措施。因此,当美国以促进中国市场的自由和公正为由加征关税时,尽

---

① 庞珣、何晴倩:《全球价值链中的结构性权力与国际格局演变》,《中国社会科学》2021 年第 9 期。

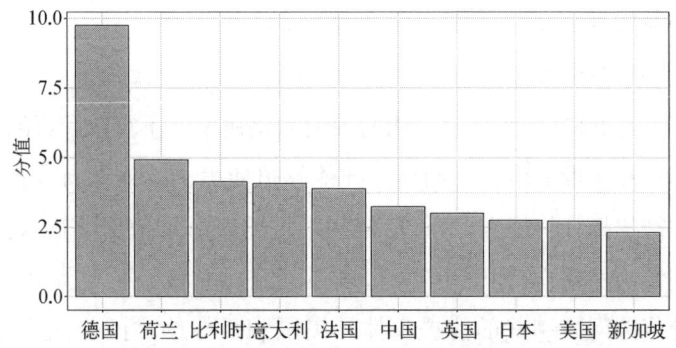

图 4.4 作为增加值输入国的结构性权力(2017 年)
资料来源:笔者根据庞珣、何晴倩整理数据自制。

管其盟友没有对美国采取单边行动表示支持,但对其目的持认可态度。2018 年 5 月 31 日,美国、日本和欧盟的贸易部长曾针对中国的强制技术转让和国企补贴问题发表公开声明,并于 11 月就此事向世界贸易组织提交建议书。① 与此同时,在美国加征关税明显高于世界贸易组织所规定的约定税率(bound tariff)的情况下,中国在世界贸易组织争端解决机制下针对美国《301 条款》征税措施的上诉历时 2 年之久才得到有利判决。② 背后的逻辑是纵使在全球价值链背景下关税已经脱离双边语境,在中间品贸易为主的垂直分工生产体系下具有多边和网络效应,但是在惯例和规范上仍然将加征关税视为一国的合法对外权利。

---

① "Joint Statement on Trilateral Meeting of the Trade Ministers of the United States, Japan, and the European Union," U.S. office of Trade Representative, May 31, 2018, https://ustr.gov/about-us/policy-offices/press-office/press-releases/2018/may/joint-statement-trilateral-meeting.
② 根据 WTO 章程,"专家小组"的报告在 1 年内就会通过。1998 年欧盟对美国《301 条款》的上诉便用时 1 年,详见:"WTO 争端解决机制介绍",2018 年 7 月 31 日, http://chinawto.mofcom.gov.cn/article/dh/cyjieshao/201807/20180702771480.shtml。

在功能性层面,考虑到美国仍是世界上最大的消费经济体,以美国市场为目标的企业固然不会将产业链从美国转移出去。对他们来说,在美国运营所节省的运输成本和交易成本足以弥补额外关税造成的损失。对于目标是海外市场的驻美企业而言,由于从中国进口的中间产品被加征关税,成本必将上升。如果它们选择提高出口产品价格,则可能会因为丧失价格优势而丢失全球市场份额,并造成盈利率的降低、产业竞争力的削弱和增加值贡献率的缩减。[1] 不过,美国进口商和制造商从长远利益出发,大多选择自己承担关税及相关成本,以避免对市场份额的损害。[2] 更重要的是,随着新冠疫情冲击了全球主要的供应链,企业不得不重新审视供应链的风险与弹力(resilience)。[3] 在此背景下,将部分生产作业从中国转移到墨西哥、越南等其他国家能够在一定程度上帮助企业分散供应链风险并保护供应链安全,不再意味着纯粹的负面经济效益。

综合以上两点判断,虽然价值链网络的拓扑结构特征不利于美国,其他国家能够相对容易地绕开它,但是价值链网络制裁对美国适应度造成的消极影响较为有限,企业并没有绕开美国

---

[1] Robert D. Buzzell, Bradley T. Gale, and Ralph G. M. Sultan, "Market Share — a Key to Profitability," *Harvard Business Review*, January 1975, https://hbr.org/1975/01/market-share-a-key-to-profitability.
[2] 王晓燕、李昕、鞠建东:《中美加征关税的影响:一个文献综述》,《上海对外经贸大学学报》2021年第3期,第26—48页。
[3] Van Hoek Remko, "Research Opportunities for a More Resilient Post-COVID-19 Supply China-Closing the Gap Between Research Findings and Industry Practice," *International Journal of Operations and Production Management*, Vol 40, No. 4, pp. 341–355; Myrto Rizou, Ioannis M. Galanakis, Turki M. S. Aldawound, et al., "Safety of Foods, Food Supply Chain and Environment within the COVID-19 Pandemic," *Trend in Food Science and Technology*, Vol. 102, 2020, pp.293-299.

的强烈意识。因此,价值链网络的演化速度适中(见表 4.3)。

表 4.3 美国对华网络化制裁下的价值链结构演化速率预期

	结构拓扑特征	适 应 度	演化速率
价值链网络	单层	受影响较小	中等
		规范:关税是世界贸易组织规则下常见的反倾销和反补贴措施	
	多中心(一超多强)	功能:在疫情背景下供应链多元化能帮助分散风险	

总而言之,尽管中国在价值链中处于中心位置,对于美国的即时结构成本相对较大,但是价值链网络整体的预期演化速率介于快和慢之间,滞后性成本相对于货币金融网络较为有限。两类主导性因素相互冲突、抵消,这也解释了为什么在特朗普政府之前的美国政府一直想要对华采取贸易限制措施[①],但又难以下定决心对华发动价值链网络化制裁攻势。此时,次要因素跨国企业的权力与偏好构成了压死骆驼的最后一根稻草。以美国三大商业组织为代表的跨国企业在贸易战前夕出于对自身长期利益的考虑,选择支持美国政府对中间品加征关税。在此背景下,特朗普政府才最终决定向中国采取价值链网络化制裁。

4.2.2 美国对华价值链网络化制裁的烈度

纵观美国发布清单的时间点及其关税额度,不难发现美

---

① 奥巴马政府曾于 2009 年对中国进口轮胎加征 35% 的关税,随后在 2012 年上诉世界贸易组织仲裁机构,指控中国政府向汽车和汽车零部件出口商提供了非法补贴。

国政府对于征税产品实际上是有所侧重和区分的。清单一至清单三是2018年7月至9月相继公布的,相隔较短,在时间上具有连续性,而清单四直到一年后的2019年9月才发布。更重要的是,清单一至清单三的关税比例高达25%,而清单四第一部分仅为7.5%,第二部分则被无限期延迟。这说明清单一至清单三上的产品是美国政府早有预设的制裁范围。相较之下,美国对清单四中的产品制裁意愿较弱,直至磋商的最后阶段才公布,且制裁力度明显缩减。有鉴于此,本研究将清单一至清单三中涉及的中间产品作为美国对华价值链网络化制裁的范围,其价值占实际交易额的比例即为制裁烈度,并对清单四和豁免清单中的产品进行分开讨论。

考虑到美国制裁清单所列条目并不一定反映了中国向美国出口产品的实际情况,需要配合2017年中美贸易数据作为参考。由于美国制裁清单所涉及的产品以协调制(HS)八位制表示,而美国统计局所公布的数据只显示到六位制。因此笔者使用的是彼得森国际经济研究所(PIIE)的查德·鲍恩(Chad Bown)基于贸易地图(Trade Map)数据库①所构建的中美贸易战数据集。② 该数据集将美国制裁清单与2017年中美贸易数据进行交叉对比,去除了清单中的非实际中国输美产品。此外,联合国统计局的广泛经济类别(BEC)编码依照国际贸易商品的主要最终用途将其分为中间品、资本品和消

---

① 贸易地图数据库与世界贸易组织及联合国贸易与发展会议(UNCTAD)合作,具有一定权威性,详见:"International Trade Center," March 1, 2023, www.intracen.org/marketanalysis。
② Chad P. Bown, Euijin Jung, and Zhiyao Lu, "Trump and China Formalize Tariffs on \$260 Billion of Imports and Look Ahead to Next Phase," PIIE, September 20, 2018, https://www.piie.com/blogs/trade-and-investment-policy-watch/trump-and-china-formalize-tariffs-260-billion-imports-and.

费品。因此,通过将布朗的数据集根据广泛经济类别编码进行用途分类,便可以得到美国对中国实际输美中间品的制裁清单。① 根据笔者计算,清单一至清单三所覆盖的中间品占2017年中国输美中间品总额的76.36%,而清单所涵盖的消费品占中国输美消费品总额的比例仅为22.58%。由此可见,美国2018年对中国发起的贸易战其实质是基于中间品的价值链网络化制裁,而非传统意义上基于最终消费品的贸易制裁。此外,就供应链依赖度而言,美国清单一至清单三所覆盖的中国中间品平均占美国进口市场的18.38%,而未列其中的中国输美中间品则占15.99%。被制裁的产品反而对中国依赖度更高,这说明美国价值链网络化制裁的烈度设计并非完全基于经济脆弱性。为此,有必要进一步打开国家的"黑匣子",从美国国内政治经济的角度出发寻求解释。

广泛经济类别根据协调制产品类型将其分为八项主要经济类别。以此为基础,参考2017年中国输美产品的实际金额,便可得到各领域受制裁影响的中间品价值总额。如图4.5所示,尽管建材大类(建筑、木材、玻璃、石材、基本金属、住房、电器、家具)加征关税产品的价值远高于运输设备大类(运输设备与服务、旅行、邮政服务),但是从产业内部的横向占比来看,运输设备大类中受关税影响的产品比例相对更大。基于产品金额进行跨产业比较虽然有助于理解不同关税对国家整体经济的影响,却无法在微观层面直观地体现各产业的受损范围。再加上不同类型的产品本身价值差异较大,例如信息

---

① 对于多用途的产品,根据广泛经济类别给出的中间品使用比例计算金额,例如消费品50%,中间品50%,那么就是该产品的总价值乘以50%。

和通信技术大类(信息和通信技术、媒体、计算机、商业和金融服务业)中间品的平均价值显然高于农业大类(农业、林业、渔业、食品、饮料、烟草)。因此,为了能够从产业的视角比较不同类型美国常驻企业受价值链网络化制裁影响的程度,使用各产业从中国进口中间品中加征25%关税产品占该产业从中国进口中间品总额的比值,相比于使用固定金额直接进行比较更为合适。

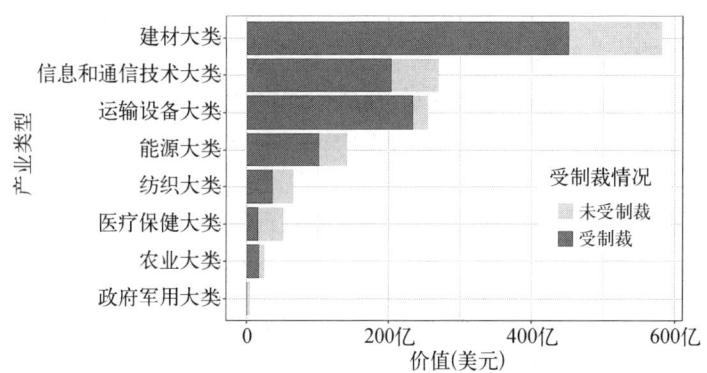

图4.5 中国输美中间品受制裁情况(实际金额)

资料来源:笔者根据贸易地图数据库自制。

由图4.6可见,对于能源大类(采矿、采石、炼油、燃料、化学品、电力、水、废物处理)、农业大类等大部分产业而言,从中国进口的中间品中加征关税的比例都在平均值76.36%左右,运输大类(运输设备与服务、旅行、邮寄服务)①明显高于平均值,达到了91.99%,而政府军用大类(政府、军队和其他)和医疗保健大类(健康、医药、教育、文化、体育)制裁烈度甚至低于

---

① 由于关税仅涉及商品而不涉及服务,所以不包括运输、旅行和邮寄服务。

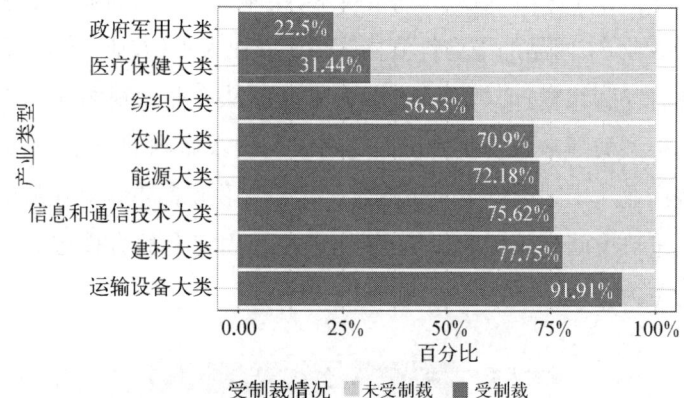

图 4.6 中国输美中间品受制裁情况(百分比)

资料来源:笔者根据贸易地图数据库自制。

35%。不同产业的价值链网络制裁烈度反映了不同利益集团在美国国内政治生态与经济生活中的地位及作用差异。

4.2.2.1 枪支产业与美国全国步枪协会

表 4.4 中国输美政府与军用大类中间品详情

HS4 位	产品详情	2017 年中国输美总额($)
清单一、二产品		
8805	航空器发射装置;甲板上的固定装置和类似装置;地面飞行训练器;及其部件	1 019
清单三产品		
4010	硫化橡胶传送带或传输带	95 524 353
9015	勘测(包括摄影测量)、水文、海洋学、气象或地球物理仪器和设备	9 149 316

续 表

HS4 位	产品详情	2017年中国输美总额($)
	不在清单一至三产品	
3604	烟花、信号弹、雨花火箭、雾化信号和其他烟火物品	278 602 186
9305	火器；品目 9301 至 9304 的武器部件	38 568 914
3602	预制炸药，但不包括推进剂粉末	11 690 237
9306	炸弹、手榴弹、鱼雷、地雷、导弹和类似的战争弹药及其部件；弹壳及其他弹药、射弹及其部件，包括弹丸和弹片	10 065 761
4908	转印贴花纸（移画印花法用图案纸）	8 709 135
3606	铈铁和其他各种形式的发火合金	2 856 817
4907	未使用的邮票、税收或类似的现行或新发行的邮票；加盖邮票的纸张；钞票；支票表格；股票、股份或债券证书和类似的所有权文件	1 847 000
4010	硫化橡胶传送带或传输带	1 429 310
3601	推进剂粉末	1 388 567
3603	安全引信；雷管；冲击波或雷管；点火器；电雷管	764 940
8710	坦克和其他机动装甲战斗车，无论是否装有武器，以及这些车辆的部件	197 126

资料来源：笔者根据贸易地图数据库自制。

具体对比政府与军用大类中清单一至三以及不在其中的中间品，可以发现两者除了 HS 编号为 4010 的硫化橡胶传送带或传输带之外并无交集。加征 25% 关税的中间品主要是环境勘测仪器和航空航天装置,这与美国政府打击《中国制造2025》的目标相符。在未征收25%关税的中间品中以火器、炸药和导弹的材料及部件为主,其中更是不乏猎枪、步枪(HS 93052080)和气枪(HS 93062900)等民用枪支器械零部件。考虑到枪支行业被特朗普政府列为"重要基础设施"①,这显然有悖于美国政府保护国家安全、强化美国供应链韧性的官方立场。②

美国枪支制造业的兴盛得益于美国人狂热的"枪支文化"(gun culture)。根据日内瓦高级国际关系及发展学院的一份问卷调查,2017年仅占世界人口4%的美国人拥有全球8.57亿支民用枪械的46%之多。③ 在美国,枪支主要分为手枪(handgun)和长枪(long gun),手枪包括短管手枪(pistol)和左轮手枪(revolver),长枪则涵盖步枪(rifle)和猎枪(shotgun)。在2014年至2018年的五年中,手枪的总产量更高,短管手枪和左轮手枪分别生产了3 878 978支和774 132支,步枪和猎枪则分别为3 401 253支和752 954支。④ 其中,

---

① Lawrence Hurley,"Trump Coronavirus Guidance on Keeping Gun Stores Open Draws Criticism," Reuters,March 31, 2020, https://www.reuters.com/article/us-health-coronavirus-usa-guns.
② "Executive Order 13806-Assessing and Strengthening the Manufacturing and Defense Industrial Base and Supply Chain Resiliency of the United States," Administration of Donald J. Trump, 2017, https://www.govinfo.gov/content/pkg/DCPD-201700489/pdf/DCPD-201700489.pdf.
③ Christopher Ingraham, "There Are More Guns Than People in the United States, according to a New Study of Glob-al Firearm Ownership," *Washington Post*, June 19, 2018, https://www.washingtonpost.com/news/wonk/wp/2018/06/19/there-are-more-guns-than-people-in-the-united-states-according-to-a-new-study-of-global-firearm-ownership/.
④ "Firearm Production in the United States with Firearm Import and Export Data," The Firearm Industry Trade Association, November 2020, https://www.nssf.org/wp-content/uploads/2020/11/IIR-2020-Firearms-Production-v14.pdf.

两家美国枪支制造商斯图姆-鲁格公司（Sturm, Ruger & Company, Inc）和史密斯-韦森公司（Smith & Wesson Corp）独占鳌头，占美国手枪和长枪产量的 37%。除了美国本土企业，其他外国公司，尤其是欧洲军火企业也是美国枪支制造业的重要参与者，包括产量排名第三的著名德国枪支制造商西格绍尔（Sig Sauer Inc），以及收购了美国柯尔特公司（Colt's Manufacturing Company）的捷克武器制造商切斯卡·兹布罗约夫卡。由于中国国内价格相对低廉的劳动力和原材料，这些公司都选择将一部分中间品制造业务外包给中国。为此，当 2019 年 8 月枪支类产品拟将被列入清单四后，史密斯-韦森公司随即将下半年的财政收入预期下调了 500 万美元。①

不过事实上，即使在枪支类产品被列入清单四之后，枪支行业也在很大程度上规避了关税战的影响。一方面，"除猎枪和步枪外，标题 9303 物品的零部件"（HS93059940）被放入了无限制延期的清单四第二部分。这意味着短管手枪和左轮手枪等手枪的中国进口中间品被排除在实际制裁范围以外。2017 年，中国输美手枪类中间品总额约为 130 万美元，占美国进口市场的 19.13%，

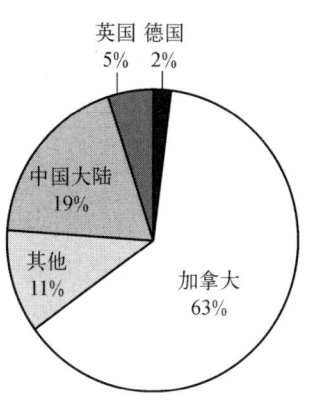

图 4.7 各国输美手枪类中间品占比

资料来源：笔者根据贸易地图数据库自制。

---

① Chris Isidore, "Tariffs Are Hurting the Company That Makes Smith & Wesson Firearms," CNN, August 30, 2019, https://www.cnn.com/2019/08/30/business/smith-wesson-tariffs-impact/index.html.

仅次于加拿大的 62.82%。通过将手枪这类对中国供应依赖性较高的产品移出关税清单,驻美枪支企业的主要经济利益得以被维护。

另一方面,尽管猎枪和步枪及其零部件被列入了面临着 7.5% 关税的清单四第一部分,但是枪支行业成功地为预充气动步枪(PCP air gun,HS93040020)申请到了关税豁免。① 在涉及军火弹药的 HS93 条目中,预充启动步枪是 2017 年中国输美产品中总值最高的单项,高达 39 338 169 美元。虽然被豁免的是预充启动步枪的成品,而非其中间品(HS93059950),不过这足以帮助驻美枪支企业通过将更多生产环节外包给中国来绕开制裁。中国输美的预充启动步枪中间品在 2019 年价值约 804 万美元,相比 2018 年减少了 24.26%,并于 2020 年进一步跌至 594 万美元,同比减少 25.98%。与之相反,中国输美预充启动步枪成品在 2019 年共计 3 652 万美元,同比降幅为 5.7%,然而自 2020 年 7 月得到豁免后,2020 年全年总额高达 5 087 万美元,同比增幅达到了夸张的 39.29%。可见,象征着美国价值链网络化制裁范围的关税清单及豁免清单均显现出了特朗普政府对枪支行业的保护倾向。

美国政府之所以对枪支行业如此优待,很大程度上是源于特朗普本人与枪支企业间的紧密联系。而在其中扮演纽带作用的便是美国"历史最为悠久的民权组织"②,拥有着 500 万

---

① "Notice of Product Exclusions and Amendments: China's Acts, Policies, and Practices Related to Technology Transfer, Intellectual Property and Innovation," Federal Register, Vol. 85, No. 142, July 23, 2020, https://ustr.gov/sites/default/files/enforcement/301Investigations/%24300_Billion_Exclusions_Granted_July_20_2020.pdf.

② "About the NRA," March 1, 2023, https://home.nra.org/about-the-nra/.

名成员的枪械利益集团——美国全国步枪协会(NRA)。作为非营利组织,美国全国步枪协会最主要的经费来源就是成员捐赠。2010年美国全国步枪协会总共收到7 000万美元的捐款,大部分来自其22位"合作伙伴",其中不乏各类攻击性武器(assault weapon)制造商,比如枪支制造业的"三巨头"斯图姆-鲁格公司、史密斯-韦森公司以及西格绍尔公司。① 除此之外,美国全国步枪协会在2010年还从枪械制造公司手中赚取约2 000万美元,作为在其杂志《美国步枪人》(*American Rifleman*)和《美国猎人》(*American Hunter*)刊登枪支广告的费用。巨大的财力支持和广泛的受众基础使得美国全国步枪协会成为美国政府不可忽视的庞大利益集团。

  2000年,特朗普对持枪仍然抱持着较为中立的态度,他在《我们该有的美国》(*The America We Deserve*)一书中既不赞同民主党完全禁枪,也不支持共和党不对持枪进行任何限制。但是自2015年开始,特朗普就在各类场合频频发声支持持枪。例如在2015年10月和2016年1月的第三及第六次共和党总统初选辩论中,特朗普就公开反对"禁枪区"的概念,拥护保障美国持枪权的宪法第二修正案,称在枪击案中如果除了行凶者以外还有人持枪,那么伤亡情况就会减少。特朗普对持枪的态度最终反映在共和党2016年的党纲中,即支持"个人持有和携带武器的权利,这是一项不可剥夺的自然权利"。作为回报,美国全国步枪协会在2016年美国大选中全力支持特朗普。美国全国步枪协会的执行理事长克里斯·考

---

① Jordan Weissmann, "Whom Does the NRA Really Speak For?" *The Atlantic*, December 18, 2012, https://www.theatlantic.com/business/archive/2012/12/whom-does-the-nra-really-speak-for/266373/.

克斯(Chris Cox)于2016年5月发表声明:"如果希拉里·克林顿获得了用一名反对持枪的大法官来取代安东宁·斯卡利亚(Antonin Scalia)的机会,我们就会失去在家里持枪自保的权利……所以对于持枪者来说,这次选举的选择很明显就是特朗普。"①根据联邦选举委员会的公开数据,美国全国步枪协会在2016年向特朗普竞选团队注入了超过3 000万美元,而真实数字可能还要更高。

美国全国步枪协会和枪支制造商的巨额付出并没有白费。2019年2月,当众议院在试图推动针对购枪的普遍背景审查法案时,特朗普威胁称如果该法案在参议院通过,则会动用总统否决权。② 与此同时,特朗普还将对美国出口枪支的监管权从国务院转移到了商务部。考虑到国务院的部门职责在于抵御国际威胁和限制武器交易,而商务部的首要任务是推动美国出口,这一举措实际上是放松了对美国枪支企业出口武器的限制。根据美国国家射击运动基金会(NSSF)的估算,这一改动将使得美国的枪械出口提升20%。③此外,在2020年3月美国新冠疫情正值高峰之际,特朗普政府颁布指导意见,认为包括制造、销售、进口和分配在内的各类枪支生意在疫情期间仍然应当允许进行。

---

① "Donald Trump Presidential Campaign, 2016/Gun Control," Ballotpedia, March 1, 2023, https://ballotpedia.org/Donald_Trump_presidential_campaign_2016/Gun_control.
② Jacob Pramuk, "House Passes Another Bill to Strenthen Gun Background Checks as Trump Pledges to Veto," CNBC, February 28, 2019, https://www.cnbc.com/2019/02/28/house-passes-gun-control-background-check-bill-trump-pledges-to-veto.html.
③ Mike Stone and David Shepardson, "Exclusive: Trump Administration Moves Closer to Easing Gun Exports," Reuters, November 8, 2019, https://www.reuters.com/article/us-usa-trump-guns-exclusive-idUSKBN1XH2IY.

尽管这一指导意见没有法律效力,却为枪支行业在疫情期间保持运作提供了正当性。①

特朗普不仅在政策调整上偏向枪支企业,甚至在内阁人事安排上也有所倾向。他在2016年年底任命约翰·凯利(John Kelly)作为国土安全部的部长,并在2017年7月将其调任为白宫幕僚长。在此之前,凯利是美国最大的私人股权投资公司之一——博隆资产管理(Cerberus Capital Management)公司的顾问。博隆公司是包括枪支企业在内的美国军工集团背后的大股东,旗下有美国历史最悠久的步枪制造商雷明顿公司(Remington Arms Company)。② 尽管凯利之后由于和特朗普之间的矛盾在2018年12月离开了白宫,但这一任命仍然体现了枪支企业对特朗普政府的影响力。值得一提的是,博隆公司的首席执行官、美国全国步枪协会最大捐赠人之一的斯蒂芬·范伯格(Stephen Feinberg)也是特朗普经济顾问委员会中的一员。

借由与美国前总统特朗普的个人联系,枪支产业获得了超越奥巴马政府执政期间的政治影响力。然而,由于其利益代言人凯利过早地离开了最高决策层,致使枪支企业在美国政府的第三轮关税战中陷于被动,只能通过后续的豁免申请寻找机会。在此过程中,作为第三方节点的外国驻美枪械企业(如西格绍尔公司)通过联合美国本土枪支企业和美国全国步枪协会,一同争取到了政策福利,受价值链网络化制裁影响较小。

---

① Lawrence Hurley, "Trump Coronavirus Guidance on Keeping Gun Stores Open Draws Criticism," Reuters, March 31, 2020, https://www.reuters.com/article/us-health-coronavirus-usa-guns-idUSKBN21H37L.
② Derek Seidman, "Gun Profiteers: Who's Getting Rich off the US Gun Crisis?" March 1, 2018, https://news.littlesis.org/2018/03/01/gun-profiteers-whos-getting-rich-off-the-us-gun-crisis/.

4.2.2.2 医药产业与大型医药企业

表 4.5 中国输美医疗保健大类中间品详情

HS4 位	产 品 详 情	2017 年中国输美总额($)
清单一、二产品		
9001;9002;9011;9012;9014;9022;9024;9026;9028;9029;9030;9031;9032;9033	光导纤维及光导纤维束;任何材料的透镜、棱镜、镜子和其他光学元件;复合光学显微镜;导航仪器和设备;X 射线或 α 射线、β 射线、γ 射线的应用设备;用于测试材料的硬度、强度、可压缩性、弹性和其他机械性能的机器和设备;用于测量或检查液体和气体的流量、液位、压力的仪器、设备;转速计、产量计数器、车费计及类似仪表;用于测量、检查电气量的仪器;调节或控制仪器和设备;及其部件	755 880 939
清单三产品		
9001;9002;9010;9013;9017;9025;9029;9031	光导纤维及光导纤维束;任何材料的透镜、棱镜、镜子和其他光学元件;摄影(包括电影)实验室仪器和设备;本章中未列明的其他光学器具和仪器;绘图、划线、数学计算仪器;测量长度的仪器;记录式或非记录式的液体比重计及类似装置;转速计、产量计数器、车费计及类似仪表;未列于本章的测量或检查仪器、用具和机器	478 634 236
4802;4803;4818	用于书写、印刷或其他图形的未涂布的纸和纸板;厕纸;纸浆;纸张、纤维素絮的手帕、纸巾和类似用品	96 321 880
7014;7017;7018	未经光学加工的信号玻璃器及玻璃制光学元件;实验室、卫生及配药用玻璃器熔凝石英或熔凝硅石制;玻璃珠及类似小件玻璃品	87 973 859
3301;3302	油;提取的油脂类物质;芳香物质的混合物	66 629 655
3402;3404	有机表面活性剂;表面活性剂制品、洗涤剂及清洁剂;人造蜡及调制蜡	49 993 383

续 表

HS4 位	产 品 详 情	2017 年中国输美总额($)
2940;2942	蔗糖、乳糖、麦芽糖、葡萄糖和果糖以外的化学纯糖;糖醚、糖缩醛及糖脂及其盐;其他有机化合物	45 318 693
8510	电动剃须刀、电动毛发推剪及电动脱毛器	30 252 532
不在清单一至三产品		
9001;9003;9005;9013;9018;9021;9022;9029	光导纤维及光导纤维束;眼镜、护目镜的框架;双筒望远镜、单筒望远镜,其他光学望远镜及其支架;本章中未列明的其他光学器具和仪器;用于医疗、外科、牙科或兽医科学的仪器和设备;矫形器具;身体的人造部分;X射线或α射线、β射线、γ射线的应用设备;转速计、产量计数器、车费计及类似仪表	1 346 513 354
3001;3002;3003;3004;3005;3006	用于器官治疗的腺体和其他器官;人血;用于治疗、预防或诊断的动物血;抗血清;疫苗、毒素、微生物的培养物(不包括酵母)等;药剂;用于医疗、外科或兽医的浸渍或涂有药物物质或零售形式或包装的棉絮、纱布、绷带;医药产品	883 586 797
2937;2939;2940;2941	激素、前列腺素、血栓素和白三烯;生物碱;蔗糖、乳糖、麦芽糖、葡萄糖和果糖以外的化学纯糖;抗生素	459 319 651
3926	其他塑料制品及品目 39.01 至 39.14 所列其他制品	292 917 203
3821;3822	制成的供微生物(包括病毒和类似物)生长培养基	156 041 320
3301;3302	油;提取的油酸类物质;工业原料用的芳香物质的混合物	100 463 191
4818	厕纸;纸浆、纸张、纤维素絮的手帕和类似用品	70 729 851

续 表

HS4 位	产 品 详 情	2017年中国输美总额($)
9507	钓鱼竿、钓鱼钩及其他钓鱼用品	66 588 851
3407	塑型用膏(包括供儿童娱乐用物品)	63 483 009
9209	乐器零部件、附件	30 010 491
9110;9111;9112;9114	未组装或部分组装的完整钟、表机芯;表壳及其附件;钟壳和本章其他商品的类似外壳;钟表零部件	23 792 104
0501;0502	未经加工的人发;猪鬃、猪毛与其废料	9 343 770
9613	打火机及打火器零部件	7 250 027
4014;4015	硫化橡胶制其他卫生及医疗用品	1 827 436
7015;7018	钟表和类似的镜片;玻璃珠、仿珍珠及小件玻璃品	1 028 297

资料来源：笔者根据贸易地图数据库自制。

在医疗保健大类的中国输美中间品中，美国第一轮制裁集中在光学仪器和各类测量设备，并在第二轮制裁中扩展至玻璃制品以及纸制品、精油、剃须刀等生活用品，乐器和鱼竿等文娱用品则不在其中。值得特别注意的是，HS 编码以 30 为首的全部药品药剂都没有被列入清单一至三，包括能够应用于医疗保健产品的有机化合物（HS 编码以 29 开头），如维生素、激素和抗生素，以及化工产品（HS 编码以 34 开头），如病毒和微生物。这些具有医药用途的原材料不仅没有被加征 25% 关税，甚至也没有被列入保留加税可能的清单四。考虑到医药产业，尤其是涉及生物科技的部分与《中国制造 2025》

高度相关,其理应是美国价值链网络化制裁的重点关注对象,再加上截至特朗普政府公布最后一轮关税清单,迫使美国政府大幅引进医药产品的新冠疫情尚未暴发。这些迹象似乎表明,在美国价值链网络化制裁的最高决策圈中存在医药集团的利益代言人,提前为他们发声并维护现有经济利益,从而在政策出台前就脱离制裁范围。

医药行业的全球价值链大致可分为四个阶段,包括活性药物成分(API)制成、主要产品配方、二次包装处理和分销活动。① "大型医药企业"(big pharma),即世界最大的几家医药公司主要从事价值链的后三个阶段,而将第一阶段的活性药物成分制成业务外包给生产成本更低、环保要求更低的发展中国家,尤其是中国和印度。② 大型医药企业以美国和欧洲公司为主,包括美国的辉瑞公司(Pfizer)、瑞士的罗氏公司(Roche Holding AG)和诺华公司(Novartis)以及英国的葛兰素史克公司(GlaxoSmithKline plc)。③ 基于美国巨大的医药市场需求和丰富的医学人才资源,欧洲医药企业纷纷在美国设厂,如诺华公司在新泽西州的多汉诺威、萨米特和纽约州的萨芬设有三座制药厂,配有超过五千名员工④;葛兰素史克公司的厂房则

---

① Jagjit Singh Srai, Tomás Harrington, Leila Alinaghian, and Mark Phillips, "Evaluating the Potential for the Continuous Processing of Pharmaceutical Products — a Supply Network Perspective," *Chemical Engineering and Processing: Process Intensification*, Vol. 97, 2015, pp.249-258.
② "Testimony: Safeguarding Pharmaceutical Supply Chains in a Global Economy," October 29, 2019, https://www.fda.gov/news-events/congressional-testimony/safeguarding-pharmaceutical-supply-chains-global-economy-10302019.
③ Cheryl Barton, "Annual Revenue of Top 10 Big Pharma Companies," March 3, 2020, https://www.thepharmaletter.com/article/annual-revenue-of-top-10-big-pharma-companies.
④ "Novartis Pharmaceuticals Manufacturing Facilities," March 1, 2023, https://www.bergmannpc.com/project/novartis-pharmaceuticals-manufacturing-facility.

分布于马里兰州的罗克韦尔、宾夕法尼亚州的上梅仁以及南卡罗来纳州的泽布隆。① 有鉴于此,如果美国政府通过加征关税迫使这些欧洲第三方企业将第一阶段的活性药物成分生产从中国转移至印度等其他地方,便能够达成在全球医药产业链排挤中国的目的。

从医药产业链的整体相互依赖情况看,美国想要与中国实现完全脱钩是十分困难的。特朗普的首席经济顾问加里·科恩(Gary Cohn)称美国商务部调查发现97%的美国抗生素来自中国。② 黑斯廷斯中心(The Hastings Center)的高级顾问罗兹玛丽·吉布森(Rosemary Gibson)也在国会听证会上指出,尽管美国国防部只从中国购买很小比例的医药成品,但80%用于生产药品的活性药物成分来自中国等国家。③

然而,问题的关键在于,美国并不是在所有医药产品的原材料供应上都严重依赖中国。如图4.8(a)所示,中国在2017年共计向美国出口了近9 000万美元的激素类活性药物成分,即激素、前列腺素、血栓素和白三烯(HS编码以2934开头),仅约占美国进口市场的11%,次于前三甲的阿根廷、丹麦和法国。显然,中国在美国医药行业的激素类活性药物成分海外供应市场中并不占据主导性位置。更何况中国不仅向美国出口活性药物成分,还会出口处于价值链第二阶段的配方药物,如由两种或以上成分组成的非药剂形式的药物(HS300390)。

---

① "At a Glance," March 1, 2023, https://us.gsk.com/en-us/company/at-a-glance/.
② Yanzhong Huang, "U. S. Dependence on Pharmaceutical Products from China," Council on Foreign Relations, August 13, 2019, https://www.cfr.org/blog/us-dependence-pharmaceutical-products-china.
③ "Testimony of Rosemary Gibson," July 31, 2019, https://www.uscc.gov/sites/default/files/RosemaryGibsonTestimonyUSCCJuly152019.pdf.

中国在2017年向美国出口的该类中间品总计接近5 000万美元，占美国进口市场的5.36%，不足排名第一的新加坡的十分之一[见图4.8(b)]。如果美国仅仅是放弃了对中国依赖较强的抗生素类活性药物成分的制裁，说明美国的价值链网络化制裁设计更多体现了基于安全考虑对国家药品供应链的保护。然而事实上，除了抗生素类活性药物成分，美国价值链网络化制裁完全绕开了并不高度依赖中国的其他类活性药物成分以及药物中间品，这意味着美国对医药行业的保护力度已经从基本保障发展需求上升到了全面维护经济利益。同时，这也说明，在网络化制裁的烈度环节，企业影响力的重要性高于目标国的中心性。

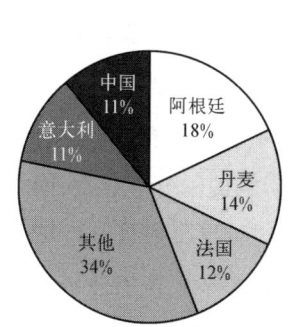 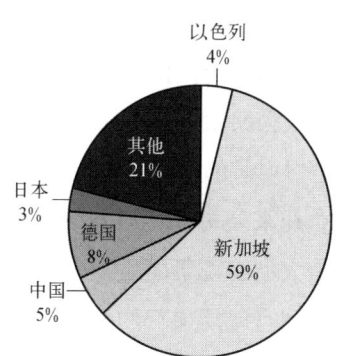

图4.8(a)　各国输美激素、前列腺素、血栓素和白三烯占比

图4.8(b)　各国输美HS300390类产品占比

资料来源：笔者根据贸易地图数据库自制。

在2018年至2019年中美关税战期间，美国医药集团对政策的影响力部分来自政治纽带，包括大量嵌入美国政府内部的利益代言人，部分来自其结构性权力，即对国内医药产品的定价能力。与美国全国步枪协会不同，美国医药集团并没

有在2016年大选期间就倒向特朗普。根据联邦竞选委员会的资料,医药企业将近三分之一的选举捐款都给了希拉里,而特朗普收到的支票仅有一千美元出头,不到希拉里的三百分之一。造成这一现象的原因是特朗普在2016年竞选纲领中提出要打压美国药品价格。不过,当特朗普获得选举胜利后,医药集团迅速地调整过来,在2017年特朗普宣布就职时向其团队捐赠了总计154万美金。① 更重要的是,医药集团长期以来与特朗普身后的共和党关系紧密。根据公开秘密(Open Secrets)收集的数据显示,医药集团在1990年到2016年的14个选举年份中有13个年份倒向了共和党,只有2010年支持的是民主党。在这17年中,医药企业64%的选举捐款流向了共和党。② 因此,当特朗普组建内阁时,他选择了之前未曾打过交道的医药界精英亚历克斯·阿扎(Alex Azar)来担任美国卫生及公共服务部部长,同时也是为数不多在职期间没有被特朗普"炒掉"的内阁成员。阿扎在2017年进入政府前担任著名药企礼来公司(Eli Lilly and Company)的美国分部总裁,同时还是大型游说集团生物科技创新组织的董事会成员。根据他向美国官箴局递交的财务报告,他在2016年从礼来公司收到了约200万美元的薪水和奖金,以及160万美元的遣散费。③

在为特朗普政府效力期间,阿扎经常为了维护医药企业

---

① "Big Pharma's Best Friends," March 1, 2023, https://www.bigpharmasbestfriends.org/.
② "Pharmaceutical Manufacturing: Long-term Contribution Trends," March 1, 2023, https://www.opensecrets.org/industries/totals.php? ind=H4300.
③ "Executive Branch Personnel Public Financial Disclosure Report (OGE Form 278e)," U.S. Office of Government Ethics, March ,2014, https://extapps2.oge.gov/201/Presiden.nsf/PAS+Index/0ED495763F923004852581DE004BFADE/$FILE/Azar,%20Alex%20M.%20%20final278.pdf.

的立场与白宫官员产生冲突。当白宫代理幕僚长米克·马尔瓦尼(Mick Mulvaney)及其他官员提出针对药价过高的草案时,阿扎都会想方设法进行阻挠;当特朗普的盟友,佛罗里达州的共和党、州长罗恩·德桑蒂斯(Ron DeSantis)提出要从加拿大以更低价格进口药品时,阿扎也在第一时间表示了反对。① 显然,当医药企业的利益代言人成为政府对医药事务的最高负责人和政策拟定者,特朗普竞选期间有关降低药价的承诺也就没那么容易实现了。自 2014 年到 2020 年,美国药品的价格涨幅比其他任何医疗设备或产品都大,约为 33%。② 除了阿扎以外,特朗普政府还有多名管理层是医药企业的前说客,另有数十名官员在进入政府前曾为医药企业提供法律服务。③ 本·卡森(Ben Carson)在担任美国住房和城市发展部部长前曾任研发癌症疫苗的美国疫苗原生物技术公司(Vaccinogen)董事长,斯考特·哥特利布(Scott Gottlieb)则在执掌美国食品和药品管理局之前为英国药企葛兰素史克公司提供咨询服务。值得一提的是,乔·格伦根(Joe Grogan)在成为白宫负责国内政策的首席幕僚前,曾长期担任美国大型药企吉利德(Gilead Sciences)公司

---

① Dan Diamond, et al., "'They're All Fighting Him': Trump Aides Spar with Health Secretary," June 18, 2019, https://www.politico.com/story/2019/06/18/alex-azar-health-care-hhs-trump-cabinet-1538651.
② Anna Wells, "The Price of Prescription Drugs, Inpatient and Outpatient Care Outpaced All Other Medical Goods and Services," March 14, 2022, https://www.goodrx.com/blog/prescription-drugs-rise-faster-than-medical-goods-or-services/.
③ Kyle Herrig, "Opinion: Trump Said He'd Battle Big Pharma. Instead, He Let It Run the White House," January 24, 2020, https://www.buzzfeednews.com/article/kyleherrig/trump-said-battle-big-pharma-instead-it-runs-white-house.

的说客,并为此遭到了美国众议院监督与改革委员会基于"潜在的利益冲突"的调查。①

除了借由政治纽带向政府内部输送利益代言人,医药集团还具有一项重要的结构性权力——对药品这一关键产品的定价权。根据经济合作与发展组织的数据显示,2020年美国人均医药开销在1 300美元左右,位居世界第一。② 美国药价居高不下的背后有两个主要原因。第一原因是在制度层面,西方政府对于药品的议价能力主要来自国家医保体系巨大的买方权力。例如,英国卫生部的国家健康与临床卓越研究院(NICE)就曾因罗氏的抗癌药物曲妥珠单抗要价过高而拒绝其进入英国国民医疗服务体系。③ 然而在美国,医药集团在2003年成功游说国会通过立法禁止美国医疗保险(Medicare)和联邦政府运用其买方权力直接与医药公司谈判以降低药价。④ 自此,美国医药企业能够在市场所能承受的范围内尽可能地提高药价。而市场因素则是促成美国高昂药价的第二个原因。在需求端,美国的处方(prescription)制度要求顾客在提供医生的处方后方能合法获得药品。这就使得顾客把重

---

① "New Documents Raise Concern about Potential Conflict of Interest of Former Drug Company Lobbyist Hired by Trump Administration," July 11, 2013, https://oversightdemocrats.house.gov/news/press-releases/new-documents-raise-concerns-about-potential-conflict-of-interest-of-former-drug.
② "Pharmaceutical Spending," OECD, March 1, 2023, https://data.oecd.org/healthres/pharmaceutical-spending.htm#indicator-chart.
③ Marthe Fourcade, "Roche Discount Fails to Win Breast Cancer Drug Backing in UK," Bloomberg, December 16, 2015, https://www.bloomberg.com/news/articles/2015-12-16/roche-discount-fails-to-win-breast-cancer-drug-backing-in-u-k-#xj4y7vzkg.
④ Michelle Singer, "Under the Influence," March 29, 2007, https://www.cbsnews.com/news/under-the-influence/.

要的决策角色让渡给不需要实际支付药费的医师。① 与此同时,美国医药制造商通常会以回扣的形式将一部分利润返还给经理人,主要是保险行业的中间人。② 对于这些经理人而言,药价越高,回扣也就越高。这些医药行业的制度规则都造成了潜在的委托-代理问题。而在供给端,美国的专利保护、医药领域的先发优势以及重要新药的难以替代性都使得大型医药企业具有了近乎垄断的权力。于是,在缺乏政府制约、市场呈垄断或差异化寡头(differentiated oligopoly)③的情形下,美国医药企业能够以远超生产成本的价格对其药品进行定价。

在此背景下,特朗普政府想要实现减低药价的竞选承诺就变得十分困难。④ 一方面,特朗普需要获得国会的支持以采取大量立法行动,以重新兑现政府和国家医保系统的买方权力,然而医药企业对国会素来有着强大的影响力,更何况国会内部党争极化,难以达成统一;另一方面,他在行政系统内部又受到了医药集团利益代言人的阻挠。例如特朗普曾经在2019年试图签署行政令降低药品的回扣,但是这一行政令被

---

① F.M. Scherer, "Chapter 25 The Pharmaceutical Industry," in Mary Pauly, Thomas McGuire, and Pedro Pita Barros eds., *Handbook of Health Economics*, Elsevier, Vol. 1, Part B, 2000, pp.1297-1336.
② Paige Winfield Cunningham, "The Health 202: Trump Keeps Claiming He Lowered Prescription Drug Pieces. But That is Largely Not True," September 18, 2020, https://www.washingtonpost.com/politics/2020/09/18/health-202-trump-keeps-claiming-he-lowered-prescription-drug-prices-that-is-largely-not-true/.
③ Ernst R. Berndt, "Pharmaceuticals in U.S. Health Care: Determinants of Quantity and Price," *Journal of Economic Perspectives*, Vol. 16, No. 4, 2002, https://www.aeaweb.org/articles?id=10.1257/089533002320950975.
④ Monique Dabbous, Clément François, Lylia Chachoua, and Mondher Toumi, "President Trump's Prescription to Reduce Drug Prices: from the Campaign Trail to American Patients First," *Journal of Market Access & Health Policy*, Vol. 7, No. 1, 2019, pp.1579-1597.

其管理层否决了,直到 2020 年选举前夕的 7 月才得以签订。于是,特朗普选择了行政和立法形式以外的方法,即与美国医药企业面对面协商。2018 年 7 月 9 日,特朗普在推特上指责辉瑞公司提高药价,并在第二天与辉瑞公司的董事长伊恩·瑞德(Ian Read)进行了通话。其结果是辉瑞公司将提价延迟到了 2018 年年底。① 很快,诺华、罗氏、默克集团(Merk KGaA)以及阿斯特捷利康制药公司(AstraZeneca)等其他外国在美药企也冻结了 2018 年下半年的提价计划。② 根据美国劳动局数据,处方药的价格在 2018 年下跌了 0.6%,尽管在次年就反弹提升了 3%。③ 考虑到围绕药价做文章是民主党 2018 年中期选举的主要竞选战略之一,医药企业的配合在一定程度上帮助共和党最终守住了参议院。④ 而作为交换,以及为 2020 年的总体大选做准备,特朗普政府显然不会在关税问题上动医药企业的大蛋糕。

简而言之,美国与欧洲的大型医药企业向特朗普政府内部输入了大量利益代言人,在政府即将采取损害医药企业利益的举措时,他们阻碍了相关政策的制定过程。与此同时,美

---

① Michael Erman and Yasmeen Abutaleb, "Trump Told Pfizer CEO Prices Hikes Hurt His Drug Plan: Source," Reuters, July 11, 2018, https://www.reuters.com/article/us-usa-trump-pfizer-exclusive/trump-told-pfizer-ceo-price-hikes-hurt-his-drug-plan-source-idUSKBN1K124O.
② Louis Goss, "AstraZeneca Announces Price Freezes While Earnings Drop by 28%," July 26, 2018, http://www.pharmafile.com/news/518106/astrazeneca-announces-price-freezes-while-earnings-drop-28.
③ "Consumer Price Index: 2019 in review," U.S. Bureau of Labor Statistics, January 16, 2020, https://www.bls.gov/opub/ted/2020/consumer-price-index-2019-in-review.htm/.
④ Richard Eisenberg, "Prescription Drug Prices: A Bitter Pill in the Midterm Elections," October 31, 2018, https://www.forbes.com/sites/nextavenue/2018/10/31/prescription-drug-prices-a-bitter-pill-in-the-midterm-elections/?sh=1422da64585d.

国持续上涨的药价已经成为重大社会民生问题和反对党的主要针对议题,为了换取国内大型医药企业在主要处方药定价上的配合,美国政府有必要在一些政策上做出妥协以保全医药企业的经济利益,包括对价值链网络化制裁烈度的设计。

4.2.2.3 汽车产业与铁锈地带汽车工人

表 4.6 中国输美运输设备大类中间品详情

HS4 位	产 品 详 情	2017 年中国输美总额($)
清单一、二产品		
8407;8408;8409;8411;8412;8483;8487	点燃往复式或旋转式活塞内燃发动机;压燃式内燃活塞发动机;仅用于或主要用于前两种引擎的零部件;涡轮喷气机、涡轮螺旋桨和其他燃气轮机;未另作规定的发动机和马达;传动轴及曲柄;轴承座及滑动轴承;齿轮及齿轮传动装置;滚珠或滚子螺杆传动装置;齿轮箱及其他变速装置,包括扭矩变换器;飞轮及滑轮,包括滑轮组;离合器及联轴器;本章中未作规定的机械零部件	1 132 006 904
8511;8530;8544	点燃式或压燃式内燃发动机用的电点火及电启动装置;附属于上述内燃发动机的发电机及断流器;信号、安全或交通控制设备;绝缘电线、电缆和其他电导体;单独护套纤维的光缆	656 826 289
8803;8805	飞机零部件;飞机发射装置、甲板防撞装置或类似装置、地面飞行训练器及其部件	492 231 183
8607	铁路或电车机车或机车车辆零部件	195 678 483
8709	短距离运输货物的机动车辆,未装有提升或搬运设备,用于工厂、仓库、码头或机场;火车站台上用的牵引车;上述车辆的零部件	28 150 675

续 表

HS4 位	产品详情	2017年中国输美总额($)
4011；4012	新的充气橡胶轮胎；翻新的或旧的充气橡胶轮胎；实心或半实心橡胶轮胎、胎面及轮胎衬带	63 463
清单三产品		
8707；8708；8714；8716	机动车辆的车身；机动车辆的零部件、附件，品目 8701 至 8705 所列车辆用；零部件、附件，供品目 8711 至 8713 所列车辆用；挂车及半挂车或其他非机械驱动车辆及其零部件	9 819 914 629
3923	用于运输或包装货物的塑料制品；塞子、盖子、帽子和其他塑料的封闭装置	2 461 026 996
8507；8511；8512；8527；8539	蓄电池，包括隔板；点燃式或压燃式内燃发动机用的电点火及电起动装置；附属于上述内燃发动机的发电机及断流器；电气音响或视觉信号装置；无线电广播接收设备；白炽灯泡、放电灯管，包括封闭式聚光灯及紫外线灯管或红外线灯泡；弧光灯	2 155 785 839
4011；4012；4013；4015；4016	新的充气橡胶轮胎；翻新的或旧的充气橡胶轮胎；实心或半实心橡胶轮胎、胎面及轮胎衬带；橡胶内胎；硫化橡胶制的衣着用品及附件；第 40 章中未列名的硬橡胶以外的硫化橡胶制品	1 977 832 267
8407；8408；8409；8416；8483	点燃往复式或旋转式活塞内燃发动机；压燃式内燃活塞发动机；仅用于或主要用于前两种引擎的发动机；涡轮喷气机、涡轮螺旋桨和其他燃气轮机；未另作规定的发动机和马达；使用液体燃料、粉状固体燃料或气体燃料的炉用燃烧器；机械加煤机，包括其机械炉篦、机械出灰器及类似装置；传动轴及曲柄；轴承座及滑动轴承；齿轮及齿轮传动装置；滚珠或滚子螺杆传动装置；齿轮箱及其他变速装置，包括扭矩变换器；飞轮及滑轮，包括滑轮组；离合器及联轴器	1 713 193 681

续　表

HS4 位	产品详情	2017 年中国输美总额($)
4805；4819；4822	未另作规定的未涂布的纸和纸板；纸、纸板、纤维素絮状物或纤维制成的纸箱、盒子、箱子、袋子等；办公室、商店或类似场所使用的纸或纸板制成的箱型文件、信件托盘等；纸浆、纸或纸板的骨架、线轴、条子和类似支撑物	1 102 828 242
7007；7008；7009	安全玻璃，由钢化或夹层玻璃组成；玻璃；多壁式中空玻璃单元；玻璃镜；无论是否有框，包括后视镜	1 060 230 257
8302	用于家具、门、楼梯、窗户、箱子、柜子等的贱金属支架、配件和类似物品，带有贱金属支架的脚轮，贱金属自动关门器	415 638 705
7201；7202；7203；7204；7205	生铁及镜铁，锭、块或其他初级形状；铁合金；直接从铁矿还原所得的铁产品及其他海绵铁产品；纯度不低于99.94%的块状、球状或类似形式的铁制品；钢铁废碎料；供再熔的碎料钢铁锭；生铁、镜铁及网铁的颗粒和粉末	71 509 036
7302；7316	铁道及电车道铺轨用钢铁材料；钢铁锚、多爪锚及其零部件	47 292 536
9401	坐具及其零部件	38 662 987
4415；4416	木制包装箱、盒、板条箱、桶和类似的包装；木制电缆桶；木制托盘、箱式托盘和其他负载板；木制大桶、琵琶桶、盆和其他木制箍桶及其零部件，包括桶板	10 446 401
9104	仪表板钟及车辆、航空器、航天器或船舶用的类似钟	691 949
5001；5002；5003；5004	适合缫丝的蚕茧；生丝；其他废丝（包括不适于缫丝的蚕茧、废纱及回收纤维）；丝；不用于零售的纱线	445 782

续 表

HS4 位	产品详情	2017年中国输美总额($)
3819;3825	液压制动液和其他准备用于液压传动的液体,不含或含重量低于70%的石油或从沥青矿物获得的油类;其他未列明的化学或相关工业的残余产品	14 182
不在清单一至三产品		
8507;8512	蓄电池,包括隔板;电气音响或视觉信号装置	1 076 866 851
7202;7206;7207;7208;7209;7210;7211;7212;7213;7214;7215;7216;7217;7218;7219;7220;7221;7222;7224;7225;7226;7227;7228;7229	铁合金;铁及非合金钢,锭状或其他初级形状;铁及非合金钢的半制成品;铁或非合金钢平板轧材;不规则盘卷的铁及非合金钢的热轧条、杆;铁及非合金钢的其他条、杆;铁或非合金钢的角材、型材及异型材;铁丝或非合金钢丝;不锈钢,锭状或其他初级形状;不锈钢半制成品;不锈钢平板轧材;不锈钢其他条、杆;不规则盘卷的不锈钢热轧条、杆;不锈钢角材、型材及异型材;其他合金钢,锭状或其他初级形状;其他合金钢制的半制成品;其他合金钢平板轧材;不规则盘卷的其他合金钢热轧条、杆;其他合金钢条、杆;其他合金钢角材、型材及异型材;合金钢或非合金钢制的空心钻钢;其他合金钢丝	564 144 704
8714	零部件、附件,供品目8711至8713所列车辆用	299 858 583
7301;7302	钢铁板桩;焊接的钢铁角材、型材及异型材;铁道及电车道铺轨用钢铁材料	48 856 308
9113	表带及其零部件	47 132 447
9401	坐具及其零部件	21 546 086
3820	钢铁制弹簧及弹簧片	281 571
4012	翻新的或旧的充气橡胶轮胎;实心或半实心橡胶轮胎;橡胶胎面及橡胶轮胎衬带	51 119
4206	肠线(蚕胶丝除外)、肠膜、膀胱或筋腱制品	37 351

资料来源:笔者根据贸易地图数据库自制。

运输设备大类中间品的制裁烈度相对最大,高达 91.99%。由表 4.6 可见,从清单一到清单三,美国几乎对所有从中国进口的航空航天和车辆中间品都加征了 25% 关税。不在其中的产品主要包括锂离子蓄电池、钢铁产品以及非汽车车辆部件。锂离子蓄电池有赖于其高比能量、低自放电率及长寿命的特点[1],在运输设备中有着广阔的运用空间,常用于新能源汽车的储能器件和航天器的储能电源。然而,美国在这一清洁能源存储器件上高度依赖中国供应。一方面,中国是美国锂离子蓄电池最大的海外供应源,2017 年向美国输送了价值 10 亿美元的锂离子蓄电池,占美国进口总量的 41.60%[2];另一方面,美国国内锂离子蓄电池的产能严重不足。根据美国能源部对电池供应链的评估,美国在所有主要电池部件方面的制造能力不到全球市场份额的 10%。[3] 对中国的过度依赖使得美国政府无法将锂离子蓄电池加入加税清单。钢铁产品不在《301 条款》清单中的原因则完全不同。早在中美贸易战之前,美国政府发起的《232 条款》就已经几乎对所有中国输美钢铁中间品加征了 25% 关税。[4] 如果同时算上《232 条款》及《301 条款》清单一至三的范围,那么只有极少部分的铁合金产

---

[1] 黄学杰:《电动汽车与锂离子电池》,《物理》2015 年第 1 期。
[2] "Trade Map," March 1, 2023, https://www.trademap.org.
[3] "DOE Announces Actions to Bolster Domestic Supply Chain of Advanced Batteries," U.S. Department of Energy, June 8, 2021, https://www.energy.gov/articles/doe-announces-actions-bolster-domestic-supply-chain-advanced-batteries.
[4] "Publication of a Report on the Effect of Imports of Steel on the National Security: An Investigation Conducted Under Section 232 of the Trade Expansion Act of 1962, as Amended," U.S. Industry and Security Bureau, July 6, 2020, https://www.federalregister.gov/documents/2020/07/06/2020-14359/publication-of-a-report-on-the-effect-of-imports-of-steel-on-the-national-security-an-investigation.

品得以幸免,其在 2017 年中国输美钢铁中间品的比例不足3%。最后,四轮汽车的零部件基本都处于 25% 关税的加征范围,不在清单中的产品主要是摩托车、自行车(HS 编码以 8711、8712 为首)的零部件及非汽车轮胎(HS 六位编码 401219)。

通过以上分析不难发现,美国的价值链网络化制裁对汽车、航空航天设备的实际覆盖面甚至高于对运输设备大类实际覆盖面的 91.99%。事实上,如果进一步将关税豁免清单也考虑进来,那么汽车与航空航天设备两者之间也存在明显差异。美国贸易代表办公室公布了清单一和清单二企业豁免申请的详细清单。① 通过这份清单,我们可以知道哪些类型的企业和产品拥有更高的申请通过率。② 表 4.7 的左列企业是豁免申请通过数最高,且通过率高于 7 成的五家企业。斯特拉托公司(Strato, Inc)专注于铁路和运输产品,其申请产品也以铁道设备为主,例如铁道的钩等联结器(HS8703210150)。兹普兰公司(Zipline International Inc.)是以无人机服务为特色的物流公司,其主要申请产品是航天仪器的部件(HS8803909060)。纽约空气制动器公司(New York Air Brake LLC)主要为铁路行业供应火车控制系统,申请豁免产品如空气制动器的部件(HS8607211000)。鲍马尔公司(Bowmar LLC)是一家为航空航天和国防市场提供精密功能组件的制造商,申请豁免产品包括直升机在内的民用飞机部件(HS8803300030)。MTD 产品公司(MTD Products, Inc.)主要制造户外动力设备,它递

---

① "$34 Billion Trade Action (List 1)," U.S. Office of Trade Representative, March 1, 2023, https://ustr.gov/issue-areas/enforcement/section-301-investigations/section-301-china/34-billion-trade-action.
② 一些产品拥有两个及以上的应用场合,只有跟企业结合起来分析,才能知道具体应用范围。

交的 11 份申请中有 10 份都通过了,如用于农业和园艺业的机械设备的内燃机活塞发动机(HS8407901010),而唯一被拒绝的是用于汽车的往复式活塞内燃发动机(HS8703210150)。考虑到美国贸易办公室对清单一和清单二产品豁免申请的平均通过率在 35% 左右①,这几家铁路和航空航天公司的申请通过率无疑是相对较高的。

表 4.7 美国清单一与清单二的企业豁免申请情况

企 业	申请总数	豁免比例	企 业	申请总数	豁免比例
Strato,Inc	62	98.38%	Tianhai Electric North America	252	0%
Zipline International Inc.	29	93.10%	Scosche Industries, Inc.	111	0%
New York Air Brake LLC	15	100%	Kyungshin Lear Sales and Engineering LLC	65	0%
Bowmar LLC	20	75%	Oiles America Corporation	37	0%
MTD Products, Inc.	11	90.90%	Nissan North America, Inc.	50	4%

资料来源:笔者根据美国贸易代表办公室数据自制。

表 4.7 的右列是豁免通过率不足 5% 的企业中申请数量最多的五家公司,而他们申请的产品都与汽车行业相关。天

---

① "Section 301 Tariff Exclusions on U.S. Import from China," Congressional Research Service, January 3, 2023, https://crsreports.congress.gov/product/pdf/IF/IF11582.

海电器公司(Tianhai Electric North America)是天海集团旗下主营机动车零部件制造的美国分公司,斯考彻工业公司(Scosche Industries, Inc.)生产天线、开关等汽车用电子部件,京信(Kyungshin Lear Sales and Engineering LLC)则是韩国著名汽车线束企业,三者都递交了用于汽车的点火线组的豁免申请(HS8544300000)。奥依列斯公司(Oiles America Corporation)和尼桑公司(Nissan North America, Inc.)都来自日本,前者是日本最大的自润滑动轴承制造商,后者是日本著名汽车制造商,申请产品包括滑动轴承(HS 8483308000)、飞轮(HS8483506000)等。可见,汽车中间品的申请通过率远低于平均水平,与航空航天产品形成了鲜明对比。然而事实上,在美国贸易代表办公室公布的豁免申请审核原则中特别强调了将考察该产品是否属于《中国制造2025》计划的一部分,而航空航天领域对中国前沿工业科技的重要性显然要高于传统的汽车行业。因此,在美国对汽车产业中间品高额的制裁烈度背后必有其国内政治逻辑。

直到2012年中国取代美国成为世界最大的汽车消费市场为止,美国在"二战"结束以来的很长一段时间内都是全球汽车制造商的主要焦点。20世纪70年代,美国汽车行业"三巨头"通用汽车公司(General Motors)、福特公司(Ford)和克莱斯勒公司(Chrysler Corporation)分别占领了北美50%、25%和12.5%的市场份额。自20世纪80年代开始,越来越多的外国汽车制造商在美国和加拿大境内投资设厂。[1] 到了

---

[1] James N. Rubenstein, *The Changing US Auto Industry: A geographical Analysis*, Routledge, 1992, p.2.

2018年,外国汽车制造商在美国总计制造了520万辆汽车,将美国"三巨头"的市场份额压缩到了44%。① 在日益激烈的竞争下,在美国设厂的汽车制造商,包括美国"三巨头"以及日本的丰田公司(Toyota)、本田公司(Honda),德国的大众汽车公司(Volkswagen)和奥迪公司(Audi)纷纷将汽车零部件生产从美国转移到以中国为代表的发展中国家和新兴经济体中,以降低生产成本,并集中精力于汽车组装环节,提升经济的规模效应。② 2008年,中国占据了美国汽车零部件进口市场的10%,是美国的第四大汽车零部件供应商;10年后,中国将市场份额翻了一倍,超越加拿大成为美国的第二大汽车零部件供应商。③ 与美国的其他主要汽车零部件供应国不同,中国对美国出口的汽车完成品并不多,主要专注于零部件供应。至此,外国汽车制造商在中国开设的汽车零部件制造厂和其在美国的汽车组装厂之间建立了稳固的向前连接,它们并不希望看到中国输美汽车中间品被纳入价值链网络制裁范围。然而,另一个在美国国内兼有工具性权力和结构性权力的利益集团却支持向中国输美中间品加征关税,即"铁锈地带"从事汽车零部件制造的工人。他们的主要诉求是更少的离岸外包和更多的工作岗位,并不像他们的雇主那样关心美国汽车

---

① Chris Isidore, "US Auto Plant Glut," CNN, December 18. 2018, https://www.cnn.com/2018/12/17/economy/us-auto-plant-glut/index.html.
② Kemal Turkcan and Aysegul Ates, "Structure and Determinants of Intra-Industry Trade in the U.S. Auto-Industry," *Journal of International and Global Economic Studies*, Vol. 2, No. 2, 2010, pp.15-46.
③ David Coffin, "China's Growing Role in U.S. Automotive Supply Chains," U.S. Office of Industries, Working Paper ID-060, August 5, 2019, https://www.usitc.gov/publications/332/working_papers/id-19-060_chinese_auto_parts_final_080519-compliant_0.pdf.

制造行业的生产效率和产能过剩问题。

"铁锈地带"这一词并没有官方定义,顾名思义,其狭义上指的是美国生产钢铁产品的传统重工业区。根据韦氏字典的解释,它也泛指"美国东北部和中西部各州重工业已经衰落的地区"。"铁锈地带"的概念之所以会与汽车制造业紧密联系在一起,是因为汽车制造业一度是这些重工业城市的主导产业。一个典型的乘用汽车包含着从 6 000 到 15 000 个离散的零部件,使用超过 100 种不同的元素、合金、化合物以及其他材料。因而汽车零部件涵盖范围极为广阔,从简单的金属支架或塑料制品到配有精密加工的铝制部件、先进的电子控制与处理设备的复杂动力系统。[1] 美国商务部经济发展管理局技术援助和研究部与密歇根大学的一项合作研究指出,以汽车饰品、轮胎和内胎、汽车冲压件、内燃机、碳制活塞环与活塞、车辆照明设备、发动机和电气设备以及机动车部件为例,在 1979 年美国从事这些汽车零部件制造的工人中有 98% 分布在 25 个州。具体而言,1989 年,59.7% 的汽车零部件制造工人集中于美国中西部,包括伊利诺伊州、印第安纳州、密歇根州、明尼苏达州、俄亥俄州、威斯康星州,11% 的工人位于东南部,即阿拉巴马州、乔治亚州、北卡罗来纳州、南卡罗来纳州、弗吉尼亚州,还有 10.4% 的工人处于东北部的特拉华州、马萨诸塞州、马里兰州、新泽西州、纽约州和宾夕法尼亚州。

当美国的汽车制造商开始将汽车零部件制造业务外包给

---

[1] Sean P. McAlinden and Brett C. Smith, "The Changing Structure of the U.S. Automotive Parts Industry," U. S. Department of Commerce Economic Development Administration Technical assistance and Research Division, February 1993, https://deepblue.lib.umich.edu/bitstream/handle/2027.42/1002/84234.0001.001.pdf;sequence=2.

中国,这些地区,尤其是中西部的汽车工人便成为经济全球化的头号输家。根据美国劳动统计局的数据显示,若是以中国 2001 年加入世贸组织为分界点,美国密歇根州的劳动人口从 2000 年的 5 158 466 人变为 2017 年的 4 910 725 人,减少了约 4.80%,而从事汽车零部件生产的工人岗位却从 23 万个下降到了 13 万个,降幅高达 41.83%,贡献了整个制造业流失岗位的三分之一。① 同样地,在俄亥俄州,劳动人口从 2000 年的 5 782 840 人变为 2017 年的 5 817 219 人,基本没变,增长了约 0.60%,汽车岗位却从 11 万个下降到了 7.6 万个,流失了约 32.12%。尽管美国劳动统计局的资料缺失了威斯康星州汽车零部件的具体就业数据,但是纵观整体汽车行业的岗位变化可以得出与密歇根州和俄亥俄州相同的趋势。自 2000 年至 2015 年,威斯康星州从事汽车、汽车车身与拖车及零部件制造的岗位流失了约 43.10%。②

当失落和不满的中西部汽车零部件工人与万众瞩目的选举摇摆州相结合,便能够产生强大的政治影响力。2016 年,有 6 个之前分别在 2008 年和 2012 年投票给奥巴马的州选择了支持特朗普,从而直接导致希拉里的失利。③ 这六个摇摆州分别是艾奥瓦州、佛罗里达州、威斯康星州、密歇根州、俄亥

---

① "Industries at a Glance," U.S. Bureau of Labor Statistics, March 1, 2023, https://www.bls.gov/iag/tgs/iagauto.htm.
② Tessa Conroy, Matt Kures, and I-Chun Chen, "The State of Wisconsin Manufacturing," U. S. Department of Commerce Economic Development Administration, p. 15, https://aae.wisc.edu/thewisconsineconomy/wp-content/uploads/sites/11/2018/05/Manufacturing_Report_Final-1.pdf.
③ John E. Farley, "Five Decisive States: Examining How and Why Donald Trump Won the 2016 Election," *The Sociological Quarterly*, Vol. 60, No. 3, 2019.

俄州以及宾夕法尼亚州。其中,威斯康星州、密歇根州和宾夕法尼亚州被普遍认为是希拉里的"防火墙"(firewall),即民主党的稳固票仓。最终,特朗普以不足1%的选举人选票优势赢下了这三个州。因此,这三个州对于特朗普而言是名副其实的关键摇摆州。不难发现,中西部的三大汽车零部件生产地占据了六个摇摆州中的一半、三个关键摇摆州中的两个。

2016年9月,特朗普在密歇根州的诺威市发表演说,承诺将把汽车工业带回密歇根,并重新谈判《北美自由贸易协定》(NAFTA)以及退出《跨太平洋伙伴关系协定》(TPP)。① 此外,由于特朗普2016年的竞选纲领还包括在美墨边境建墙和驱逐非法移民等反移民政策,汽车工人的主流群体——白人蓝领工人被认为是特朗普的重要选民基础(制造业中白人比例普遍较高,如2021年美国从事汽车和汽车设备制造的工人中白人比例为77.4%②)。在特朗普胜选后,从《华盛顿邮报》③到《纽约时报》④再到《卫报》⑤,各家大型媒体都不约而同地称摇摆州的白人蓝领工人是特朗普竞选获胜的关键。而

---

① Brent Snavely, "Donald Trump Vows to Bring Auto Jobs Back to Michigan," Detroit Free Press, September 30, 2016, https://www.freep.com/story/money/cars/ford/2016/09/30/donald-trump-auto-jobs-michigan/91332908/.
② "Labor Force Statistics from the Current Population Survey," U.S. Bureau of Labor Statistics, March 1, 2023, https://www.bls.gov/cps/cpsaat18.htm.
③ Jim Tankersley, "How Trump Won: The Revenge of Working-Class Whites," The Washington Post, November 9, 2016, https://www.washingtonpost.com/news/wonk/wp/2016/11/09/how-trump-won-the-revenge-of-working-class-whites/.
④ Nate Cohn, "Why Trump Won: Working-Class Whites," The New York times. November 10, 2016, https://www.nytimes.com/2016/11/10/upshot/why-trump-won-working-class-whites.html.
⑤ Thomas Frank, "Millions of Ordinary Americans Support Donald Trump. Here's Why." The Guardian, March 7, 2016, https://www.theguardian.com/commentisfree/2016/mar/07/donald-trump-why-americans-support.

在学界则较为复杂，既有支持这一论调的观点①，也存在反对的声音②。尼古拉斯·卡内斯（Nicholas Carnes）和诺姆·卢普（Noam Lupu）的研究是第一篇通过个人层面的问卷追踪分析2016年选举情况，进而系统性检验这一假设的文献。③ 借助于"美国全国选举研究"（ANES）、"合作国会选举研究"（CCES）和"选民意见研究"（VOTER）的问卷资料，这篇研究文献最终拒绝了"蓝领工人大规模地从支持奥巴马转而支持特朗普"和"白人蓝领工人选民在摇摆州十分关键"的假设，认为证据至多只能在一定程度上表明"在摇摆州从支持奥巴马转而支持特朗普的选民中，白人蓝领工人比例较高"。

然而，问题的关键不在于摇摆州的汽车工人是否真正左右了2016年的选举结果，而是两党的政治领袖是如何感知汽车工人的政治重要性的。之后的事实表明，特朗普政府高度重视"铁锈地带"的汽车零部件工人。在2017年10月与加拿大和墨西哥重新协商《北美自由贸易协定》时，特朗普政府提出如果要免税，一辆车的50%的零部件必须是在美国生产的。④ 尽

---

① Stephen L. Morgan and Jiwon Lee, "Trump Voters and the White Working Class," *Sociological Science*, Vol. 5, No. 10, 2018, pp.234-245; Michael McQuarrie, "The Revolt of the Rust Belt: Place and Politics in the Age of Anger," *British Journal of Sociology*, Vol. 68, No. S1, pp.S120-S152.
② David Norman Smith and Eric Hanley, "The Anger Games: Who Voted for Donald Trump in the 2016 Election, and Why?" *Critical Sociology*, Vol. 44, No. 2, 2018, pp.195-212; John Sides, Michael Tesler, and Lynn Vavreck, *Identity Crisis: The 2016 Presidential Campaign and the Battle for the Meaning of America*, Princeton, NJ: Princeton University Press, 2018.
③ Nicholas Carnes and Noam Lupu, "The White Working Class and the 2016 Election," *Perspectives on Politics*, Vol. 19, No. 1, 2020, pp.1-18.
④ "Trump Administration to Present Hefty List of Auto Parts Demands in NAFTA Negotiations," October 13, 2017, https://globalnews.ca/news/3801517/trump-nafta-negotiations-auto-parts/.

管这一不切实际的条件最终没有被纳入协议，但特朗普政府成功拉高了加拿大和墨西哥工人的工薪，要求40%到45%的汽车零部件必须是由持每小时16美金工薪的工人制造的，从而变相削弱了加拿大和墨西哥工人的价格优势。① 此外，在对汽车零部件的主要材料钢铁和铝制品加征关税后，特朗普政府还在2018年5月23日对汽车与汽车零部件开启了《232条款》调查，并一度威胁对这些产品加税以获得对其他国家更多的谈判筹码。② 经过这些努力，特朗普于2020年9月10日在密歇根州萨吉诺附近的集会上宣称自己"拯救"了汽车行业，并且将为汽车工人带来更多收益。③ 同样地，拜登也充分展现了对中西部汽车工人的尊重，尤其是在与前两届民主党候选人的对比下。加州大学哈斯汀法学院的杰出教授琼·威廉姆斯（Joan C. Williams）指出，希拉里曾称特朗普的支持者为"凄惨的人"（deplorables），奥巴马也曾将中西部的蓝领选民形容为"执着于枪支和宗教的苦命人"，而拜登则将自己视为蓝领工人中的一员，并与特朗普区分开来："我一生都在和唐纳德·特朗普这样的人打交道，他们会看不起我们，因为我们没有很多钱或

---

① Jen Kirby, "USMCA, Trump's New NAFTA Deal, Explained in 600 words," July 1, 2020, https://www.vox.com/2018/10/3/17930092/usmca-mexico-nafta-trump-trade-deal-explained.
② Rachel F. Fefer, et al., "Section 232 Investigations: Overview and Issues for Congress," Congressional Research Service, May 18, 2021, https://crsreports.congress.gov/product/pdf/R/R45249.
③ Paul A. Eisenstein, "Trump and Biden Both Boast about Creating Auto Industry jobs — But Differ on How," NBC news, September 15, 2020, https://www.nbcnews.com/business/autos/trump-biden-both-boast-about-creating-auto-industry-jobs-differ-n1240000.

者父母没上过大学。"① 在竞选策略上，希拉里在竞选期间从未去密歇根州或威斯康星州访问，而拜登则频频造访。更重要的是，希拉里的竞选纲领主要集中在堕胎权、限枪等社会问题，而拜登则从经济出发强调重建美国的中产阶级并复兴美国工业。总而言之，摇摆州在国内政治生态的关键位置吸引了两党候选人的高度关注，给予了美国中西部汽车零部件工人以强大的政治影响力，而这一政治影响力又在媒体和记者对其在2016年选举结果中突出作用的叙述和渲染下进一步放大了，从而促成了特朗普贸易团队在中国进口汽车零部件问题上的强硬立场。

除了位处重要的选举摇摆州之外，汽车零部件的生产对于特朗普政府还具有重大的经济意义——减少与外国的贸易逆差。汽车零部件自20世纪90年代开始就是美国与日本、加拿大等国贸易逆差的主要来源，因而围绕汽车零部件做文章也是美国惯用的经济手段。1994年，美国与日本的贸易逆差达到了660亿美元，其中55%都来源于汽车和汽车零部件。根据美方官员的统计，日本占据了美国汽车零部件市场的37%，而美国质量相近的汽车零部件却仅有日本1.2%的市场份额。② 为此，时任美国贸易代表的米奇·坎特（Micky Canter）与日本贸易部部长桥本龙太郎在1995年5月开展了贸易磋商，美方的主要目的就是打开日本的汽车零部件市场。由于无法

---

① Joan C. Williams, "How Biden Won Back (Enough of) the White working Class," *Harvard Business Review*, November, 10, 2020, https://hbr.org/2020/11/how-biden-won-back-enough-of-the-white-working-class.
② John Greenwald, "Heading for a Crash," *Time*, May 29, 1995, https://content.time.com/time/subscriber/article/0,33009,982361,00.html.

在汽车零部件问题上达成统一,克林顿政府的国家经济委员在该月 6 日建议总统对日本进口汽车零部件展开制裁。一周后,克林顿政府正式宣布对日本价值 59 亿美元的 13 种豪华轿车加征 100% 关税,同时保留对汽车零部件加税的威胁,并上诉世贸组织仲裁机构,指控日本政府和企业相互勾结、阻止外国汽车和汽车零部件进入国内市场。日本也针锋相对地上诉世贸组织仲裁机构,并暗示将对美国产品展开回击。经历了三个月的谈判后,美国与日本最终在 8 月达成了有关汽车和汽车零部件的协议。该协议使得美国汽车零部件供应商能够直接将产品卖给日本主要的汽车零部件零售商和服务站。1996 年,美国生产减震器的供应商天纳克汽车公司(Tenneco Automotive)在日本市场相比去年提高了约三分之一销售量。①

在奥巴马政府时期,来自中国的汽车零部件和其导致的贸易逆差成为新的问题。从 2000 年到 2010 年,中国输美汽车零部件增长了超过 900%,贡献了美国高达 91 亿美元的对外贸易逆差。为此,奥巴马政府先是在 2009 年对中国进口轮胎加征 35% 的关税,随后在 2012 年上诉世贸组织仲裁机构,指控中国政府自 2009 年到 2011 年向汽车和汽车零部件出口商提供了 1 亿美金的非法补贴。②

相比于前几任政府,特朗普政府对贸易逆差的关注度更上了一个台阶。尽管西方主流经济学家认为贸易逆差并不一

---

① "U.S. Trade Policy with Japan: Assessing the Record," The White House, April 12, 1996, https://clintonwhitehouse4.archives.gov/WH/EOP/CEA/html/trade-update.html.
② Charles Riley, "Obama Hits China with Trade Complaint," CNN, September 17, 2012, https://money.cnn.com/2012/09/17/news/economy/obama-china-trade-autos/index.html.

定意味着经济损失,如保罗·罗宾·克鲁曼(Paul Robin Krugman)和理查德·爱德华·鲍德温(Richard Edward Baldwin)在1987年指出,美国持续性的贸易逆差其根本原因在于美国较快的需求增长以及强势美元的滞后效应。① 但特朗普本人坚持认为,贸易逆差会阻碍经济增长,只有减少逆差才能刺激美国就业。正因如此,特朗普在其贸易政策中反复强调三个主题,即贸易平衡的重要性(包括双边)以及两个破坏贸易平衡的因素,即外国操作货币的危险性以及现有贸易协定的灾难性。② 在特朗普政府看来,解决贸易逆差的出路主要有两条,一个是汽车零部件,另一个是中国。正如特朗普政府的商务部部长威尔伯·罗斯(Wilbur Ross)在2018年12月所言:"如果我们不解决汽车和汽车零部件的贸易逆差和与中国的贸易逆差,我们将不会有任何进展。"③负责环境和自然资源的美国助理贸易代表凯利·米尔顿(Kelly Milton)在2020年的一次国会听证会上指出,1997年美国与世界的汽车贸易逆差为570亿美元,在20年内增长了121%,于2017年来到了690亿美元。④ 而美国对中国汽车零部件的贸易赤字

---

① Paul R. Krugman and Richard E. Baldwin, "The Persistence of the U.S. Trade Deficit," *Brookings Papers*, 1987, https://www.brookings.edu/wp-content/uploads/1987/01/1987a_bpea_krugman_baldwin_bosworth_hooper.pdf.
② Marcus Noland, "US Trade Policy in the Trump Administration," *Asian Economic Policy Review*, Vol. 13, No. 2, 2018, pp.262-278.
③ "Ross Says Progress of RU Talks Will Dictate US Auto Moves," CNBC, December 4, 2018, https://www.cnbc.com/video/2018/12/04/ross-says-progress-of-eu-talks-will-dictate-us-auto-moves.html?__source=twitter%7Cmain.
④ "Appendix B," Federal Register, Vol. 83, No. 104, May 30, 2018, https://www.bis.doc.gov/index.php/documents/section-232-investigations/2773-redacted-autos-232-appendices-b-through-h-july-2021/file.

在2017年达到了140亿美元。这意味着,美国对中国汽车零部件的贸易逆差占美国对全世界汽车加上汽车零部件的贸易逆差的五分之一。在此背景下,美国贸易代表办公室势必会尽可能地增加对中国汽车零部件的制裁烈度。

可见,在美国对中国汽车领域全面、严厉的价值链网络化制裁背后存在着深刻的国内政治动机。一方面,由于汽车零部件工人在地理位置上集中于三大摇摆州,即密歇根州、俄亥俄州和威斯康星州,再加上国内弥漫着对白人蓝领工人左右2016年大选的论调,美国政府不得不重视汽车零部件工人从中国夺回工作岗位的诉求;另一方面,汽车零部件自20世纪90年代开始便在美国对外贸易平衡中扮演关键角色,当美国领导人将减少贸易逆差作为竞选承诺和经济目标时,他们都会将目光聚焦到汽车产业,而美国的汽车零部件生产商和工人也相应地获得了结构性权力——美国政府将尽可能地为他们的生产提供支持,包括通过加征关税削弱外国对手的竞争力。

4.2.2.4 纺织、农业、ICT、化工与建筑产业

除了上面所讨论的三大类产业外,纺织大类(纺织、服装、鞋子)中间品被加征25%关税的比例相对特殊,约为56.53%,明显低于平均值76.23%。全球纺织产业供应链大致可分为四个阶段。第一个阶段是纤维生产,包括农业自然生产的棉花、羊毛和其他动物细软的毛、蚕丝与苎麻,以及用纤维素材料制造的人造纤维或醋酸纤维,或由人造合成材料制成的涤纶、尼龙或丙烯酸。第二个阶段为纱线生产,棉花和羊毛被纺成长丝,蚕丝和人造纤维被加工成纱线。第三个阶段,即织物生产主要通过编织或针织的方式将长丝和纱线制成纺织物,

具体可分为四类：梭织类织物（如丁尼布、印花布和宽布）、针织类织物、非梭织类织物以及工业织物。第四个阶段可分为整理和加工，整理指的是通过漂白、印花、染色和机械或湿态整理的工艺方式为纺织品的进一步使用做准备，加工则是将成品布料加工为一系列服装、家用纺织品或工业产品。①

美国的纺织业高度依赖进口限制和保护主义贸易政策。随着1994年到2004年美国最惠国待遇的逐步撤销，有关进口纺织品的配额也被取消了，从此美国纺织业和服装业受到了全球化的巨大冲击。根据美国劳工部的统计，在2004年至2009年期间，纺织业损失了256 300个工作岗位，即38.4%的产能。此后，纺织业迅速做出反应，成立了名为"全美纺织品组织协会"（NCTO）的游说组织。在全美纺织品组织协会的游说下，小布什政府一度将一部分纺织品重返配额制。不过，这些进口限制都在2009年被永久取消。到了2012年，美国商务部的报告称中国占据了美国纺织品和服装品进口市场的近乎一半（47.04%）。②

尽管遭受了中国进口纺织品的强烈冲击，美国的纺织业和服装业却并不希望看到进口纺织中间品被加征关税。代表1 000多个世界知名品牌的美国服装业利益集团美国服装鞋类协会（AAFA）在2019年12月写信给特朗普要求取消对中国的现有关税，称："成本上升已经影响到了供应链并且在明

---

① Michaela D. Platzer, "Renegotiating NAFTA and U.S. Textile Manufacturing," Congressional Research Service, October 30, 2017, https://sgp.fas.org/crs/row/R44998.pdf.
② Timothy J. Minchin, *Empty Mills: The Fight against Imports and the Decline of the U.S. Textile Industry*, Rowman & Littlefield Publishers, 2012, p.11.

年也会继续产生负面影响……这些关税越早取消越好,在此之前我们不会停止呼吁。"① 相比于服装业对关税战的全面反对,纺织业总体上对向中国加征关税是持支持态度的。上文提到的全美纺织品组织协会,同窄幅织物研究所(NFI)和美国工业织物协会(USIFI)一起在 2022 年 7 月向美国贸易代表办公室递交申请,希望能保留现有制裁。② 不过,全美纺织品组织协会也特别强调了希望能将最终品和中间品区分开来。在 2019 年的一次贸易代表办公室举办的听证会上,全美纺织品组织协会虽然支持在清单四中加入最终品,但是明确反对向纺织业和服装业的中间品和投入品加征关税,如一些化学材料、染料、机械和人造短纤维。③

虽然纺织业和服装业并没有能够与特朗普政府内部的重要职能部门建立"旋转门"通道,也没有证据表明他们和特朗

---

① "Apparel and Footwear Industry Group Reacts Following 'Phase One' Deal: Emphasizes that all Tariffs Should be Removed," American Apparel & Footwear Association, December 13, 2019, https://www.aafaglobal.org/AAFA/AAFA_News/2019_Press_Releases/AAFA_Reaction_Phase_One_Deal.aspx

② "Textile Groups Urge U.S. to Maintain Penalty Tariffs on Finished Products — Lifting Tariffs Would Cement China's Dominance of Global Manufacturing," June 16, 2022, https://www.textileworld.com/textile-world/2022/06/textile-groups-urge-u-s-to-maintain-penalty-tariffs-on-finished-products-lifting-tariffs-would-cement-chinas-dominance-of-global-manufacturing/.

③ "NCTO & Member Companies Testify at U.S. International Trade Commission Hearing on Proposed 301 Tariff List," National Council of Textile Organization, June 17, 2019, http://www.ncto.org/ncto-member-companies-testify-at-u-s-international-trade-commission-hearing-on-proposed-301-tariff-list/; "NCTO President & CEO Kim Glas Issues Statement on USTR 301 Tariff Review," National Council of Textile Organizations, May 4, 2022, http://www.ncto.org/ncto-president-ceo-kim-glas-issues-statement-on-ustr-301-tariff-review/?utm_source=rss&utm_medium=rss&utm_campaign=ncto-president-ceo-kim-glas-issues-statement-on-ustr-301-tariff-review.

普本人有直接联系，但是纺织类材料在国民日常消费品中的广泛应用在一定程度产生了结构性权力。这是因为特朗普政府一直在努力避免直接损害美国消费者利益，从而影响在全国范围的支持率。特朗普本人多次强调他的关税并没有对美国消费者产生什么影响。尽管真实情况更为复杂，但仅从数字上来看确实如此，清单一至清单三覆盖了76.23%的中间品和22.58%的最终品。查德·鲍恩也指出，美国关税的制裁实施时间是经过精心设计的，刻意等到年度的零售业采购潮结束才开始。例如清单四的部分制裁将于2019年12月15日实行，而该清单中所涉及的产品进口高峰时间正在10月，即美国进口商为11月"黑色星期五"囤积玩具等产品的关键月份。这说明特朗普政府希望等到这些进口产品通关后才征收关税，以避免激起广大消费者的不满。①

而纺织类材料在玩具、毛巾、旗帜等消费品中的大量使用使得特朗普政府和贸易代表难以对其进行产品定性。根据广泛经济类别的分类，在未加征25%关税的中间品清单中，兼有消费品用途的纺织类产品（消费品、中间品双用途）占该类产品的比重高达78.89%，是八大类产品中比例最高的，排在第二位的是信息与通信技术（ICT）类产品（50.57%）。如表4.8所示，没有被列入清单一至清单三的纺织类中间品中，价值最高的10个单项中有8个是具有消费品用途的，只有柔性集装袋和人造短纤维不能直接用于最终消费。与此同时，在消费

---

① Chad P. Bown, "Trump's Fall 2019 China Tariff Plan: Five Things You Need to Know," PIIE, August 14, 2019, https://www.piie.com/blogs/trade-and-investment-policy-watch/trumps-fall-2019-china-tariff-plan-five-things-you-need.

品中,衣服和鞋子等纺织、服装最终品被加征关税25%的比例也是所有类型产品中最低的,仅为3.54%。由此可见,纺织类中间品相对较低的关税覆盖率在一定程度上体现了特朗普政府为了避免引起美国广大消费者反感而进行的努力。

表4.8 不在清单一至清单三的中国输美纺织大类中间品

排名	HS编码	产品类型	2017年总额
1	63079098	国旗和其他纺织材料制成的物品	1 053 485 877
2	67029035	人造纺织材料制成的人造花、叶、果及其部件	187 372 470
3	71023900	已加工但未安装或镶嵌的非工业钻石	156 560 418
4	63079075	纺织材料的宠物玩具	137 763 233.5
5	63079089	手术用毛巾;绒毛/簇绒结构的棉质毛巾;棉质枕头套;被套以及类似的棉质物品	126 685 247
6	63053200	由人造纺织材料制成的用于包装货物的柔性集装袋	110 929 871
7	67021020	塑料制的人造花、叶、果	95 708 307
8	55041000	未经过梳理、精梳或其他纺纱加工的粘胶人造丝制成的人造短纤维	79 242 412
9	63079068	纺纱或粘合纤维织物制成的手术服	76 152 318
10	63072000	纺织材料制成的救生衣和救生带	75 277 593

资料来源:笔者根据贸易地图数据库自制。

农业、能源、信息与通信技术和建筑四大类产业的中间品被加征25%关税的比例较为接近，都在76.23%上下。其中，约70.9%的中国进口农业大类中间品被列入了清单一至清单三。如表4.9可见，清单一至清单三中的主要农业中间品包括各类割草机零件、非食用类动物产品、热交换装置、酶和化学氮肥，未列其中的农业中间品则以植物液汁、动物肠胃、机动割草机、蛋白胨和未焙炒的咖啡为主。需要注意的是，尽管美国在商品贸易上对中国存在巨大逆差，但是在农业产品上却享有贸易顺差。美国在2017年从中国进口了价值46亿美元的农业产品，对中国的出口则高达238亿美元，自2000年以来上涨了700%，占美国向世界出口的17%。其中，中国是美国大豆、饲料、动物皮和苜蓿的最大出口国，尤其是在大豆领域美国占据了中国52%的市场份额。①

表4.9　中国输美农业大类中间品根据金额排名前五名

美国清单一至清单三的农业中间品			不在其中的农业中间品		
HS编码	产品描述	2017年金额	HS编码	产品描述	2017年金额
8433	收割机、脱粒机，包括草料打包机；割草机；蛋类、水果或其他农产品的清洁、分选、分级机器	252 569 263	1302	植物液汁及浸膏；果胶、果胶酸盐及果胶酸酯；从植物产品制得的琼脂、其他胶液及增稠剂	233 028 830

---

① "China: Top Market for U. S. Ag Exports," Minnesota Department of Agriculture, March 1, 2023, https://www.mda.state.mn.us/sites/default/files/inline-files/profilechina.pdf.

续 表

美国清单一至清单三的农业中间品			不在其中的农业中间品		
HS编码	产品描述	2017年金额	HS编码	产品描述	2017年金额
0511	其他品目未列名的动物产品；不适合供人食用的第一章或第三章的死动物	166 852 738	0504	整个或切块的动物（鱼除外）的肠、膀胱及胃	150 195 095
8419	利用温度变化处理材料的机器、装置及类似的实验室设备；非电热的快速热水器或贮备式热水器	160 760 270	8433	收割机、脱粒机，包括草料打包机；割草机、蛋类、水果或其他农产品的清洁、分选、分级机器①	97 580 085
3507	酶；其他品目未列名的酶制品	130 409 314	3504	蛋白胨及其衍生物；其他品目未列名的蛋白质及其衍生物；皮粉	54 990 039
3102	矿物氮肥及化学氮肥	108 106 931	0901	咖啡，不论是否焙炒或浸除咖啡碱；咖啡豆荚及咖啡豆皮	35 849 185

资料来源：笔者根据贸易地图数据库自制。

因此，美国农场主最担心的不是美国对中国的进口关税，而是中国的报复性关税。中国在 2018 年 4 月先是对美国的 94 类农业产品和食品加征关税，到了 7 月进一步扩展到 697 类，并在 2019 年 12 月上升到 1 084 类的峰值。② 美国农场主

---

① 因篇幅限制，这里所列的为 HS4 位编码，但实际计算是根据 HS8 位编码，所以可能会出现重复，但其代表的是同一 HS4 位产品目下不同的 HS8 位产品。
② Anita Regmi, "China's Retaliatory Tariffs on U.S. Agriculture: In Brief," Congressional Research Service, September 24, 2019, https://crsreports.congress.gov/product/pdf/R/R45929.

迅速做出了反应,主要的农业组织美国农业事务联合会(AMBF)、美国大豆协会(ASA)、美国苹果协会(US Apple)和美国玉米加工协会(CRA)共同成立了新的游说组织——"农场主支持自由贸易组织"(FFT)。农场主支持自由贸易组织的主要政策目标正如它的名称,致力于促成自由贸易协定以扩大美国农业出口,提升产业竞争力。为此,他们希望特朗普能停止贸易战并终止所有对中国加征的关税。①

受中国报复性关税影响的乡郊地区农场主对于特朗普政府的重要性并不低于"铁锈地带"的汽车工人。在2016年大选中,特朗普获得了乡郊地区63.2%的选票,而且特朗普的支持率与农村化程度成正比。② 金孙恩(Sun Eun Kim)和尤塔姆·玛格利特(Yotam Margalit)的研究进一步发现,中国的报复性关税集中于共和党的票仓郡县,尤其是竞争激烈的国会地区,且农业选民对共和党的支持和中国的报复性关税存在显著的负相关性。③ 这就使得特朗普政府陷入两难局面:如果仅仅取消对中国进口农业产品的关税,中国并不会取消对

---

① "Tariffs Hurt the Heartland Statement on Status of China Trade Negotiations," Farmers for Free Trade, February 1, 2019, https://farmersforfreetrade.com/news/tariffs-hurt-the-heartland-statement-on-status-of-china-trade-negotiations.

② Shannon M. Monnat and David L. Brown, "More Than a Rural Revolt: Landscapes of Despair and the 2016 Presidential Election," *Journal of Rural Studies*, Vol. 55, 2017, pp.227-236.

③ Sung Eun Kim and Yotam Margalit, "Tariffs as Electoral weapons: The Political Geography of the US-China Trade War," *International Organization*, Vol. 75, No. 1, 2021, pp.1-39; Olga V. Chyzh and Robert Urbatsch, "Bean Counters: The Effect of Soy Tariffs on Change in Republican Vote Share between the 2016 and 2018 Elections," *The Journal of Politics*, Vol. 83, No. 1, 2021, pp.415-419.

美国农业产品的报复性关税,因为两者并不对等;如果在同中国谈判未取得足够进展的情况下取消所有关税,则将面临反对党的批评质疑和高昂的国内观众成本,并招致其他关键选民的强烈反对,如"铁锈地带"的汽车工人。最终,特朗普政府在 2018 年启动了 120 亿美元的农业救助项目,包括向大豆、高粱、玉米、小麦、棉花、猪肉和乳制品的生产者直接支付款项,以联邦营养援助项目的名义收购相关产品以及帮助美国农场主寻找外国替代市场。① 到了大选年 2020 年,特朗普政府向农场主支付的援助金额超过了 320 亿美元,高于农业部 240 亿美元的可支配预算,约占美国住房和城市发展部开销的三分之二。② 显然,在无法实现农场主取消所有关税的诉求的情况下,特朗普政府只得动用大量政府资源来安抚这一特殊利益群体。

信息与通信技术产业的中间品关税覆盖率约为 75.62%。如表 4.10 所示,中国输美的信息与通信技术大类产品主要包括各类电子产品的零件、配件以及办公用品。2017 年,清单一至清单三中信息与通信技术进口中间品有 27.90% 来自中国,诸如电子存储器、电子集成电路、二极管、电视天线和纸质笔记本。未列其中的中间品对中国供应的依赖度明显更高,约为 42.75%,主要包括固态非易失性存储器件、数据传输设备零件、打印机零件及印刷品(详见表 4.10)。一般来说,信息

---

① Adam Behsudi, et al., "Trump to Offer Farmers $12B in Trade aid," Politico, July 24, 2018, https://www.politico.com/story/2018/07/24/trump-trade-aid-for-farmers-737108.
② Ryan Mccrimmon, "'Here's Your Check': Trump's Massive Payouts to Farmers Will Be Hard to Pull Back," Politico, July 14, 2020, https://www.politico.com/news/2020/07/14/donald-trump-coronavirus-farmer-bailouts-359932.

与通信技术企业对政府应具有一定的结构性权力。一方面，信息与通信技术企业为国家通信网络基础建设提供了关键的技术支持，而信息的自由传递正是全球化时代各类经济活动的前提条件[①]；另一方面，从芯片技术到人工智能再到网络空间安全，信息与通信技术构成了国防科技的重要组织部分，与国家安全紧密相关。然而，信息与通信技术产业内部的不同大型企业却因为自身多元化的经济利益构成，并没有就中间品关税问题合力向美国政府施压。

表4.10 中国输美信息与通信技术中间品根据金额排名前五名统计表

美国清单一至清单三的ICT中间品			不在其中的ICT中间品		
HS编码	产品描述	2017年金额	HS编码	产品描述	2017年金额
8473	专用于或主要用于品目8469至8472所列机器的零件、附件，如电子存储器模件	11 572 781 752	8523	录制声音或其他信息用的圆盘、磁带、固态非易失性数据储存器件、"智能卡"及其他媒体	2 259 558 173
8542	集成电路	2 739 691 036	8517	电话机及其他发送或接收声音、图像或其他数据用的设备	2 066 230 529

---

① Robert O. Keohane and Joseph S. Nye, "Globalization: What's New? What's Not? (And So What?)" *Foreign Policy*, Vol. 2000, No. 118, pp.104-119.

续 表

美国清单一至清单三的 ICT 中间品			不在其中的 ICT 中间品		
HS编码	产品描述	2017 年金额	HS编码	产品描述	2017 年金额
8541	二极管、晶体管及类似的半导体器件;光敏半导体器件;发光二极管;已装配的压电晶体	2 099 863 770	8443	其他印刷(打印)机、复印机及传真机,不论是否组合式	1 038 124 144
8529	专用于或主要用于品目 8525 至 8528 所列装置或设备的零件,例如天线和天线反射器	881 577 773	4901	书籍、小册子、散页印刷品及类似印刷品	404 737 660
4820	纸或纸板制的登记本、账本、笔记本、订货本、收据本、日记本及类似品	556 762 409	4911	其他印刷品,包括印刷的图片及照片	212 917 106

资料来源:笔者根据贸易地图数据库自制。

　　世界顶级的信息技术企业和手机电脑制造商"苹果"、"戴尔"(Dell)、"微软"(Microsoft)、"英特尔"(Intel)和"惠普"(HP)由于将主要产品的制造生产环节外包,受中间品关税的影响较小。苹果公司的首席执行官蒂姆·库克(Tim Cook)甚至在接受采访时直言:"根据我被告知的和我看到的,我不认为苹果手机会受到关税影响。"[①]直到 2019 年,特

---

① Sara Salinas, "Apple CEO Tim Cook Says iPhones Won't See a Tariff Amid China Trade Tensions: 'I Just Don't See That'," CNBC, June 5, 2018, https://www.cnbc.com/2018/06/05/apple-iphone-wont-see-tariffs-amid-china-trade-tensions-ceo-tim-cook.html.

朗普威胁对清单四中的笔记本和平板电脑加征关税时,"苹果"等大型电脑制造商才一同站出来表示反对。① 最终,这些电子消费品成功地消失在了关税清单上。尽管如此,出于对地缘政治风险的考量,"苹果"还是授意"富士康"将一部分生产转移到印度②,"戴尔"也要求其代工厂、同样来自中国台湾的仁宝公司(Compal)将部分产能从大陆转移到台湾地区。③

而对于"泛林""应用材料"等美国半导体产业的龙头企业而言,虽然它们也会从中国进口部分原料硅,但是在日本和德国有着充足的替代供应源(中国仅占美国 13.25% 的进口市场份额),因此并没有针对清单一和清单二的相关条目向美国贸易代表办公室提出豁免申请。况且,由于这些大型半导体企业位于整个半导体价值链的中上游,与中国的向后连接远比向前连接更为重要。"高通"和"英特尔"直到 2019 年特朗普政府禁止美国半导体企业向"华为"出售芯片后才一起出面施压。④ "谷歌""亚马逊"和"脸书"等提供云计算服务的互联网公司同样受到了关税的牵连,因为它们的数据

---

① "Dell, Hp, Microsoft, Intel Oppose Proposed Tariffs on Laptops, Tablets," Reuters, June 20, 2019, https://www.reuters.com/article/us-usa-tech-tariffs-idUSKCN1TK33V.
② Daisuke Wakabayashi and Tripp Mickle, "Tech Companies slowly Shift Production Away from China," New York Times, September 1, 2022, https://www.nytimes.com/2022/09/01/business/tech-companies-china.html.
③ "HP, Dell Take Different Early Paths to Tackle Tariffs," S&P Global Market Intelligence, July 7, 2019, https://www.spglobal.com/en/research-insights/articles/hp-dell-take-different-early-paths-to-tackle-tariffs.
④ Stephen Nellis and Alexandra Alper, "U.S. Chipmakers Quietly Lobby to Ease Huawei Ban," Reuters, June 17, 2019, https://www.reuters.com/article/us-huawei-tech-usa-lobbying/u-s-chipmakers-quietly-lobby-to-ease-huawei-ban-sources-idUSKCN1TH0VA.

中心需要存储器等电子设备的支持。不过,在特朗普政府进行税收改革后,这些互联网巨头有着充足的流动资金来对冲关税的负面影响。①

因此,实际受中间品关税影响最大的反而是中小型企业,例如家用服务器和路由器的生产商 Eero 公司。② 在此背景下,尽管代表美国消费技术公司的消费者技术协会(CTA)在2018年对美国政府展开了积极的游说,但在其主要成员"戴尔""微软"等世界五百强公司具有其他更优先事项(如阻止消费品关税)的情况下,其余中小型信息与通信技术企业对政府价值链网络化制裁烈度的影响无疑是有限的。

最后,能源大类和建筑大类中间品的处境较为相似,两者的25%关税覆盖率分别为72.17%和77.75%。清单一至清单三中的能源产业中间品主要包括各类用于勘采煤矿的机械零件和部分工业用化学原料(详见表4.11)。受益于本土丰富的页岩油资源,美国的石油化工业十分发达。美国的化工产业也和农业一样,是美国为数不多对中国持有贸易顺差的产业部门,2020年贸易盈余达到了290亿美元,而中国的报复性关税覆盖了约86%的美国进口化学品。③

---

① Richard Waters, "US-China Trade Tariffs Cast Shadow over Cloud Computing Boom," *Financial Times*, August 7, 2018, https://www.ft.com/content/7697243a-9479-11e8-b67b-b8205561c3fe.
② Stephen Nellis and Sonam Rai, "U.S. Duties Spare Apple Gadgets but Hit Cloud Industry," Reuters, September 18, 2018, https://www.reuters.com/article/us-apple-tariffs-idUSKCN1LX27W.
③ "Analysis of Section 301 Tariff Impacts on Chemicals Trade," American Chemistry Council, December 6, 2021, https://www.americanchemistry.com/better-policy-regulation/trade/resources/analysis-of-section-301-tariff-impacts-on-chemicals-trade.

表 4.11 中国输美能源大类中间品根据金额排名前五名

美国清单一至清单三的能源大类中间品			不在其中的能源大类中间品		
HS编码	产品描述	2017年金额	HS编码	产品描述	2017年金额
8431	专用于或主要用于品目8425至8430所列机械的零件,包括钻探和凿井机械零件	1 613 155 110	2933	仅含氮杂原子的杂环化合物	806 117 720
8412	其他发动机及动力装置,包括喷气发动机、气压发动机、风力发动机、发条或重力原动机,液力发动机和蒸汽动力装置及其零件	1 190 988 583	2903	烃的卤化衍生物	419 555 949
8413	液体泵,不论是否装有计量装置;液体提升机	821 144 224	2918	含附加含氧基的羧酸及其酸酐、酰卤化物、过氧化物和过氧酸以及它们的卤化、磺化、硝化或亚硝化衍生物	337 147 038
2931	其他有机-无机化合物,如四甲基铅、四乙基铅、三丁基锡化合物和其他有机磷衍生物	428 152 871	2934	核酸及其盐,不论是否已有化学定义;其他杂环化合物	318 247 872
3824	铸模及铸芯用粘合剂;其他品目未列名的化学工业及其相关工业的化学产品及配制品	372 242 415	2932	仅含氧杂原子的杂环化合物	249 015 995

资料来源:笔者根据贸易地图数据库自制。

为此,美国化工产业的游说组织美国化学品理事会(ACC)会长、前众议院议员凯尔·杜利(Cal Dooley)称:"对和中国以及其他任何美国贸易伙伴的全球化学品贸易来说,没有任何可接受的关税税率。只有零关税才能最大化我们的产业潜能,从而向新的地区提供创新产品并提高世界范围的社会、环境和经济可持续性。"①美国化学品理事会的首席执行官克里斯·杨(Chris Jahn)也在写给拜登政府的贸易代表戴琪的信件中强调了美国化学品理事会的贸易优先事项,包括为美国塑料和化学品出口打开新的市场,为美国公司和消费者减少关税,减少关键市场的其他贸易壁垒,希望中美能尽快达成第二份协议,废除两国征收的额外关税。②

美国化学品理事会不仅代表着像"陶氏化学"(Dow Chemical)和杜邦公司(DuPont)这类美国本土化工企业的利益,其成员还包括其他驻美外国生产者,如英国石油公司旗下的润滑油公司(BP Lubricants)和日本的大金工业株式会社(Daikin)。值得一提的是,美国化学品理事会成功地向特朗普政府内部输送了一名利益代言人,其前任高管南希·贝克(Nancy Beck)2017年开始担任环境保护署(EPA)化学品安全和污染预防办公室(OCSPP)的副主任。不过,只有环境保护署的署长才能达到内阁级别,参与最高级别的讨论,

---

① Kristen Hays, "US Chemical Industry Caught in S-China Trade War," October 2018, https://www. spglobal. com/commodityinsights/plattscontent/_assets/_files/en/specialreports/petrochemicals/us-china-trade-war.pdf.
② Al Greenwood, "ACC Urges US to Roll Back Tariffs from Chinese Trade Dispute," Independent Commodity Intelligence Services, May 12, 2021, https://www. icis. com/explore/resources/news/2021/05/12/10638953/acc-urges-us-to-roll-back-tariffs-from-chinese-trade-dispute/.

且化学品安全和污染预防办公室的主要任务是预防杀虫剂和有毒化学品的潜在风险,如执行国会 2016 年通过的《有毒物质控制法案》。因此,贝克在对华经贸问题上的话语权并不充分,美国化学品理事会对特朗普政府的影响也较为有限。

在建筑领域,清单一至清单三中所列和未列中间品都涉及包括塑料制品、金属制品和木制品的家居产品,但前者包含更多的电器(详见表 4.12)。在特朗普政府于 2018 年 9 月宣布对清单三产品加征关税后,房屋建筑业最大的两个贸易组织全美房屋建筑商协会(NAHB)和门窗制造商协会(WDMA)立刻表示强烈反对,称关税会致使他们生产成本大幅提高。① 全美房屋建筑商协会首席经济学家罗伯特·迪亚兹(Robert Dietz)指出:"自由贸易对建筑商、买家和租房者更有利,当建筑商面临过于繁重的法规和贸易冲突导致的材料成本上升,住房的可负担性正成为一个挑战。"② 位于美国全国住房短缺最严重的加利福尼亚州,该州建筑业协会(CBIA)预计关税导致平均规模的新房成本增加了 2 万至 3 万美元,使得一些潜在买家无法承受。③

---

① "NAHB, WDMA Respond to Trump's Latest Tariffs on Chinese Imports," September 18, 2018, https://www.prosalesmagazine.com/products/nahb-wdma-respond-to-trumps-latest-tariffs-on-chinese-imports_o.
② Diana Olick, "Trump's Latest Chinese Tariffs Are a $1 Billion Tax on Housing," CNBC, September 18, 2018, https://www.cnbc.com/2018/09/18/lower-lumber-prices-hold-builder-sentiment-steady-for-now.html.
③ Patrick Sisson, "Trump's China Tariffs Are Already Hitting the Housing Industry," September 6, 2019, https://archive.curbed.com/2019/8/29/20838394/china-us-trade-war-tariffs-constructon-housing-real-estate.

表 4.12 中国输美建筑大类中间品根据金额排名前五名统计表

美国清单一至清单三的建筑大类中间品			不在其中的建筑大类中间品		
HS编码	产品描述	2017年金额	HS编码	产品描述	2017年金额
8544	绝缘电线、电缆及其他绝缘电导体;由每根被覆光纤组成的光缆	3 508 090 337	3926	其他塑料制品及品目3901至3914所列其他材料的制品,如办公室和学校用品	1 616 862 176
8536	电路的开关、保护或连接用的电器装置;光导纤维、光导纤维束或光缆用连接器	2 643 992 920	8539	白炽灯泡、放电灯管,包括封闭式聚光灯及紫外线灯管或红外线灯泡;弧光灯	1 565 444 150
8481	用于管道、锅炉、罐、桶或类似品的龙头、旋塞、阀门及类似装置	2 385 415 366	7606	铝板、片及带,厚度超过0.2毫米	1 172 463 029
9405	其他品目未列名的灯具及照明装置,包括探照灯、聚光灯及其零件;装有固定光源的发光标志、发光铭牌及类似品及其零件	2 221 422 203	8415	空气调节器,装有电扇及调温、调湿装置,包括不能单独调湿的空调器	833 716 372
8302	用于家具、门窗、楼梯、百叶窗、车厢、鞍具、衣箱、盒子及类似品的贱金属附件及架座;用贱金属做支架的小脚轮和自动闭门器	2 138 759 717	8414	空气泵或真空泵、空气及其他气体压缩机、风机、风扇;装有风扇的通风罩或循环气罩,不论是否装有过滤器	679 310 007

资料来源:笔者根据贸易地图数据库自制。

事实上,美国在 2018 年前后正处于住房危机中,住房可负担性达到了近十年的最低值。哈佛大学的一项研究指出,2016 年全美一半租房者都至少将 30% 的工资用于住房,三分之二的租房者无力负担买房,且房价正以工资增速的两倍增长。① 除了日益上涨的建筑成本,这一现象背后的深层原因是美国经济不平等的不断加深。② 考虑到住房是美国公民的基本需求,负责满足这一需求的家居行业应当对政府具备一定的结构性权力和议价能力。然而,特朗普本人却乐于看到房价的提高。2019 年 9 月,财政部与住房和城市发展部公布的住房规划体现了"小政府"的设计思路,在放任房价自由上涨的同时终止现有的"可负担住房"计划。③ 此外,特朗普还打算废除奥巴马政府的"低收入住房"项目,推动郊区房价上涨。他在得克萨斯州的一次演讲中直言"不会有更多的低收入住房进入郊区了……这已经持续了很多年。我看到了多年的冲突。这对郊区来说就是地狱"④。美国城区和郊区的划分来源于其种族隔离历史,而特朗普的支持者普遍具有"白人至上主义"的意识形态。由此,美国家居行业对降低住房成本

---

① "The State of the Nation's Housing 2018," Joint Center for Housing Studies of Harvard University, 2018, https://www.jchs.harvard.edu/sites/default/files/Harvard_JCHS_State_of_the_Nations_Housing_2018.pdf.
② Jeff Andrews and Patrick Sisson, "U. S. Housing Market Continues Rebound, Despite Increased Inequality, Says Harvard Report," June 19, 2018, https://archive.curbed.com/2018/6/19/17476360/housing-market-rebound-inequality-harvard-state-of-nations-housing.
③ Renae Merle, "Trump's Housing Plan Could Leave Buyers Fewer Options, Experts Say," *The Washington Post*, September 6, 2019, https://www.washingtonpost.com/business/2019/09/06/trumps-housing-plan-could-leave-buyers-fewer-options-experts-say/.
④ "Trump Boasts of Pushing Low-Income Housing out of Suburbs," *Politico*, July 29, 2020, https://www.politico.com/news/2020/07/29/trump-housing-policy-low-income-suburbs-386414.

的贡献反而减弱了自身的议价能力。

4.2.3 美国对华价值链网络化制裁的贯彻力度

为了避免结构快速演化,美国政府会在易演化的结构中尽量避免刺激第三方节点。不过,正如前一小节所述,价值链网络的拓扑结构呈"一超多强"的特征,作为"多强"之一而非"一超"的美国相对容易绕过。不过,价值链网络化制裁这一行为对美国企业适应度的冲击较为有限,并没有破坏其功能性。因此,价值链网络的演化速度介于快和慢之间。

相应地,美国对价值链网络化制裁的贯彻力度也相对适中。如果第三方节点明确违反现有制裁规则,美国政府会介入调查;但是如果事情的性质处于灰色地带,美国也不会完善规则、填补漏洞,防止类似情况的再发生。这主要表现在美国对越南和墨西哥这类第三方节点的处理上。2019年,美国海关偶然发现一些被标上"原产地越南"的木材制品实际上是来自中国的,只是被重新贴了标签并出口到美国。对此,美国海关并未加强防范措施。只有越南海关公开报道了这件事,并称"伪造原产地和非法转运货物的行为最常发生在纺织品、海产品、农产品、瓷砖、蜂蜜、钢铁、铝和木材制品等行业"①。到了2022年1月27日,美国海关和边境保护局(CBP)再度发现中国的华大集团偷偷通过一家越南公司(HOCA厨房和浴室产品国际公司)将未组装的橱柜运至美国。虽然这些木制品有部分零件是在越南生产,但是大部分增加值都产生于中国。

---

① "Vietnam to Crack down on Chinese Goods Relabeled to Beat U.S. Tariffs," Reuters, June 10, 2019, https://www.reuters.com/article/us-usa-trade-china-vietnam-idUSKCN1TB0I3.

此前，华大集团还曾通过柬埔寨绕道美国，美国海关最终以"缺乏实质证据"为由没能追究其责任。自 2018 年以来，越南从中国进口的受美国《301 条款》调查影响的木材产品明显上升，而不受美国关税影响的相似产品则呈现下降趋势。① 这似乎表明，越南对美国出口木制家具的高速增长（自 2018 年至 2020 年增长了 92%）并非纯粹的贸易转移现象，中国企业也在其中起到重要作用。对此，美国海关和相关机构并没有出台更严格的审查和监管措施。另一边，北美的墨西哥素来是对美贸易的中轴点。20 世纪 90 年代，日本汽车制造商也曾通过在墨西哥设厂以规避里根政府时期的进口限制。中国企业自 2017 年特朗普发出贸易战威胁后就开始大幅增加对墨西哥的投资，从 2016 年的 1.54 亿美元上涨到 2017 年的 2.71 亿美元，并在 2021 年跃升到了 5 亿美元左右。② 同样地，对于在墨西哥设厂以规避美国关税的中国企业，美国政府也没有出台政策来进行限制。

4.3　美国对华技术网络化制裁

4.3.1　美国对华技术网络化制裁的使用

美国对华技术网络化制裁主要表现为基于本国企业在

---

① Michael Richards, et al., "US Customs and Border Protection (CBP) Finds Chinese Timber Products Fraudulently Sold in US as 'Made in Vietnam' in Order to Evade Tariffs," February 14, 2022, https://www.forest-trends.org/blog/us-customs-and-border-protection-cbp-finds-chinese-timber-products-fraudulently-sold-in-us-as-made-in-vietnam-in-order-to-evade-tariffs/.
② Max De Haldevang, "Chinese Firms Skip Over U.S. Tariffs by Setting Up Shop in Mexico," Bloomberg, September 14, 2022, https://www.bloomberg.com/news/newsletters/2022-09-14/supply-chain-latest-china-companies-bypass-us-duties-by-going-via-mexico.

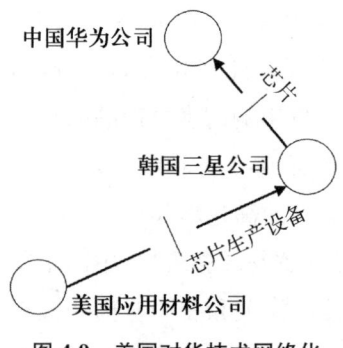

图 4.9 美国对华技术网络化制裁示意图

多层技术网络(如手机软件网络和半导体网络)中上层的中心地位,以中断技术要素的横向与纵向传输为威胁筹码,迫使其他网络中的第三方技术企业停止向中国企业提供特定的技术产品(见图 4.9)。美国开启对华技术网络化制裁的标志性事件是 2019 年 5 月 16 日美国商务部将中国的电信设备供应商、手机制造商华为公司加入"实体清单"(entity list),即美国公司在没有得到政府许可的情况下被禁止向"华为"提供科技产品和技术支持。①

根据美国商务部的官方声明,华为公司被加入"实体清单"的理由是其参与了违反美国国家安全和外交政策利益的活动,包括从美国向伊朗和伊朗政府出口、再出口、销售和供应货物、技术和服务,从而违反了《国际紧急经济权力法案》(IEEPA)。此外,华为公司在 28 个不同地区和国家的附属机构也被美国商务部以国家安全风险隐患为由加入了实体清单。这似乎表明美国网络化制裁的最终目标不是华为公司,华为公司更接近于第三方节点。不过,外界普遍认为美国制

---

① "Department of Commerce Announces the Addition of Huawei Technologies Co. Ltd. To the Entity List," U. S. Department of Commerce, May 15, 2019, https://www.commerce.gov/news/press-releases/2019/05/department-commerce-announces-addition-huawei-technologies-co-ltd.

裁华为公司的真实目的是遏制中国的 5G 技术发展。① 美国国家安全局在"9·11"事件后曾秘密开启了"星风"(STELLA WIND)和"棱镜"(PRISM)项目,迫使本国电信公司对国内和全球网络信息进行监控。考虑到华为公司在 5G 建设领域的全球技术领先地位,美国政府担心中国政府也会效仿自己,将华为公司的通信网络技术优势转化为情报优势。美国联邦调查局局长克里斯·雷(Chris Wray)更是在国会听证会上警告称:"(我们)十分担忧任何与和我们价值观不同的外国政府有联系的企业或实体,在我们的电信网络中获得权力地位。"②因此,华为公司构成了实际上的最终制裁目标。

不同于对货币金融网络化制裁手段的克制和对价值链网络化制裁手段的犹豫,美国对华技术网络化制裁的开展十分果决。在制裁实施以前,从国家安全事务助理博尔顿到情报部门、国务院、五角大楼再到商务部,美国政府内部对于对华为公司采取技术网络化制裁几乎没有异议③,这是因为影响网络化制裁使用的两个关键因素,即中国在技术网络中的中

---

① Adam Segal, "Huawei, 5G, and Weaponized Interdependence," in Daniel W. Drezner, Henry Farrell, and Abraham L. Newman, eds., *The Uses and Abuse of Weaponized Interdependence*, Washington D. C.: Brookings Institution Press, 2021, p. 149; Henry Farrell and Abraham Newman, "Weaponized Globalization: Huawei and the Emerging Battle over 5G Networks," September, 2019, https://www.globalasia.org/v14no3/cover/weaponized-globalization-huawei-and-the-emerging-battle-over-5g-networks_henry-farrellabraham-newman.
② James Vincent, "Don't Use Huawei Phones, Sat Heads of FBI, CIA, and NSA," Verge, February 14, 2018, www.theverge.com/2018/2/14/17011246/huawei-phones-safe-us-intelligence-chief-fears.
③ Bob Davis and Lingling Wei, *Superpower Showdown: How the Battle Between Trump and Xi Threatens a New Cold War*, Harper Business, 2020.

心性以及相关技术网络的演化速率所产生的结构成本相对有限。

一是中国在技术网络中并未处于中心地位。在技术领域,图 4.10 显示了中美各自占全球三方同族专利的比例。三方同族专利是经济合作与发展组织的重要创新与技术指标,旨在统计同时受世界最大的三个专利局即欧洲专利局(EPO)、日本专利局(JTPA)和美国专利与商标局保护的专利。① 之所以选择三方同族专利作为测量指标,是因为在欧洲专利局和美国专利与商标局的专利授权中存在"主场优势"(home advantage)现象,而三方同族专利相对无偏。② 同时,现有研究表明,三方同族专利与专利的经济价值呈正相关。③ 因此,一国占世界三方同族专利的比例能够较为准确地代表其技术创新水平。中国三方同族专利的总数占全球的比例为7%,排在第四,美国则为 24%,排在世界第一。虽然中国的专利数(3 979 项)远远超过了全球平均水准(561 项),但是由于未能达到美国 80% 的阈值,在技术网络中仍处于半中心地位。

图 4.10 中所呈现的技术领域是中国三方同族专利占比最高的 11 个世界知识产权组织(WIPO)技术类别,代表了中国最擅长的技术区间。其中,中国(32.04%)仅在数字通讯科技上较美国(20.75%)有相对优势。数字通讯科技代表着通过线上渠道传输信息和数据的技术。在过去的几年,中国互

---

① "Patent by Technology," OECD, March 1, 2023, https://stats.oecd.org/Index.aspx?DataSetCode=PATS_IPC♯.
② Paola Criscuolo, "The 'Home Advantage' Effect and Patent families: A Comparison of OECD Triadic Patents, the USPTO and the EPO," *Scientometrics*, Vol. 66, 2006, pp.23-41.
③ Leila Tahmooresnejad and Catherine Beaudry, "Capturing the Economic Value of Triadic Patents," *Scientometrics*, Vol. 118, 2019, pp.127-157.

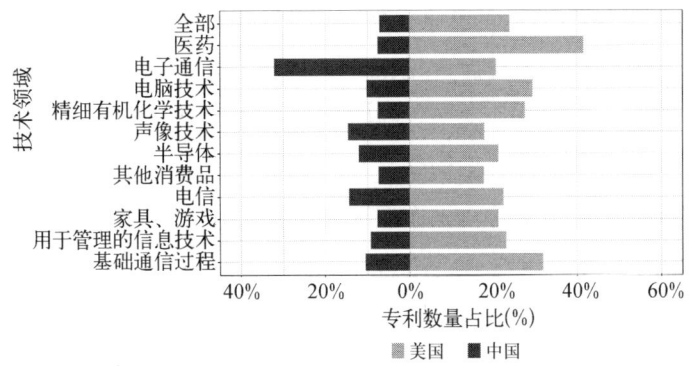

图 4.10　中美三方同族专利占比（2017 年）

资料来源：笔者根据经济合作与发展组织数据自制。

联网公司发展迅速，"百度""阿里巴巴"和"腾讯"与美国的"谷歌""亚马逊""脸书"和"微软"，成为史上最大的七家互联网企业。以金融信息的电子传输技术为例，"腾讯"的微信支付达到了9亿用户的规模，而苹果支付的使用者不足5 000万。在新一代通信技术，即量子通信技术上，中国更是捷足先登。2021年，中国科研团队成功实现了跨越4 600千米的星地量子密钥分发[1]，这项技术被认为是"无法破解的，并将大大加速海量数据的交换，成为一项重要的技术突破"[2]。不过饶是如此，从整体国际技术网络的格局来看，中国并未处于中心地位，尤其考虑到"百度""阿里巴巴"等中国互联网公司的主要业务在中国国内，而非海外市场。大多数情况下，美国并不依赖中国企业提供的技术专利，因而也不担心对华采取技术网

---

[1]《光明日报》：《我国构建全球首个星地量子通信网》，2021年1月8日，http://www.gov.cn/xinwen/2021-01/08/content_5577894.htm。

[2] A. I. Salitskii and E. A. Salitskaya, "China on the Way to Global Technology Leadership," *Herald of the Russian Academy of Sciences*, Vol. 92, 2022, pp.262-267.

络化制裁后,自身的技术发展会遭到结构反噬。

在结构特征层面,在制裁与限制华为公司的过程中,美国主要依靠本国企业在两类技术网络中的优势,即手机软件技术网络和半导体技术网络。其中,手机软件技术网络的应用端可以简单分为手机操作系统和手机应用程序两层技术网络(如图4.11所示)。对于智能手机而言,操作系统(OS)是被预先安装用以处理信息的核心软件。当手机应用程序开发商通过对应的软件开发工具包(SDK)设计与建立自定义应用程序并上传至平台,操作系统便能根据代码运行这些应用。因此,图4.11中从手机操作系统网络向手机应用程序网络的纵向虚线代表技术和服务支持,缺少操作系统的处理,应用程序就无法被解读;手机应用程序网络中横向的实线揭示了应用程序的获取方式,"苹果"的手机应用程序商店和"谷歌"的Google Play分别为"苹果"应用和"安卓"应用的分布、广告及销售提供了数字平台。

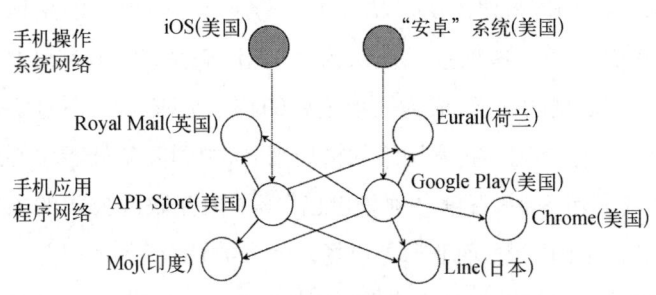

图4.11 手机软件技术网络示意图

在手机操作系统网络,美国"谷歌"赞助开发的"安卓"系统和"苹果"旗下的操作系统(iOS)长期以来一直居于垄断地位。两者在2018年12月的市场占有率分别为75.16%和

21.98%,意味着其他手机操作系统全部加起来也不足 3%。①而由于 iOS 系统仅适用于"苹果"手机,这就使得包括中国"华为"手机、"OPPO"手机和韩国"三星"手机在内的其他智能手机高度依赖安卓操作系统。

尽管"安卓"的操作系统本身是开源的,即任何实体和企业都能不受限制地免费使用,但是如果要下载和运行"安卓"平台的应用程序,必须通过"谷歌"所开发的应用程序发行平台 Google Play。Google Play 原先名为"安卓市场"(Android Market),从"安卓"到"谷歌"这一名称的变更说明谷歌希望借由对"安卓"操作系统的掌控,提升自身应用程序的影响力。2015 年,欧盟法院正式对"谷歌"提起诉讼,认为它滥用"安卓"操作系统的垄断性地位以消除市场竞争。到了 2018 年,欧盟委员会判定"谷歌"违反了反垄断法,称"谷歌"强迫智能手机制造商将其应用商店 Google Play 和 Chrome 等"谷歌"应用程序捆绑预装在手机里,从而为"谷歌"自身的应用程序建立了不公平竞争优势。② 这一判决从侧面体现了 Google Play 的市场统治力。2018 年,全球"安卓"手机用户共计下载了 757 亿个 Google Play 的应用程序。③

因此,在手机软件技术网络中,美国在手机操作系统和手

---

① "Operating System Market Share Worldwide," March 1, 2023, https://gs.statcounter.com/os-market-share#monthly-201801-201812.
② Jenni Reid, "Google Loses Appeal over EU Antitrust Ruling, But Fine Cut to \$4.12 Billion," CNBC, September 14, 2022, https://www.cnbc.com/2022/09/14/eu-court-backs-antitrust-ruling-against-google-but-reduces-fine.html.
③ Randy Nelson, "Global App Revenue Grew 23% in 2018 to More Than \$71 Billion on iOS and Google Play," January, 2019, https://sensortower.com/blog/app-revenue-and-downloads-2018.

机应用程序两层技术网络中都属于唯一中心。美国"苹果"的IOS和"谷歌"的"安卓"操作系统几乎垄断了全球手机操作系统市场，2018年两者的市场占有率合计为97.17%，并在2019年上升到了98.92%，2020年达到了99.39%。① 通过手机操作系统技术网络和手机应用程序技术网络之间的纵向连结，IOS和"安卓"操作系统分别将自身的垄断优势传递给了"苹果"应用商城和Google Play。只有通过这两个平台，第三方应用程序开发商才能将应用上传并发表至"苹果"手机和"安卓"手机。根据"应用程序业务"(Business of Apps)的统计，"苹果"和"谷歌"在2022年占据了中国以外地区超过95%的应用商城市场份额。② 在中国地区，根据工信部发布的统计信息，2021年12月底，中国市场上共有252万款应用程序，本土第三方应用商店的应用程序数量为117万，"苹果"商店的应用程序数量为135万。③ 这说明即使不算Google Play，美国的应用程序商店也覆盖了中国市场上超过一半的应用程序。

尽管美国在手机软件技术网络中处于优势较为稳固的双层单中心地位，但是价值链网络化制裁的使用会大幅降低"安卓"操作系统和Google Play的适应度。首先，在规范层面，虽然此前有过美国禁止向伊朗出售手机及通信软件的先例，但是从克林顿政府时期的"政府必须对电子商务采取非管制性

---

① "Operating System Market Share Worldwide," March 1, 2023, https://gs.statcounter.com/os-market-share#monthly-201812-202012.
② David Curry, "App Store Data (2023)," February 23, 2023, https://www.businessofapps.com/data/app-stores/.
③ 运行监测协调局：《2021年互联网和相关服务业运行情况》，2022年1月27日，https://www.miit.gov.cn/gxsj/tjfx/hlw/art/2022/art_b0299e5b207946f9b7206e752e727e66.html。

的、市场导向的原则"到小布什政府时期的"最大限度地实现言论自由和信息与思想的自由流动"再到奥巴马政府时期的"不希望在不同用户对互联网的访问程度上出现差异化",美国一直在世界范围提倡"互联网自由"精神,而限制手机软件的可获取性显然是违背这一精神的。① 此外,其他国家,尤其是欧盟对于"谷歌"在手机操作系统和应用软件市场上的垄断地位十分敏感。2018年,欧盟法庭判定"谷歌"利用在手机操作系统上的垄断地位来巩固其搜索引擎的竞争优势,并对此开出了高达51亿美元的罚单,这也是欧盟史上反垄断案例中的最大罚款金额。② 如果"谷歌"执意逼迫欧洲的第三方应用程序开发商在"谷歌"Google Play 和"华为"的 AppGallery 之间二选一,则极有可能将面临新的重磅罚单。

二是同其他技术网络一样,手机软件技术网络的功能性需求也是产品本身的效率和质量,强调更低廉的生产成本、更快的生产时间以及更高的产品性能。因此,手机软件技术网络化制裁的使用对"谷歌"技术效率的影响主要体现在对其研发资金的限制上。③ 除了受政府影响排斥华为设备的美国市场,华为手机在欧洲和中国两大市场表现优秀。根据技术市场分析公司 Canalysis 的统计,2018 年第四季度,华为手机占

---

① Jack Goldsmith,"The Failure of Internet Freedom,"June 13,2018,https://knightcolumbia.org/content/failure-internet-freedom;"Net Neutrality:President Obama's Plan for a Free and Open Internet,"The White House,February 26,2015,https://obamawhitehouse.archives.gov/net-neutrality.
② Adam Satariano,"E.U. Scores Major Legal Victory Against Google,"The New York Times,September 14,2022,https://www.nytimes.com/2022/09/14/business/eu-google-antitrust-fine.html.
③ Jordan Herman,"2019 Mobile app Threat Landscape Report,"RISKIQ,June,2020,https://www.riskiq.com/wp-content/uploads/2020/06/RiskIQ-2019-Mobile-App-Threat-Landscape-Report.pdf.

据了欧洲智能手机市场23.6%的市场份额,仅次于"三星"的28.7%和"苹果"的26%,且年增长率高达55.7%。① 在中国市场,华为手机2019年更是以42%的市场占有率锁定了自身的主导性地位。② 考虑到欧洲手机用户热衷于订阅和购买应用程序,中国也在2019年成为世界上最大的手机应用程序市场,占全球应用程序消费市场的40%③,在失去了华为手机这个合作伙伴后,"谷歌"旗下的Google Play平台将损失巨额的应用程序收入,且后续的技术投入也将受到影响。综上,"谷歌"在手机软件技术网络中的结构性优势和适应度劣势两者相抵,手机软件技术网络的演化速度适中。

另一边的半导体技术网络具体可以分为五层专业网络。上游环节包括原材料供应和生产设备,中游环节聚焦于芯片设计、芯片制造与封测,而下游环节主要是芯片应用。④ 网络之中的节点由参与半导体价值链的各类企业构成。节点之间的连接在纵向的面与面之间主要表现为自上而下的产品流通和技术支持,以及自下而上的技术应用信息反馈。由于上游环节提供的技术要素更为关键,上下游层面存在非对称相互

---

① Vlad Savov, "Chinese Phones Now Account for a Third of the European Market, with Huawei Leading the Way," Verge, February 14, 2019, https://www.theverge.com/2019/2/14/18224614/huawei-chinese-phones-europe-market-share-2018.
② Elizabeth Schulze, "Huawei's China Smartphone Shipments Soar at the Expense of Rivals Like apple," CNBC, October 30, https://www.cnbc.com/2019/10/30/huawei-china-smartphone-shipments-surge-66percent-in-q3-canalys.html.
③ Jordan Herman, "2019 Mobile app Threat Landscape Report," RISKIQ, June, 2020, https://www.riskiq.com/wp-content/uploads/2020/06/RiskIQ-2019-Mobile-App-Threat-Landscape-Report.pdf.
④ 李巍、李玙译:《解析美国对华为的"战争"——跨国供应链的政治经济学》,《当代亚太》2021年第1期。

依赖关系。在同一层面,节点之间的横向连接体现为技术转让与合作,主要形式为专利租借和技术许可。

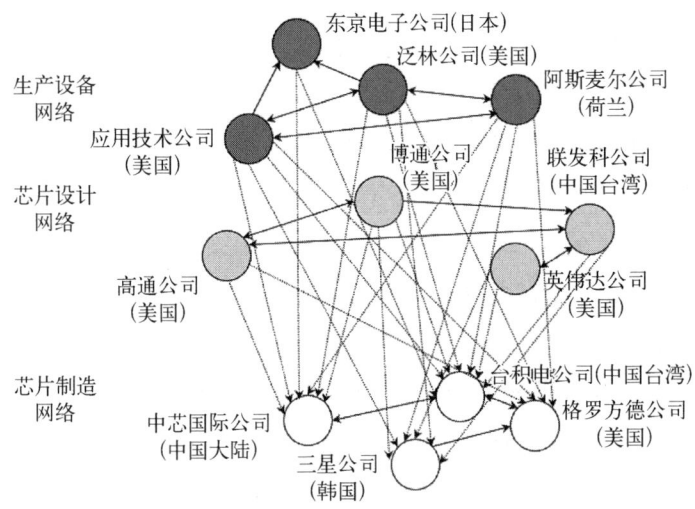

图 4.12　半导体技术网络示意图

如图 4.12 所示,在半导体技术网络中,美国在生产设备和芯片设计这两层网络中为居间中心,而这两个环节在整个价值链的核心位置又进一步赋予了美国纵向的居间性权力。第一,美国在这两个领域处于绝对的技术领先地位。美国占据生产设备和芯片设计超过一半的市场份额,其中在电子设计自动化(EDA)的市场占有率更是高达 85%。① 三家美国公司"高通"(Qualcomm)、"博通"(Broadcom)和"英伟达"

---

① Daniel S. Hamilton,"Policy Brief: Enhancing Semiconductor Supply Chain Resilience and Competitiveness: Reco-mmendations for U.S.-EU Action," March, 2022, https://www.transatlantic.org/wp-content/uploads/2022/03/TTC-Supply-Chains.pdf.

(Nvidia)近年来一直位居全球营收榜(无晶圆厂)的前三。①第二,半导体产业的特殊性质进一步将这一技术优势转化成了居间中心性。一方面,芯片是由上百个电路和配件构成,因而即使是原创设计的芯片也会包含上千种竞争对手、供应商或制造商所拥有的技术。②另一方面,半导体产业的人力资源存在高流动性,当工程师来到一家新的企业,他往往难以记住所有闭塞回路的"产权链"(chain of title),从而绕开原有企业的专利。③因此,半导体产业不同企业之间的专利授权是必不可少的。在上游的生产设备层面,美国的维利安半导体设备公司(Varian Semiconductor Equipment Associates, Inc.)在2011年被应用材料公司(Applied Materials, Inc.)收购前,分别向应用材料公司、泛林公司(Lam Research)和东京电子公司(Tokyo Electron Limited)等同行授权了相关专利。④在中游的芯片制造环节,格罗方德公司(GlobalFoundries, Inc.)与竞争对手台积电公司(TSMC)于2019年达成协议,交

---

① "Revenue of Top 10 IC Design (Fabless) Companies for 2020," March 25, 2021, https://www.design-reuse.com/news/49698/revenue-ranking-of-top-10-ic-design-companies-2019-2020.html.
② Rosemarie Ham Ziedonis and Bronwyn H. Hall, "The Effects of Strengthening Patent Rights on Firms Engaged in Cumulative Innovation: Insights from the Semiconductor Industry," in Gary D. Libecap ed., *Entrepreneurial Inputs and Outcomes: New Studies of Entrepreneurship in the United States: Volume 13*, Amsterdam: JAI, 2001, pp.145-146.
③ Dan Callaway, "Patent Incentives in the Semiconductor Industry," *Hastings Business Law Journal*, Vol. 4, No. 1, 2008, p.142
④ "Applied pays Varian $22 million in patent royalties," EDN, October 7, 2004, https://www.edn.com/applied-pays-varian-22-million-in-patent-royalties/; "Varian Semiconductor to receive Lam payments in patent suit settlement," EDN, December 20, 2001, https://www.edn.com/varian-semiconductor-to-receive-lam-payments-in-patent-suit-settlement/; Jeff Dorsch, "Varian, TEL Sign Patent Deal," EDN, October 11, 1999, https://www.edn.com/varian-tel-sign-patent-deal/.

互授权(cross license)对方的专利组合(patent portfolio)。①芯片设计领域的龙头企业高通公司在 2005 年时 60％的利润来自专利许可②,2020 年在世界范围内拥有 140 000 项专利,其利润高达 14.9 亿美元。③ 可见,通过知识产权和专利许可,美国将自身在半导体产业中的技术先发优势牢牢锁定。如果缺少美国的技术支持,生产设备和芯片设计网络中的其他节点就无法向下游网络节点输出技术产品。因此,考虑到这两层网络在整个半导体技术网络的中上游位置,这意味着美国在整个半导体技术网络中都具有极高的居间中心性。

事实上,尽管半导体技术网络中存在荷兰、日本等国家的其他主要企业,但是这些企业实际上都在资金链和技术链上依赖美国。在生产设备网络,荷兰的阿斯麦尔是光刻机领域的龙头企业,尤其在极紫外光刻机(EUV)领域处于垄断地位,然而它却受到美国"隐形权力"④的控制。阿斯麦尔不仅大部分零件源于美国⑤,最大的两个股东资本集团(Capital Research and Management Company)和贝莱德公司(Blackrock Inc.)也

---

① Anton Shilov,"GlobalFoundries and TSMC Sign Broad Cross-Licensing Agreement,Dismiss Lawsuits," October 28, 2019, https://www.anandtech.com/show/15038/globalfoundries-and-tsmc-sign-broad-crosslicensing-agreement-dismiss-lawsuit.
② Dan Callaway,"Patent Incentives in the Semiconductor Industry," p.137.
③ Kif Leswing,"Qualcomm Shares Rise as Revenue Pops 63％ Driven by Chip Sales," CNBC, July 28, 2021, https://www.cnbc.com/2021/07/28/qualcomm-qcom-earnings-q3-2021.html.
④ 李巍、李玙译:《解析美国对华为的"战争"——跨国供应链的政治经济学》,《当代亚太》2021 年第 1 期。
⑤ Katie Tarasov,"Inside ASML, the Company Advanced Chipmakers Use for EUV," CNBC, March 23, 2023, https://www.cnbc.com/2022/03/23/inside-asml-the-company-advanced-chipmakers-use-for-euv-lithography.html.

都是美国的投资公司。① 在蚀刻机领域,美国的应用材料公司和泛林公司位于中心地位,排名第三的日本东京电子公司引用了应用材料公司的大量专利,并一度接近被应用材料公司收购。在无晶圆厂的芯片设计网络,美国的"高通""博通"和"英伟达"呈三足鼎立之势。此外,不同技术层面的优势使得美国内部的中心节点能够通过知识整合和技术合作融会贯通、取长补短,从而在新一轮技术革新中处于领先地位。2019年2月,应用材料公司和美国国际商用机器公司(IBM)在AI芯片技术领域达成合作关系。业界对于这一项技术的共识是它需要从新芯片架构、新材料到新集成方案的跨技术生态系统的突破性创新。② 而应用材料公司和美国国际商用机器公司分别是生产设备和芯片设计与封装领域的技术开拓者。2021年3月,美国国际商用机器公司和因特尔公司也正式宣布展开技术合作,共同探索下一代芯片逻辑与封装技术。其目的正如美国国际商用机器公司副总裁穆克什·卡(Mukesh Khare)所言,"确保我们继续成为半导体创新的领袖对于半导体行业和美国领导地位而言都是极好的"③。因此,美国实际上是半导体技术网络的唯一中心。

在适应度层面,半导体技术网络的内部结构规律对于强

---

① "Shares," ASML, March 1, 2023, https://www.asml.com/en/investors/shares.
② "Applied Materials Collaborates with IBM on AI Chip Technology," February 17, 2019, https://blog.appliedmaterials.com/applied-materials-collaborates-ibm-ai-chip-technology.
③ Patrick Moorhead, "Why I'm Not Surprised That IBM And Intel Are Collaborating Chip Tech," Forbes, April 15, 2021, https://www.forbes.com/sites/patrickmoorhead/2021/04/15/why-im-not-surprised-that-ibm-and-intel-are-collaborating-chip-tech/?sh=289bcade10a9.

制性权力的运用并不敏感。半导体技术本身作为军民两用技术一直以来都受到西方国家的严格管控。冷战时期的巴黎统筹委员会禁止向社会主义阵营出口广义上的"电脑设备"①，苏联解体以后的《瓦森纳协定》也明确限制了与特定国家的集成电路交易。② 在功能性方面，对于大部分技术网络而言，由于切断了节点之间的连结，中心节点的销售利润随之降低，因而不得不减少研发投入，进而导致效率上的优势难以为继。③ 不过，相比于其他高科技产业，半导体产业有着更为庞大的市场需求。美国半导体产业协会的主席约翰·纽菲尔（John Neuffer）在2021年指出，"半导体生产的需求量预计在未来几年会持续大幅走高，因为芯片将越来越深地嵌入现在和未来的关键技术"④。2020年开始的全球芯片短缺更是凸显了芯片供给与需求之间的鸿沟，过剩的需求和大量的替代市场稀释了网络化制裁对企业销售额和研发资金的潜在影响，在一定程度上避免了对中心节点技术效率的负面作用。由此可见，半导体技术网络的结构性因素制约了行为体绕开中心节点的能力与意愿，预期结构演化速率较慢（见图4.13）。

---

① John H. Henshaw, "The Origins of COCOM: Lessons for Contemporary Proliferation Control Regimes," The Henry L. Stimson Center, May 1997, https://www.files.ethz.ch/isn/105597/Report7.pdf.
② "Wassenaar Arrangement Public Documents Volume II: List of Dual-Use Goods and Technologies," October, 2020, https://israel-trade.net/wp-content/blogs.dir/49/files/2020/10/WA-DOC-19-PUB-002-Public-Docs-Vol-II-2019-List-of-DU-Goods-and-Technologies.pdf.
③ 任琳、孙振民：《经济安全化与霸权的网络性权力》，第99页。
④ Arjun Kharpal, "Global semiconductor sales top half a trillion dollars for first time as chip production gets boost," CNBC, February 15, 2022, https://www.cnbc.com/2022/02/15/global-chip-sales-in-2021-top-half-a-trillion-dollars-for-first-time.html.

表 4.13　美国对华网络化制裁下的技术结构演化速率预期

	结构拓扑特征	适　应　度	演化速率
手机软件技术网络	双层	受影响较大	中等
		规范：违背"互联网自由"，且欧盟对"谷歌"的市场垄断地位十分敏感	
	美国单中心	功能：收入减少导致研发投入和技术创新降低	
半导体技术网络	多层	受影响较小	较慢
		规范：军民两用技术一直受西方国家的严格管控	
	美国在生产设备和芯片设计层面单中心	功能：半导体行业旺盛的需求缓解了对"华为"的市场依赖	

基于以上分析，美国手机软件技术网络和半导体技术网络的预期演化速率都不算快，尤其是后者。2021 年 5 月，韩国政府提出"K-半导体地带"项目，计划在 2030 年前投入 4 500 亿美元建设世界最大的芯片制造基地。① 2022 年 2 月，欧盟也计划投入 130 亿欧元来建设"欧洲芯片倡议"，以保证欧盟 2030 年在半导体技术和应用层面的供应、韧性和技术领先地位。②

---

① Sohee Kim and Sam Kim,"Korea Unveils ＄450 Billion Push for Global Chipmaking Crown,"Bloomberg, May 13, 2021, https://www.bloomberg.com/news/articles/2021-05-13/korea-unveils-450-billion-push-to-seize-global-chipmaking-crown.
② "Digital sovereignty: Commission proposes Chips Act to confront semiconductor shortages and strengthen Europe's technological leadership,"European Commission, February 8, 2022, https://ec.europa.eu/commission/presscorner/detail/en/ip_22_729.

不难发现,这些项目在时间规划上具有长期性,从侧面体现了在半导体技术网络中绕开美国的困难程度。

而中国自身在技术网络中心性相对有限、手机软件技术网络和半导体技术网络演化速率相对迟缓的情况下,即便"谷歌"和"高通"半导体企业享有一定的政治影响力,也难以阻止美国对华采取技术网络化制裁的行为。这些跨国企业能够做到的,就是在政策实施后对其制裁烈度施加影响,尽可能地维护自身经济利益。

4.3.2 美国对华技术网络化制裁的烈度

当美国通过将华为公司加入"实体清单"禁止任何企业向华为公司提供美国产品和技术,基于美国在手机软件技术网络和半导体技术网络中的主导地位,其他第三方企业只能配合对华为公司的孤立。

不过,尽管美国商务部发布了芯片禁令,但无论是谷歌公司还是半导体巨头们都不想失去和华为公司做生意的机会。对于谷歌公司来说,华为公司是优秀的商业合作伙伴。华为手机在安卓手机里的销量仅次于"三星",尤其在欧洲市场表现出色,而欧洲用户热衷于购买订阅应用程序。[①] 对于半导体巨头而言,华为公司是不可多得的大客户。华为公司在2018年共花费110亿美元向"高通""英特尔"和"美光"采购芯片,占"高通""美光"和"思佳迅"(Silicon)年总收入的10%以

---

① Abhijit Ahaskar, "Why Google Wants to Resume Business with Huawei," Mint, February 27, 2020, https://www.livemint.com/technology/technews/why-google-wants-to-resume-business-with-huawei-11582807534641.html.

上。此外,华为公司每个季度还会向"高通"支付1.5亿美元作为专利费。① 因此,在"华为"禁令出台后,"高通""英特尔"和"赛灵思"(Xilinx)的高管立刻开始向美国商务部游说施压,希望恢复与华为公司的芯片贸易。② 从政治影响力来看,目前没有证据表明谷歌公司或者半导体企业与特朗普有亲密联系,这些科技巨头也没能将利益代表通过"旋转门"输入到特朗普政府管理层。事实上,硅谷的科技企业,包括谷歌和高通公司,在2016年大选前夕支持的是希拉里而非特朗普。③ 不过,这些信息与通信技术企业基于自身在民用通信网络基础建设中扮演的重要角色,对特朗普政府享有一定的结构性权力。在美国,华为手机和通信网络装置由于其便宜的价格和出色的性能在乡郊地区十分受欢迎。随着华为禁令的施行,这些乡郊地区的网络运营商将无法订购和更换美国半导体企业所供应的部件,而华为手机用户也将无法正常使用"谷歌"为安卓手机提供的服务。在上一节提到过,特朗普政府在乡郊地区有着深厚的选民基础。即便特朗普能够对科技公司的游说不予理会,也难以对来自乡郊地区的请求坐视不管,更别提电信网络的崩溃还会对日常的经济生产活动造成严重后果。

---

① Puja Tayal,"Qualcomm and Skyworks Hardest Hit by Huawei Ban," Market Realist, May 31, 2019, https://marketrealist.com/2019/05/qualcomm-and-skyworks-hardest-hit-by-huawei-ban/.
② Stephen Nellis and Alexandra Alper,"U.S. Chipmakers Quietly Lobby to Ease Huawei Ban," Reuters, June 17, 2019, https://www.reuters.com/article/us-huawei-tech-usa-lobbying/u-s-chipmakers-quietly-lobby-to-ease-huawei-ban-sources-idUSKCN1TH0VA.
③ "Google's Support for Hillary Clinton," November 22, 2016, https://www.techtransparencyproject.org/articles/googles-support-hillary-clinton; Maxwell Tani,"A Big Group of Major Business Leaders Just Endorsed Hillary Clinton," Insider, June, 2016, https://www.businessinsider.com/a-big-group-of-major-business-leaders-just-endorsed-hillary-clinton-2016-6.

最终,特朗普政府在 2019 年 5 月 20 日,宣布华为禁令后的第四天,决定采用临时通用执照(TGL),允许特定公司限量供货给华为公司,变相推迟了对华为公司及其附属公司的交易禁令。美国商务部部长罗斯在发放通用执照时做出说明:"这些临时通用执照使得目前的华为手机和农村地区的宽带网络能够继续运作。"商务部产业安全局前商务部部长助理凯文·沃尔德(Kevin Wold)也表示临时通用执照制度是为了防止网络与电信系统的崩溃。① 此后,临时通用执照制度分别在 2019 年 8 月 21 日、11 月 18 日、2020 年 3 月 15 日和 5 月 15 日得到美国产业安全局的续期,直到 2020 年 8 月 13 日才正式过期。美国商务部发表声明时称这些临时通用执照已经"为华为设备的用户和电信供应商提供了一个机会,使其能够暂时继续使用这些设备和现有网络,同时加快向替代供应商过渡"②。在此期间,美国国会还在 2019 年 9 月通过了一项法案,计划向乡郊地区和小型无线网络供应商提供 10 亿美元用以替换现有的华为产品。③

　　在临时通用执照正式过期后,美国仍然向希望与华为公司继续合作的各国企业开放了许可证申请。不过,这一次特

---

① Jenny Leonard, "U.S. Gives Limited Relief for Consumers, Carriers Using Huawei," Bloomberg, May 20, 2019, https://www.bloomberg.com/news/articles/2019-05-20/u-s-grants-three-month-relief-for-rural-companies-using-huawei.
② Jeanne Whalen, "License Allowing Some Trade with Huawei Expires, Spelling Possible Trouble for Rural Telecom Companies and Huawei Cell Phone Users," The Washington Post, August 14, 2020, https://www.washingtonpost.com/business/2020/08/14/huawei-temporary-general-license-expires/.
③ David Shepardson, "U.S. Lawmakers Propose $1 Billion Fund to Replace Huawei Equipment," Reuters, September 25, 2019, https://www.reuters.com/article/us-usa-huawei-congress-idUSKBN1W931C.

朗普政府对发放许可证十分严格。截至 2020 年 8 月底,美国政府一共收到了 130 项许可证申请,并拒绝了全部申请。① 直到两个月后,才陆续有企业拿到了美国政府的许可证,如日本的"索尼"与"东芝存储器"(KIoxia)、韩国的"三星"以及美国的"高通""英特尔"和"微软"。而没有通过许可证申请的欧洲科技企业联合欧洲外交官一同指责美国对华为公司的制裁反映了"美国优先"的贸易政策,置欧洲利益于不顾。② 显然,连欧洲科技企业也无法绕开美国知识产权和技术专利,这从侧面印证了美国在半导体技术网络的居间地位。

从 2019 年 5 月一直到 2020 年 8 月,这一年多的临时通用执照执行时间,实际上给了华为公司宽裕的喘息时间以及为之后恢复制裁做准备的空间。2019 年,华为公司共购买了约 51 亿美元的台积电芯片,同比增长高达 80%,并将芯片总购买量维持在 208 亿美元的规模。③ 与此同时,为了能够替代 Google Play,华为公司相继推出了鸿蒙操作系统(HMOS)、鸿蒙移动服务(HMS)以及华为应用程序商店(AppGallery)。由于鸿蒙操作系统和安卓操作系统都是基于 Linux 开源的底层代码开发,两者之间能够兼容,应用程序开发商只需编写一套代码,然后让程序根据手机的操作系统类型选择谷歌的

---

① Alexandra Alper and Karen Freifeld, "After Blacklisting, U.S. Receives 130-Plus License Requests to Sell to Huawei: Sources," Reuters, August 28, 2019, https://www.reuters.com/article/us-huawei-tech-usa/after-blacklisting-u-s-receives-130-plus-license-requests-to-sell-to-huawei-sources-idUSKCN1VH2K0.
② "European Tech Accuses US of Using Sanctions to Shut It Out of China," Financial Times, December 22, 2020, https://www.ft.com/content/7baa8caf-ca3f-4d95-967c-e315a3ee348f.
③ Argam Artashyan, "Huawei Contributed $5.1 Billion in Revenue to TSMS in 2019," April 28, 2020, https://www.gizchina.com/2020/04/28/huawei-contributed-5-1-billion-in-revenue-to-tsmc-in-2019/.

GMS 或者华为公司的鸿蒙移动系统进行加载。

在乡郊地区逐渐摆脱华为手机和网络设备后,相比于通过许可证申请的"高通"和"英特尔"等半导体企业,"谷歌"却没能再拿到美国政府的许可证。这也意味着美国对华为公司开展的手机软件技术网络化制裁的烈度高于半导体技术网络化制裁。这在一定程度上源于半导体企业相对于手机软件开发商所独有的结构性权力。由于芯片属于军民两用技术,半导体企业为军事信息化装备提供了关键技术支持。以国防部为代表的政府部门出于对自身机构利益和目标的考量,选择支持半导体企业恢复对华为公司的供应。在他们看来,用以保护国家安全的华为禁令反而可能会阻碍美国零部件在国外的使用,从而削弱美国公司和国家的技术竞争力,使得国家更不安全。[1] 特朗普本人也希望维持美国信息技术方面的领先优势,希望能够建立具有防御能力的政府信息网络,以便在任何情况下提供安全、不间断的信息服务。他在 2017 年的《国家安全报告》中强调要促进美国国家安全创新基地(National Security Innovation Base,NSIB),并称"丧失我们的创新和技术优势将对美国的繁荣和实力产生深远的消极影响"[2]。

此后,拜登政府在 2022 年 10 月进一步扩大了针对高端芯片的对华出口管制范围,包括要求美国公司和使用美国技术的外国企业停止向中国出售用于人工智能和高性能计算

---

[1] Ana Swanson, "Tougher Huawei Restrictions Stall After Defense Department Objects," *The New York Times*, January 24, 2020, https://www.nytimes.com/2020/01/24/business/economy/huawei-restrictions.html.
[2] "National Security Strategy of the United States of America," The White House, December 2017, p.21, https://apps.dtic.mil/sti/pdfs/AD1043812.pdf.

(High-Performance Computing，HPC)的精密芯片,以及向中国芯片制造商供应先进的芯片生产设备。① 拜登政府制裁升级的背景是"中芯国际"在芯片制造领域取得重大技术突破②,基于芯片生产设备的技术网络化制裁已是美国为数不多能够限制中国技术发展速度的手段了。这一次,美国国防部选择站在半导体企业的对立面,反而呼吁对更多科技产品进行出口管制。③ 这说明美国国防部基于对国际安全形势的最新评估,并不认为美国企业维持技术投入的优先度高于对中国技术发展的打压,半导体企业的结构性权力正在下降。于是,在美国政府的压力下,荷兰政府虽然最初批准阿斯麦尔向中国出售高端芯片,但很快便撤销了许可。④ 在此情形下,阿斯麦尔只能取消部分原定运往中国的产品。

4.3.3 美国对华技术网络化制裁的贯彻力度

由于相较于"谷歌",半导体企业在 2022 年 10 月拜登新政策实施以前一直能够拿到美国政府的许可证,制裁烈度相对较低,因而探究其贯彻力度意义有限。在这里,本研究主要

---

① Stephen Nellis, Karen Fredifeld and Alexandra Alper, "US Aims Hobble China's Chip Industry with Sweeping New Export Rules," Reuters, October 7, 2022, https://www.reuters.com/technology/us-aims-hobble-chinas-chip-industry-with-sweeping-new-export-rules-2022-10-07/.
② Che-jen Wang, "China's Semiconductor Breakthrough," The Diplomat, August 20, 2022, https://thediplomat.com/2022/08/chinas-semiconductor-breakthrough/.
③ Stephen Nellis, "The U. S. Weighs A Broder Crackdown on Chinese Chipmakers," May 9, 2022, https://www.theinformation.com/articles/the-u-s-weighs-a-broader-crackdown-on-chinese-chipmakers.
④ Toby Sterling, "Dutch Government Says China Seeks Military Advantage from ASML Tools," Reuters, February 20, 2024, https://www.reuters.com/technology/dutch-government-says-china-seeks-military-advantage-asml-tools-2024-02-19/.

关注美国对华为手机软件技术网络化制裁的贯彻力度。

整体而言,"谷歌"在手机软件技术网络中的外在结构优势和内在适应度劣势两者相抵,手机软件技术网络的演化速度适中。因而,同对华价值链网络化制裁类似,美国对华为手机软件技术网络的制裁贯彻力度并不算强。当华为公司从现有的规则漏洞中捕捉到机会时,美国政府并没有出面制止。由于美国政府在 2019 年 5 月 20 日向"谷歌"发放了临时通用执照,"谷歌"可以向现有的华为设备(2019 年 5 月 15 日以前发行的)继续提供软件支持。在这一日期之前,华为公司的最新智能手机产品是 2019 年 3 月发行的华为 P30 和华为 P30 Pro。而华为公司很快发现,"谷歌"向华为手机提供软件支持的判断依据不是基于其名称或设计,而是根据其核心部件,尤其是处理器,即华为公司可以通过对过去的 P30 Pro 进行品牌重塑和重新包装,在不直接违反制裁的情况下进行二次销售。①于是,华为公司先是在 2019 年 9 月宣布发行了两种新配色的 P30 Pro 系列手机,接着又在 2020 年 5 月如法炮制了新版本的 P30 Pro 手机。这些发行于 2019 年 5 月 15 日之后的华为手机都装有 Google Play 和其他谷歌应用程序,实际上有悖于美国政府的制裁规则,不过美国政府并没有对此采取行动、施压"谷歌"断供其技术服务。此外,在 2022 年 3 月"谷歌"禁止第三方应用程序开发商在 Google Play 上架的应用程序中包含华为鸿蒙移动系统的软件开发程序包后,华为公司通过针对性地更新鸿蒙移动系统绕过了这一限制,使得应用程序能

---

① C. Scott Brown,"The Huawei Ban Explained: A Complete Timeline and Everything You Need to Know," December 12, 2022, https://www.androidauthority.com/huawei-google-android-ban-988382/.

够在两个平台兼容。而"谷歌"尚未对此采取进一步措施。此外,对于华为公司推出的鸿蒙系统,尽管"谷歌"在2022年3月收紧了对应用程序的审核,凡是包含适用于华为鸿蒙移动系统的软件开发包的应用程序都将在120天后被Google Play下架,且在此之前无法更新。① 但是随着华为方面针对性地更新了系统,手机应用程序仍可以在"谷歌"的Google Play和华为的AppGallery同时上架。

4.4 小　　结

自2018年开始,美国与中国展开全面战略竞争。然而,这一竞争仍然存在限度,美国始终都未曾动用货币金融网络化制裁。背后的主要原因是货币金融结构较快的预期演化速率和中国在货币金融网络中的"半中心"地位,一旦使用货币金融网络化制裁,美国则将面临严重的结构成本,包括即时的结构反冲作用和滞后的结构演化压力。除此之外,以姆努钦为代表的"华尔街翼"也动用其政治影响力阻挠对华开展货币金融网络化制裁。相较之下,尽管中国在价值链结构中的中心性更为突出,但是价值链结构的预期演化速率相对有限,再加上以美国三大商业贸易组织为代表的跨国企业转而支持对华采取强硬措施,美国政府最终得以对中国开展价值链网络化制裁。同样地,在技术层面,手机软件技术网络和半导体技术网络的预期演化速率相对缓慢,即便考虑到中国在结构中

---

① "Google Is Starting to Block Apps with HMS on Google Play," Reddit, April 7, 2020, https://www.reddit.com/r/HuaweiDevelopers/comments/tgourb/google_is_starting_to_block_apps_with_hms_on/.

的"半中心"地位,也不足以动摇美国对华开展技术网络化制裁的决心。

在美国政府有关网络化制裁烈度的政策制定过程中,其国内因素起到了重要的干预作用。在以对中间品加征关税为主要形式的价值链网络化制裁中,枪支行业和医药行业成为制裁范围相对最小的产业,这得益于美国全国步枪协会与特朗普个人建立的紧密联系,医药产业在特朗普政府内部确立的大量利益代言人,以及大型医药企业借由掌握药品定价能力而获得的高议价能力。与之形成鲜明对比的是汽车产业,制裁烈度超过了91.99%。作为价值链网络化制裁的主要推力,"铁锈地带"的汽车工人一方面因为在地理位置上集中于三大摇摆州而获得了工具性权力,另一方面由于汽车零部件在减少贸易逆差中扮演的重要角色而获得了结构性权力。而纺织、农业、信息与通信技术、化工和建筑领域的制裁烈度接近于平均值,这些产业或是缺乏在国内政治经济生态中具有重要地位的利益集团(纺织、建筑、化工),或是由于产业内部多元的利益构成未能达成统一战线(信息与通信技术),又或是相比于美国加征的关税,对中国的报复性关税更为敏感(农业)。在技术层面,美国政府凭借"谷歌"的 Google Play 和美国半导体企业在各自网络中的居间地位,迫使第三方应用程序开发商和半导体企业向中国华为公司断供技术产品。在制裁初期,"谷歌"和"高通"等信息与通信技术企业凭借自身对美国乡间电信网络的软件和硬件支持,从美国政府手中争取了豁免期限;但是一年后,只有半导体企业在美国国防部的支持下拿到了交易许可证。这是因为相较于手机软件企业,半导体企业为军事信息化装备提供了关键技术支持,在美国国内具有更强的结构性权力。不过,随着中国芯片制造技术的发展,美国五角大楼或将重新评估美国半导体企业对华贸易的性质。

最后,在网络化制裁的贯彻力度方面,经济网络的拓扑特征和适应度决定了结构演化速率的未来预期,进而构成了关键因素。为了避免结构快速演化,美国政府在不同经济网络中采取了差异化的制裁贯彻力度。在价值链网络和手机软件技术网络中,美国对网络化制裁的实施相对宽松,并不会及时填补规则漏洞。这是因为前者的拓扑结构表现为单层多中心,而后者的内部规律对滥用市场支配地位的行为十分敏感,美国政府担心过于激进的贯彻力度将刺激第三方节点,从而加速结构向不利于自己的方向演化。

第5章
美国对俄网络化制裁

在21世纪的第二个10年,俄罗斯被美国视为在全球层面除中国以外的主要挑战者和地缘政治利益竞争者。2017年,特朗普政府的《美国国家安全战略》报告认为俄罗斯"寻求恢复其大国地位并在其国境附近建立势力范围",其"野心和不断增长的军事实力相结合,在欧亚大陆创造了一个不稳定的边界"。2021年拜登政府的《临时国家安全战略指南》更是称俄罗斯决心"在世界舞台上发挥破坏性作用"。

美俄冲突加剧的主要导火索是2014年的克里米亚危机和2022年的乌克兰危机。2014年俄罗斯出兵占领克里米亚地区后,奥巴马政府指责其破坏了乌克兰地区的稳定,并对其实施了以单边金融制裁为主的经济制裁。在2014年至2021年期间,美国主要通过财政部的美国海外资产控制办公室将俄罗斯的个人和实体加入"特别指定国民名单"(Specially Designated Nationals,SDN),从而冻结其在美资产,禁止美国人与其进行交易,并限制其进入美国金融系统;以及将俄罗斯的经济部门加入"行业制裁识别名单"(Sectoral Sanctions

Identifications，SSL)，限制其从美国获得贷款和融资。截至2022年1月，美国财政部共计将445个个人、实体、船和飞机加入了"特别指定国民名单"，包括被美国总统认定为破坏乌克兰领土完整的前乌克兰政府官员(行政命令13660号)，在俄罗斯所占克里米亚地区运营的俄罗斯公司(行政命令13685号)以及俄罗斯政府高层官员、议员以及国企领导人(行政命令13661号)。此外，美国财政部还根据第13662号行政命令的四项指令(directive)确定被列入"行业制裁识别名单"的实体。受美国管辖的个人和实体将被限制与"行业制裁识别名单"上的实体进行特定的交易。指令一到三分别禁止向俄罗斯金融部门、能源部门和国防部门的特定实体进行新的股权投资和融资。指令四则要求美国公民和企业不得与俄罗斯开发深北极近海或页岩项目有关的实体进行交易。截至2022年1月，美国财政部将13家俄罗斯企业和275家附属公司列入"行业制裁识别名单"清单，其中包括五家大型国有银行，即俄罗斯联邦储蓄银行(Sberbank)、俄罗斯外贸银行(VTB Bank)、俄罗斯天然气银行(Gazprombank)、俄罗斯农业银行(Rosselkhozbank)和VEB，以及五家大型企业，即俄罗斯石油公司(Rosneft)、俄罗斯天然气工业石油公司(Gazpromneft)、俄罗斯石油运输公司(Transneft)、私营天然气生产商诺瓦泰克(Novatek)和国有国防和高科技企业集团罗斯特克公司(Rostec)。在2016年至2022年期间，美国财政部又基于一系列原因扩大了制裁范围，包括向叙利亚政府提供物资支持的俄罗斯国防产品出口公司(Rosoboronexport)(行政命令13582号)、对美国进行网络攻击的俄罗斯情报机构格鲁乌(GRU, Main Intelligence Directorate)官员(行政命令13694

号)及相关科技企业(行政命令14024号)、干涉美国2018年中期选举的俄罗斯网络研究机构(IRA,Internet Research Agency)成员(行政命令13848号)以及向委内瑞拉石油产业提供援助的俄罗斯相关银行和企业(行政命令13850号)。除此之外,在2018年俄罗斯被指控毒害谢尔盖·迪克里帕尔(Sergei Skripal)之后,特朗普政府颁布了第13883号行政命令,禁止美国银行"向俄罗斯主权国家借贷非卢布计价资金"或参与"俄罗斯主权国家发行的非卢布计价债券的初级市场"。同时,由于从2013年到2021年美国国务院都将俄罗斯认定为没能满足消除人口买卖最低标准的第三类国家,美国不会向俄罗斯联邦政府提供非人道主义、非贸易相关援助,也不会支持多方机构对其进行借贷。①

不过,俄罗斯在2022年对乌克兰采取"特别军事行动"的行为说明,美国此前的单边经济制裁效果较为有限,并不足以震慑俄罗斯的军事进攻。与此同时,考虑到与俄罗斯正面作战代价极高,且随时有冲突升级的风险,美国主要是向乌克兰部队提供军事援助、经济支持和能源补给。② 在此背景下,对俄罗斯采取更进一步的经济制裁被提上日程,包括此前在2014年曾计划使用的货币金融网络化制裁。

---

① Cory Welt, Kristin Archick, Rebecca M. Nelson, and Dianne E. Rennack, "U. S. Sanctions on Russia (R45415)," Congressional Research Service, January 18, 2022, https://crsreports.congress.gov/product/details?prodcode=R45415.
② "Fact Sheet: On One Year Anniversary of Russia's Invasion of Ukraine, Biden Administration Announces Actions to Support Ukraine and Hold Russia Accountable," The White House, February 24, 2023, https://www.whitehouse.gov/briefing-room/statements-releases/2023/02/24/fact-sheet-on-one-year-anniversary-of-russias-invasion-of-ukraine-biden-administration-announces-actions-to-support-ukraine-and-hold-russia-accountable/.

5.1 美国对俄货币金融网络化制裁

5.1.1 美国对俄货币金融网络化制裁的使用

在 2022 年俄罗斯对乌克兰展开"特别军事行动"之后,美国联合欧盟正式向俄罗斯发动了货币金融网络化制裁,施压银行间金融通信协会与俄罗斯的七家主要银行断开连结。需要注意的是,美国在 2014 年便已考虑过对俄罗斯发动银行间金融通信协会制裁,只是在银行间金融通信协会坚决反对后才作罢,没有采取进一步行动施压银行间金融通信协会配合制裁。这意味着,从 2014 年到 2022 年,影响美国对俄使用货币金融网络化制裁倾向性的关键因素发生了变化。对此,部分学者认为是俄罗斯更进一步的军事行为增强了美国对其制裁的决心,从而愿意承担施压银行间金融通信协会的制裁成本。但事实上,基于俄罗斯在货币金融网络化制裁的边缘地位和国际金融企业与俄罗斯之间较为有限的联系,美国已经做好承担相应结构反冲作用和国内政治压力的准备。正如美国派往乌克兰的特使库尔特·沃尔克(Kurt Volker)在 2018 年所公开宣称的那样,"人们把它(银行间金融通信协会制裁)视为一个核选项。它对每个人都有代价。对俄罗斯来说代价很大,对盟国而言亦是如此。最终,我们必须把它摆在桌面上,因为我们不能继续看着俄罗斯在其周边地区发动进一步的侵略行动"[1]。

---

[1] Kazuhiro Kida, Masayuki Kubota, and Yusho Cho, "Rise of the Yuan: China-based Payment Settlements Jump 80%," Nikkei Asian Business Review, May 20, 2019, https://asia.nikkei.com/Business/Markets/Rise-of-the-yuan-China-based-payment-settlements-jump-80.

一方面,俄罗斯在货币金融网络中的中心性较低,处于边缘地带。2013年,俄罗斯卢布在所有货币交易中的使用率仅为1.6%,排在世界第12位,且低于平均值(3.77%)。到了2019年,卢布使用率下降到1.1%,下滑至世界第17位。相较之下,美元和欧元在2019年外汇市场货币交易中分别以88.3%和32.3%的使用率领先全球。① 根据银行间金融通信协会统计资料,在俄罗斯对乌克兰采取"特别军事行动"前夕的2022年1月,使用卢布作为支付货币的国际交易金额比例约为0.26%,排在世界第19位,次于墨西哥比索、新西兰元和捷克克朗(均为0.29%),低于平均值(0.56%)。相较之下,美元和欧元作为国际支付货币的使用率高达43.08%和37.41%。②

另一方面,美国与俄罗斯的金融联系十分有限,华尔街并不愿意为其倾斜政治资源和筹码。尤其在2014年克里米亚危机以后,美国政府不仅禁止美国个人和企业向俄罗斯的金融、能源和国防产业进行股权投资和融资,还要求美国银行不得参与俄罗斯主权债券的初级市场。在此背景下,即便美国政府放松制裁,考虑到俄罗斯国内和国际环境的政治风险,国际金融企业也对入驻俄罗斯金融市场充满顾虑。2019年,美国企业向俄罗斯总计注入了144亿美元的直接投资,仅占美国向世界投资金额的2.42%。③

---

① "Annex tables: Global foreign exchange market turnover in 2019," Bank for International Settlement, September 16, 2019, https://www.bis.org/statistics/rpfx19_fx.htm.
② "RMB Tracker Document Centre," SWIFT, March 1, 2023, https://www.swift.com/our-solutions/compliance-and-shared-services/business-intelligence/renminbi/rmb-tracker/rmb-tracker-document-centre?page=0.
③ "U.S.-Russia Trade Facts," U.S. Office of Trade Representative, October 4, 2022, https://ustr.gov/countries-regions/europe-middle-east/russia-and-eurasia/russia.

因此，问题的关键不在于俄罗斯在货币金融结构中的中心性，也不在于美国内部利益攸关企业的政治影响力，而在于结构的预期演化速率。更准确地说，转折点在于货币金融网络的第二潜在中心——欧盟。尽管欧洲议会在 2014 年支持了美国对俄罗斯采取银行间金融通信协会制裁的决定，但是欧盟内部并没能达成一致。事实上，欧洲议会出台的仅是一份没有法律效力的建议性决议，欧盟最高决策机构、主要由欧盟国家领导人构成的欧洲理事会（European Council）最终并没有采纳该方案。奥特利认为，俄罗斯之所以在 2022 年以前没有被排除在银行间金融通信协会之外，是因为西方政府对于俄罗斯威胁的严重性以及如何处理这一威胁存在分歧。① 欧盟内部的第一大经济体德国先是通过政治手段将天然气贸易排除在欧盟对俄罗斯的制裁范围以外②，接着又在克里米亚危机的一年后决定扩大现有天然气管道系统，铺设"北溪 2 号"。该决定不免让外界怀疑德国对在经济上制裁俄罗斯的真实态度。③ 此后，特朗普曾签署《国防授权法》对参与北溪天然气管道项目的个人及企业实施制裁，希望迫使德国结束

---

① Thomas Oatley, "Weaponizing International Financial Interdependence," in Daniel W. Drezner, Henry Farrell, and Abraham L. Newman, eds., *The Uses and Abuse of Weaponized Interdependence*, Washington D. C.: Brookings Institution Press, 2021, p.126.
② Jonas J. Driedger, "Bilateral Defense and Security Cooperation despite Disintegration: Does the Brexit Process Divide the United Kingdom and Germany on Russia?" *European Journal of International Security*, Vol. 6, No. 1, 2020, pp.1-23.
③ Jonas J. Driedger, "Did Germany Contribute to Deterrence Failure Against Russia in Early 2022?" *Central European Journal of International and Security Studies*, Vol. 16, No. 3, 2022, pp.152-171.

与俄罗斯的能源合作。① 然而在德国政府的强烈抵触下，特朗普政府及此后的拜登政府选择了让步，在该项制裁中豁免了德国企业。

不过，随着俄罗斯方面不断升级对乌克兰采取的手段与措施，德国最终在2022年转变了态度，逐渐减少了与英美之间对俄罗斯问题的立场分歧。在俄罗斯承认卢甘斯克人民共和国和顿涅茨克人民共和国的非政府控制领土后，德国停止了对"北溪2号"项目的认证；在俄罗斯对乌克兰采取"特别军事行动"后，德国授意"北溪2号"项目解雇了所有员工并停止运营。② 正是基于欧洲方面，尤其是德国的态度转变，美国才有了对俄罗斯采取货币金融网络化制裁的底气。

正如上一章所述，货币金融网络结构由于其美元双中心的拓扑特征，以及对网络化制裁十分敏感的适应度，预期结构演化速率较快。只有当作为结构第二中心的欧盟站在美国这边，联合实施货币金融网络化制裁时，结构演化速率才会降下来。此时，当其他节点想要绕开美国时，他们无法在最短时间内找到一个足以替代美国的第二中心，从而加快结构演化速率。为此，美国迫切需要德国的支持。德国不仅是欧盟内部的第一大经济体，还对欧盟的对外政策有着非对称的影响力。贝弗利·克劳福德(Beverly Crawford)更是直接指出，德国的

---

① Dave Keating, "Trump Imposes sanctions to Stop Nord Stream 2 — But It's Too Late," Forbes, December 21, 2019, https://www.forbes.com/sites/davekeating/2019/12/21/trump-imposes-sanctions-to-stop-nord-stream-2--but-its-too-late/?sh=7444edbf5df1.
② "New: The End of Nord Stream: Germany, the United States, and TU Law," March 22, 2022, https://huri.harvard.edu/news/new-end-nord-stream-2-germany-united-states-and-eu-law.

外交政策特点就是将权力嵌入国际机构。① 在 21 世纪的第二个 10 年,学术界、政策圈和媒体都热衷于讨论德国对欧盟的支配地位或"霸权"地位。② 虽然不乏有学者对此提出质疑,认为德国在欧盟内部的影响力仍存在局限性③,但是这一话题的经久不衰恰恰说明,德国多次在欧盟内部决策中起到了主导作用。

综上分析,欧盟方面,尤其是德国对俄罗斯威胁认知的变化,促成了其与美国在对俄问题上的统一战线。通过与结构第二中心欧元的合作,美国得以最大限度地减小结构演化压力(见表 5.1)。与此同时,俄罗斯在货币金融网络中较低的中心性以及美俄之间有限的金融联系不足以对美国施加高昂的制裁成本。于是,2022 年 3 月,美国联合欧盟共同施压银行间金融通信协会,迫使其将七家俄罗斯银行排除在外。美欧之所以能够成功施压银行间金融通信协会,是因为信息传递的前提是实质性的资金流通与清算,银行间金融通信协会无法脱离美元和欧元支付系统而单独运行,例如美国的纽约清算银行同业支付系统(Clearing House Interbank Payment System,CHIPS)。作为国际金融服务基础设施的核心部分,并且覆盖着 200 多个国家和地区以及 1.1 万多个金融机构,银行间金融通信协会的主要功能是传输金融报文,为成员机构之间的连接与金融信息交换提供平台、产品和服务。在失

---

① Beverly Crawford, *Power and German Foreign Policy: Embedded Hegemony in Europe*, Palgrave Macmillan, 2007.
② Alberto Cunha, "Europe's Hegemon? The Nature of German Power During Europe's Crisis Decade," August 23, 2021, https://www.e-ir.info/2021/08/23/europes-hegemon-the-nature-of-german-power-during-europes-crisis-decade/.
③ Joachim Schild, "The Myth of German Hegemony in the euro Area Revisited," *West European Politics*, Vol. 43, No. 5, 2019, pp.1072-1094.

去了银行间金融通信协会的支持以后,俄罗斯金融机构与国际金融体系的联系也将在很大程度上被切断(见图 5.1)。

表 5.1 美国对俄网络化制裁下的货币金融结构演化速率预期

	结构拓扑特征	适 应 度	演化速率
货币金融网络	单层	受影响较大	适中
		规范:违背了自由主义世界经济秩序中的金融开放规范	
	美元欧元联合,构成单中心	功能:破坏了美元在价值储存和交易媒介上的稳定性	

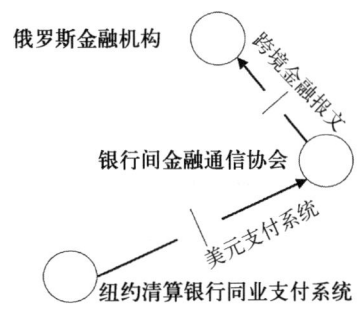

图 5.1 美国对俄货币金融网络化制裁示意图

5.1.2 美国对俄货币金融网络化制裁的烈度

在美国和欧盟于 2022 年 3 月实施的第一轮银行间金融通信协会制裁中,俄罗斯的两大主要银行俄罗斯联邦储蓄银行和俄罗斯天然气工业银行得以幸免。① 三个月后,俄罗斯

---

① "An update to our message for the SWIFT Community," March 20, 2022, https://www.swift.com/zh-hans/node/308383.

联邦储蓄银行受到追加制裁,被银行间金融通信协会强制断连。至此,俄罗斯的主要银行中只有俄罗斯天然气工业银行不在制裁范围以内。

美国之所以迟迟对俄罗斯天然气工业银行有所保留,主要基于两方面考量。一是,在美国国内层面,广大消费者的结构性权力起到了决定性作用。这是因为俄罗斯天然气工业银行主要负责的是能源方面业务,而俄罗斯是世界第三大石油生产国和第二大天然气生产国。一旦将俄罗斯天然气工业银行排除在货币金融网络之外,那么全球油价和天然气价格势必将不受控制地激增,从而推动通货膨胀率的上涨。事实上,即便在美国和欧盟没有直接对俄罗斯天然气工业银行展开银行间金融通信协会制裁的情况下,其也受到了"寒蝉效应"的波及。当七家俄罗斯银行被排除在银行间金融通信协会系统之外,国际银行显然不敢冒着潜在的风险与它们的同行俄罗斯天然气工业银行进行交易。[1] 随着时间的推移,美国的对俄货币金融网络化制裁不可避免地对石油和天然气等国际大宗商品产生了深远的负面外溢效应。美国常规汽油价格从2022年1月初的每加仑3美元出头上升到了6月份的每加仑5美元。[2] 美国的天然气价格也呈现出同样的增长趋势。在俄罗斯向乌克兰采取"特别军事行动"的前一天,美国天然气价格大约在每加仑3.57美

---

[1] Jonathan Guthrie, "The Chilling Effect of Sanctions on Russia," *Financial Times*, March 7, 2022, https://www.ft.com/content/97c07bd5-4d57-44bf-8ac1-09f1879b97c7.

[2] "This Week in Petroleum," EIA, March 1, 2023, https://www.eia.gov/petroleum/weekly/.

元,5个月后价格升至每加仑 5.01 美元。① 价格的涨幅在欧洲更为夸张,2022 年 7 月欧洲石油和天然气的价格相比去年分别增加了 60% 和 400%。② 随着全球油价和天然气价格达到十几年内的峰值,运输成本等生产资料成本和生活成本也直线上升,将美国的通货膨胀率推至四十年内的最高值。考虑到通货膨胀率一直以来都是衡量国家宏观经济发展水平和国民生活水平的重要指标,其同时也将是影响拜登政府连任前景的生命线。拉斯姆森(Rasmussen)的一份民意调查显示,83% 的美国潜在选民认为通货膨胀将是促成共和党赢得国会一院甚至两院多数席位的重要问题。③

为了管控油价和天然气价格并减少通货膨胀水平,拜登政府采取了一系列外交行动。自 2022 年 2 月以来,拜登政府以间接会谈的形式与伊朗在维也纳进行了多轮谈判。一旦达成协议,美国将取消特朗普政府对伊朗的石油制裁。作为石油输出国组织第三大产油国,伊朗的石油出口将在一定程度上弥补俄罗斯石油的缺口,从而稳定国际油价。④ 2022 年 3

---

① Sam Sachs, "Gas Prices Have Risen 40% Since Russia Invaded Ukraine, Will Remain High Through 23," WFLA, June 13, 2022, https://www.wfla.com/news/national/gas-prices-have-risen-40-since-russia-invaded-ukraine-will-remain-high-through-2023/.
② Nick Butler, "The Impact of the Ukraine War on Global energy Markets," Centre for European Reform, July 13, 2022, https://www.cer.eu/insights/impact-ukraine-war-global-energy-markets.
③ Timothy Gardner, "Analysis: With Record Pump Prices, Biden Hard-Pressed to Ramp Up Russia Sanctions," Reuters, June 17, 2022, https://www.reuters.com/world/with-record-pump-prices-biden-hard-pressed-ramp-up-russia-sanctions-2022-06-17/.
④ Kylie Atwood and Jeremy Herb, "US Getting Closer to Reviving Iran Nuclear Deal But Officials Warn Efforts Could Still Fail," CNN, March 3, 2022, https://edition.cnn.com/2022/03/03/politics/iran-nuclear-deal-us/index.html.

月,拜登政府派出高级官员前往委内瑞拉展开会谈,尝试恢复委内瑞拉在国际市场上的石油供应。① 拜登本人也试图通过电话劝说沙特王储穆罕默德·本·萨尔曼(Mohammed bin Salman)和阿布扎比酋长国王储谢赫·穆罕默德·本·扎耶德·阿勒纳哈扬(Sheikh Mohammed bin Zayed Al Nahyan)增加石油产量以缓和国际油价的上涨。此外,拜登政府还于2022年开展了美国有史以来最大规模的战略石油储备释放计划。

拜登政府意图控制国际石油和天然气价格的种种举措至少说明了两个问题。第一,拜登政府高度重视美国国内的油价和天然气价格,以及与之密切相关的通货膨胀率,并愿意为此付出大量精力和外交努力。第二,在特地对俄罗斯天然气工业银行有所保留的情况下,美国的货币金融网络化制裁仍然对俄罗斯的能源供给产生了巨大的冲击。如果美国直接将俄罗斯天然气工业银行纳入制裁范围,那么其对油价、天然气价格的影响势必将更加强烈。因此,美国对俄货币金融网络化制裁烈度的克制既体现了货币金融网络化制裁的负面外溢效应,也突出了美国国内消费者在其政治生态中的突出位置。

二是上文提到的欧盟因素。美国之所以能够对俄罗斯采取货币金融网络化制裁,是因为争取到了结构第二中心欧盟的支持。尽管德国转变了态度,决心摆脱对俄罗斯的能源依赖,但是这需要时间和过程。事实上,从 2022 年 2 月底俄罗

---

① Ed O'Keefe and Fin Gómez, "Biden Administration Team in Venezuela as U.S. Seeks to Break Country from Russia Influence," CBS news, March 6, 2022, https://www.cbsnews.com/news/venezuela-russia-ukraine-biden-team-nicolas-maduro/.

斯对乌克兰采取"特别军事行动"直到该年 9 月底管道发生泄漏,从俄罗斯通往德国的"北溪 1 号"一直都在运行。因此,保留对俄罗斯天然气工业银行的制裁,在一定程度上也体现了美国政府对欧盟的妥协。

5.1.3 美国对俄货币金融网络化制裁的贯彻力度

随着欧盟的加入制裁缓和了结构演化压力,美国和欧盟共同构成了货币金融结构的单中心。此时,尽管结构适应度受网络化制裁的冲击仍然较大,但货币金融网络的预期演化速率适中。因此,美国对俄货币金融网络化制裁的贯彻力度也处于中间水平。这表现为当俄罗斯和其他第三方节点试图利用规则漏洞时,美国政府没有选择及时打上补丁。2022 年 2 月 28 日,美国财政部出台规定禁止美国人与俄罗斯联邦中央银行进行交易,并冻结了俄罗斯联邦中央银行在美国或由美国人持有的任何资产。[1] 欧盟方面也如法炮制了相同的政策。[2] 这意味着,代表着俄罗斯政府的俄罗斯联邦中央银行被实际排除在美元支付系统和欧元支付系统以外,美国和欧盟希望以这种方式打击俄罗斯政府的外汇储备。不过,俄罗斯巧妙地利用仍然与银行间金融通信协会系统保持连接的俄罗斯天然气工业银行进行操作。具体而言,俄罗斯要求来自"不友好国家"的天然气买家必须在俄罗斯天然气工业银行开

---

[1] "Treasury Prohibits Transactions with Central Bank of Russia and Imposes Sanctions on Key Sources of Russia's Wealth," U. S. Department of the Treasury, February 28, 2022, https://home.treasury.gov/news/press-releases/jy0612.
[2] "Council Regulation (EU) 2022/334," Official Journal of the European Union, February 28, 2022, https://eur-lex.europa.eu/legal-content/EN/TXT/HTML/?uri=CELEX:32022R0334.

设两个账户，一个是美元或欧元账户，另一个是卢布账户。买家只能先将美元和欧元打入外汇账户，再通过俄罗斯天然气工业银行将外汇兑换成卢布进行购买。① 通过这种方式，俄罗斯政府所控制的石油和天然气始终是在以卢布为单位进行交易，并没有使用美元和欧元支付系统。考虑到国际银行因为"寒蝉效应"对俄罗斯天然气工业银行避之若浼，这一规则变更不仅帮助俄罗斯政府规避了西方制裁，同时也打消了国际银行的顾虑。② 对于俄罗斯政府的这一尝试，美国和欧盟始终未做出回应，完善制裁规则。这一方面是因为欧洲仍然有赖于俄罗斯的石油和天然气供应，难以做到完全割舍；另一方面则是基于对货币金融网络结构演化的顾虑。如果进一步限制俄罗斯的美元和欧元交易，俄罗斯就只能将油气以卢布或人民币结算，从而在一定程度上动摇美元和欧元的中心地位。

5.2　美国对俄价值链网络化制裁

5.2.1　美国对俄价值链网络化制裁的使用

美国对俄罗斯展开的价值链网络化制裁表现为对俄罗斯输美中间品进行限制，包括禁止进口和加征高额关税，从而迫使第三方企业另寻供应链，实现在全球生产与贸易体系中架空俄罗斯。如图 5.2 所示，以石油产业为例，通过对俄罗斯石

---

① Chico Harlan and Stefano Pitrelli, "Europe Accepts Putin's Demands on Gas Payments to Avoid More Shut-offs," *The Washington Post*, May 24, 2022, https://www.washingtonpost.com/world/2022/05/24/eu-russian-gas-putin-rubles/.
② Francesco Papadia and Maria Demertzis, "A Sanctions Counter Measure: Gas Payments to Russia in Rubles," April 19, 2022, https://www.bruegel.org/blog-post/sanctions-counter-measure-gas-payments-russia-rubles.

第 5 章 美国对俄网络化制裁　207

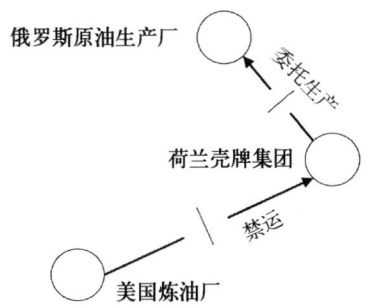

图 5.2　美国对俄价值链网络化制裁示意图

油中间品开展禁运政策,美国政府能够迫使荷兰壳牌集团这类第三方石油企业减少对俄罗斯的原油依赖,转而从其他地区向其在美国的炼油厂输送原油。在 2022 年之前,美国主要是通过行政命令限制美国与特定俄罗斯企业的贸易关系,例如行政命令 13685 号禁止美国企业与俄占克里米亚地区的俄罗斯企业做生意,行政命令 13662 号的第三项指令要求美国公司不得与从事开发深北极近海或页岩项目有关的俄罗斯实体进行交易。直到 2022 年 2 月,俄罗斯对乌克兰采取"特别军事行动"后,美国才正式在国家层面对俄罗斯发动了价值链网络化制裁。这一制裁具体可分为石油禁运、其他资源禁运和加征关税三部分。2022 年 3 月 8 日,拜登签署了行政命令 14066 号,禁止美国从俄罗斯进口原油、石油、石油燃料及气蒸馏产品、液化天然气、煤炭及煤炭产品。一个月后,拜登签订了《终止进口俄罗斯石油法》,进一步将制裁范围扩展到美国协调关税表的整个 27 章节。除了石油,拜登政府还通过下达行政命令 14068 号,禁止从俄罗斯进口鱼、海产品、酒精饮料以及非工业钻石。2022 年 4 月 8 日,拜登政府签署了另一个关税方面的重要法案,即《暂停与俄罗斯和白俄罗斯的正常贸易关系法》。该法案暂停了美国对俄罗斯联邦和白俄罗斯共和国产品的非歧视性关税待遇,并对两国的所有产品征收美国协调关税表第 2 栏的规定税率。此后,拜登政府将俄罗斯部分进口产品的税率提高至 35%。①

拜登政府之所以能够接受对俄罗斯实施价值链网络化制裁的成本,是因为结构成本本身较为有限——俄罗斯在价值链结构中位于"半中心",呈边缘化趋势,且价值链网络的预期演化速率较慢。

2013 年,俄罗斯在全球价值链中的综合结构性权力排在世界第 10 位,其中作为增加值输出国的结构性权力达到了第 7 位(1.69),高于平均值(0.25)。不过,由于输出型结构性权力未能达到彼时第一位的美国(4.64)的 80%,俄罗斯并没能跻身结构中心地位。俄罗斯在全球价值链中的参与有赖于其优越的自然资源禀赋。俄罗斯分别拥有全球 6.1% 和 17% 的石油和天然气储备,同时也是世界第三大石油生产国和第二大天然气生产国。② 2014 年,俄罗斯石油和天然气产业的收入高达 1 960 亿美元,占联邦政府预算收入的一半以上,贡献了超过 10% 的国内生产总值。除此之外,俄罗斯还是矿物资源的重要供应国,如钯金(占世界总产量 39%)、碳酸钾(占世

---

① "Increasing duties on Certain Articles from the Russian Federation," Executive office of the U. S. President, June 30, 2022, https://www.federalregister.gov/documents/2022/06/30/2022-14145/increasing-duties-on-certain-articles-from-the-russian-federation.
② Iuliia Ogarenko, Ken Bossong, Ivetta Gerasimchuk, and Sam Pickard, "G20 Subsidies to Oil, Gas, and Coal Production: Russia," Overseas Development Institute, November, 2015, https://cdn-odi-production.s3.amazonaws.com/media/documents/9969.pdf.

界总产量19%)和铂金(占世界总产量13%)。在本国从事开采作业所积累的技术和经验使得俄罗斯的能源企业能够走出国门,寻求在全球其他地区拓展业务,如诺里尔斯克镍公司(Nornickel)作为全球最大的镍和钯生产商同时在南非和津巴布尔进行生产作业。俄罗斯铝业公司(RUSAL)也在瑞典、尼日利亚、澳大利亚等多个国家投资设厂,并配有氧化铝和铝土矿的生产设施,2013年的原铝产量占世界总产量的9%。[1]

不过,对自然资源的高度依赖也使得俄罗斯在价值链中的参与度极易受到外部因素的影响。伴随着"页岩油革命",美国2013年的石油和天然气产量超过了俄罗斯。与此同时,液化天然气的消费正在快速增长,欧盟也开始实施有关能源供应和分配的新能源政策。这些因素都冲击了沿用传统管道天然气的俄罗斯工业巨头俄罗斯天然气工业股份公司的市场地位。对比2013年,2019年的俄罗斯作为增加值输出国的结构性权力产生了一定的衰退(见图5.3和图5.4)。在这一时期,俄罗斯联邦政府出台了一系列经济政策以提振本国出口。俄罗斯国有开发银行和俄罗斯进出口银行向购买俄罗斯高科技产品的外国客户提供贷款利率补贴,经济发展部则通过俄罗斯海外贸易代表团为俄罗斯产品的出口提供非财政支持,如提供信息、咨询和组织协助。此外,俄罗斯政府还为其出口生产商在海外市场的知识产权注册和产

---

[1] Elena Safirova, James J. Barry, Sinan Hastorun, Grecia R. Matos, and Alberto Alexander Perez, "Estimates of Immediate Effects on World Markets of a Hypothetical Disruption to Russia's Supply of Six Mineral commodities," U.S. Department of the Interior, October 23, 2017, https://pubs.usgs.gov/of/2017/1023/ofr20171023.pdf.

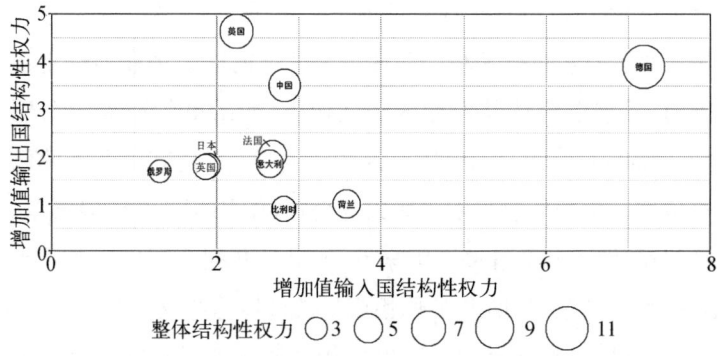

图 5.3　全球价值链中的结构性权力(2013 年)

资料来源：笔者根据庞珣、何晴倩整理数据自制。

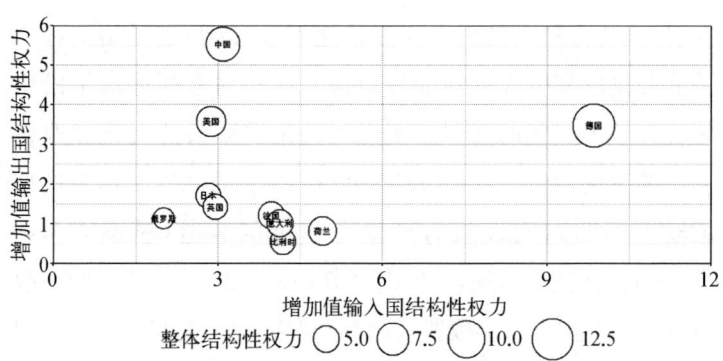

图 5.4　全球价值链中的结构性权力(2019 年)

资料来源：笔者根据庞珣、何晴倩整理数据自制。

品认证提供补贴。[①] 在政府的大力支持下，俄罗斯最大的汽车生产商伏尔加河汽车厂开始在土库曼斯坦等国家扩大生

---

① Veronika Yu. Chernova, Vasily S. Starostin, Ekaterina A. Detereva, and Inna V. Andronova, "Study of Sector-Specific Innovation Efforts: The Case from Russian Economy," *Entrepreneurship and Sustainability Issues*, Vol. 7, No. 1, 2019, pp.540-552.

产,并于 2016 年销量达到了 7 700 辆。伏尔加河汽车厂的成功离不开外国公司的投资与技术支持,法国著名的汽车制造商雷诺公司(Renault Group)早在 2008 年就入股伏尔加河汽车厂,并于 2017 年成为伏尔加河汽车厂的最大股东。在雷诺公司的鼎力支持下,2021 年伏尔加河汽车厂在全球卖出了超过 38 万辆拉达(Lada)汽车。但是好景不长,在 2022 年乌克兰危机的阴霾下,雷诺公司最终决定将其在伏尔加河汽车厂的 67.69% 股份卖给了俄罗斯中央科研汽车与汽车发动机研究所(NAMI)。[①] 在某种程度上,伏尔加河汽车厂的经历是俄罗斯许多制造产业的缩影,除了汽车产业还包括电力、天然气和水力等部门。俄罗斯与西方国家之间复杂深刻的地缘政治关系注定了其制造业发展将命途多舛。

在结构演化速率层面,由于得到了西方盟友的支持,美国在价值链结构中接近于单中心状态。在价值链网络,如图 5.5 所示,2019 年德国(9.84)作为增加值输入国的结构性权力仍然领先世界,欧洲的荷兰(4.91)、比利时(4.19)、意大利(4.13)和法国(3.97)紧随其后,中国排在第 6 位(3.08),英国(2.94)与美国(2.86)分列第 7、第 8 位。其中,对俄采取价值链网络化制裁的实施国并不只有美国。事实上,结构中排名前 10 的增加值输入国只有中国和新加坡没有对俄罗斯的石油和天然气出口进行限制。[②] 在此情形下,如果其他国家想要推动结构演化,则除了美国,还要绕开与德国、法国以及日本等诸多

---

① Matt Brogan, "Renault Confirms AvtoVZAZ Sale," Go Auto News Premium, May 22, 2022, https://premium.goauto.com.au/renault-confirms-avtovaz-sale/.
② 新加坡对俄罗斯采取了金融制裁和出口管制,但是没有对进口油气进行限制。

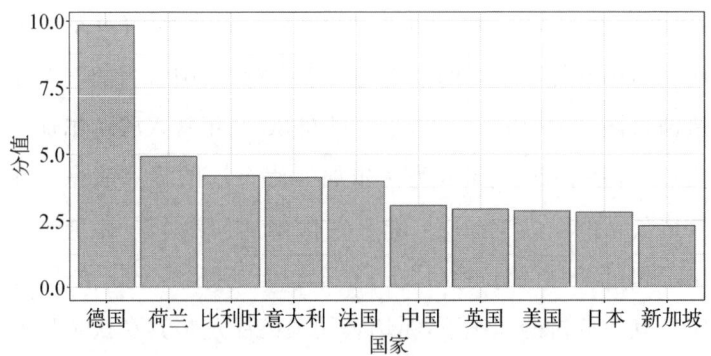

图 5.5　作为增加值输入国的结构性权力（2019 年）

资料来源：笔者根据庞珣、何晴倩整理数据自制。

大型经济体的向前连结，这显然在短期内是难以达成的。

在适应度方面，网络化制裁对美国的负面影响也较为有限。目前，西方阵营对乌克兰事件的看法较为统一，他们将俄罗斯视为冲突的始作俑者，谴责其破坏了乌克兰的和平与稳定。考虑到国际社会对此次冲突的认知尚未达成一致，责任的归属问题暂且不论，通过贸易禁运结束战争这一行为确实是国际关系中的传统实践。根据全球制裁数据库，在 1950 年至 2019 年期间，全球一共有 56 起贸易制裁的目标是终止战争，占所有贸易制裁目标的 11.02%，如果加上预防战争，则达到了 113 起。联合国安理会也时常根据《联合国宪章》第七章对战争发起者采取制裁措施。在第一次海湾战争爆发前夕，为了迫使伊拉克从科威特撤军，联合国安理会对其开展了严厉的经济制裁，其中第 661 条决议就包括贸易禁运。进入 21 世纪以来，安理会又分别对利比亚、科特迪瓦、厄立特里亚和索马里等国家采取进口限制以结束当地战争。因此，限制中间品进口的价值链网络化制裁与现行国际规范是相容的。同时,因为西方国家对限制俄罗斯的油气出口采取了一致行动,共同承受了制裁的压力和成本,如七国集团对俄罗斯出口石油、天然气设置的价格上限,这也在一定程度上缓解了网络化制裁对美国适应度的冲击。

总之,当以七国集团为代表的西方国家采取联合行动时,价值链网络的拓扑特征有利于美国维持其现有地位,且网络化制裁对美国适应度的负面效应也被各国一同分摊了(见表5.2)。

表 5.2 美国对俄网络化制裁下的价值链结构演化速率预期

	结构拓扑特征	适 应 度	演化速率
价值链网络	单层	受影响较小	较慢
	美国与西方国家联合,构成单中心	规范:贸易禁运是常见的遏制战争的经济制裁手段	
		功能:由于西方对限制俄罗斯油气出口达成了一致,分摊了美国的网络化制裁成本	

除了结构成本相对有限之外,美国对俄价值链网络化制裁的决定在国内也没有遭遇太大的阻力。尽管美俄中间品贸易的主要构成是石油,但是美国石油企业实际上是俄罗斯石油产品禁运政策的受益者。目前,在美国经营石油业务的六家石油巨头包括美国的埃克森美孚公司(Exxon Mobil Corporation)和雪佛龙公司(Chevron),荷兰的壳牌集团(Shell Group),英国石油公司(BP),意大利埃尼集团(Ente Nazionale Idrocarburi,ENI)和法国的道达尔能源公司(TotalEnergies)。对于这些企业而言,它们从俄罗斯进口的

原油十分有限,从加拿大、墨西哥等国家相对容易地找到替代供应。与此同时,俄罗斯精炼石油的出局意味着它们所生产的石油消费品少了一个最大的外国进口来源与竞争对手。在此背景下,驻美石油企业成为美国价值链网络化制裁的坚定支持者,英国石油公司、壳牌集团、道达尔能源公司和雪佛龙公司相继撤出了与俄罗斯相关实体的合资企业,将产业链从俄罗斯转移出去。英国石油公司决定出售其在俄罗斯石油公司(Rosneft)的 19.75% 股份,其首席执行官伯纳德·鲁尼(Bernard Looney)也辞去了在俄罗斯石油公司董事会的席位,并称:"我们身为董事会成员做出的决定不仅是正确的,而且也符合英国石油公司的长期利益。"[1]无独有偶,壳牌集团首席执行官范博登(Ben Van Beurden)在一份公司声明中称:"我们对乌克兰逝去的生命感到震惊和遗憾,这是威胁到欧洲安全的、毫无意义的军事侵略行为造成的……我们退出的决定是坚定的。"在俄罗斯设有勘探和运输等上游产业链,并且持有里海管道财团(Caspian Pipeline Consortium)15%股份的雪佛龙公司也表示:"我们会一如既往地遵守所有适用于当前情况的法律和法规。"[2]

综上所述,由于结构层面的主要因素和国内层面的次要因素都难以形成网络化制裁的阻力,拜登政府最终决定对俄罗斯中间品采取加征关税与禁运政策。

---

[1] Peter Granitz, "Major Oil Companies Pull Out of Once-Promising Russia," NPR, March 1, 2022, https://www.npr.org/2022/03/01/1083659975/oil-majors-pull-out-of-once-promising-russia.
[2] Andreas Exarheas, "More Energy Majors Comment on Russia Stance," Rigzone, March 1, 2022, https://www.rigzone.com/news/more_energy_majors_comment_on_russia_stance-01-mar-2022-168089-article/.

5.2.2 美国对俄价值链网络化制裁的烈度

为了进一步确定美国对俄价值链网络化制裁的烈度,笔者从贸易地图数据库获取了美国与俄罗斯2021年的贸易数据。① 该数据库组织是世贸组织、联合国贸易和发展会议以及欧盟的合作伙伴,其数据来源具有一定程度的可靠性。② 同样地,在获得美俄贸易数据后,本书通过联合国统计局的广泛经济类别编码依照国际贸易商品的主要最终用途将其分为中间品、资本品和消费品。经过计算,美国对俄罗斯加征35%关税的中间品占2021年俄罗斯输美中间品的9.57%,而禁运的中间品占全部中间品的53.41%,两者相加为62.98%。

与中美之间复杂深刻的贸易关系不同,美国与俄罗斯的经贸关系相对简单而直接。俄罗斯是美国的第40大出口市场和第20大供应国,美国主要从俄罗斯进口矿物燃料、稀有金属和石头、钢铁、肥料及无机化学品。③ 由于俄罗斯主要向美国出口各类原材料,属于资源出口型国家,故而笔者根据美国的协调关税表中的产品类型而非广泛经济类别对其进行划分。④ 具体结果如图5.6所示,俄罗斯向美国出口的中间品主要集中在矿物产品、金属产品和化学产品三类产品,相当于所有俄罗斯输美中间品的94.63%。

---

① "Bilateral Trade Between U.S. and Russia," Trade map, March 1, 2023, https://www.trademap.org/Bilateral_TS.aspx?nvpm=1%7c842%7c%7c643%7c%7cTOTAL%7c%7c%7c2%7c1%7c1%7c1%7c2%7c1%7c1%7c1%7c1%7c1.
② 这里笔者仅能够获取以1 000美元为单位的贸易数据,不能精确到个位数。
③ "U.S.-Russia Trade Facts," Office of the United States Trade Representative, October 4, 2022, https://ustr.gov/countries-regions/europe-middle-east/russia-and-eurasia/russia.
④ 由于原材料具有多项产业用途,如金属可广泛用于运输设备、建筑业、信息与通信技术以及能源业等,使用广泛经济类别对其进行划分并不准确。

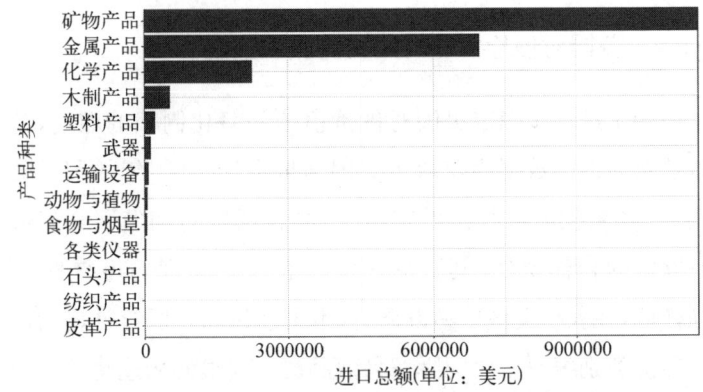

图 5.6　俄罗斯输美中间品（2021 年）

资料来源：笔者根据 Trade Map 数据自制。

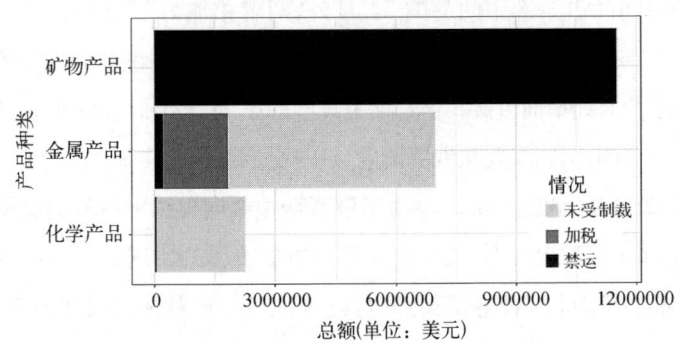

图 5.7　美国对俄罗斯主要进口中间品制裁情况

资料来源：笔者根据贸易地图数据库自制。

根据图 5.7 进一步分析美国价值链网络化制裁的烈度，可以发现，矿物产品的制裁烈度相对最高，禁运比例高达 99.74%，而加税比例接近于 0，未受制裁的比例约为 0.26%。金属产品和化学产品的情况要明显好于矿物产品。其中金属产品加征 35% 关税的比例为 23.27%，禁运比例约为 3.00%，未受制裁的中间品比例约为 73.72%；而化学产品没有受到禁运制裁，且只有2.25%的中间品被加征35%关税,制裁范围之外的中间品比例高达97.75%。由表5.3可见,美国从俄罗斯进口的矿物产品主要表现为煤炭、石油、天然气等传统能源,而进口的金属产品包括钢铁、铝、铂和镍,前两者实际上被美国向钢铁和铝产品加征的《232条款》关税所波及,剩下的铂族金属和镍族金属与清洁能源有关。俄罗斯输美化学中间品主要由铀和化肥构成,前者同样属于清洁能源,后者则与农业相关。由此可见,美国对俄罗斯价值链网络化制裁主要涉及的三类产业分别为清洁能源、传统能源与农业,而它们的制裁烈度也在一定程度上映射了各自企业在美国国内政治权力结构中的相对位置。

表5.3 俄罗斯主要输美中间品被制裁情况

产品大类	具体产品	占该产品大类比例	制裁情况
矿物产品(HS25,HS26,HS27)	矿物燃料、矿物油(HS27)	99.74%	100%被禁运
金属产品(HS71,HS72,HS73,HS74,HS75,HS76,HS77,HS78,HS79,HS80,HS81,HS82,HS83)	钢铁(HS72,HS73)	41.86%	41%被加征关税35%,同时另外的2.36%受到"232调查"关税影响
	铂(HS7110)	35.16%	未被制裁
	铝(HS76)	9.43%	16.72%被加征关税35%,同时另外的83.23%受到"232调查"关税影响
	镍(HS75)	2.28%	0.29%被加征关税35%
	铜(HS74)	1.46%	71.30%被加征关税35%
	铅(HS78)	1.33%	99.97%被加征关税35%

续　表

产品大类	具体产品	占该产品大类比例	制裁情况
化学产品 (HS28，HS29， HS30，HS31， HS32，HS33， HS34，HS35， HS36，HS37， HS38)	化肥(HS31)	56.77%	未被制裁
	浓缩铀235 (HS284420)	28.63%	未被制裁

资料来源：笔者根据贸易地图数据库自制。

5.2.2.1　铂、镍、电动汽车与清洁能源企业

铂族金属可分为主要的贵金属铂和钯，以及次要的铱、锇和铑。铂和钯呈现为有光泽的银白色金属，是地球上最稀有的金属之一，由于对空气和水具有很强的抗腐蚀能力，可广泛用于化工、石油精炼、玻璃和信息与通信技术等多个领域，其中最主要的用途是作为节能减排的车辆催化剂。铂金常用于使用汽油(gasoline model)的汽车、卡车和公共汽车的催化转换器，这些需求估计占每年铂金需求的50%。钯金的耐温性较差，故而主要用于柴油(diesel model)或混合动力汽车的催化转换器，汽车行业约占工业钯金需求的80%。[①]钯金虽然作为催化剂的表现不如铂金，但是可以处理内燃机废气，且价格更便宜，具有更高的性价比。因此，自21世纪以来，钯金一度是大多数汽车制造商和催化剂制造商的不二

[①] Katie Gordon, "The Assay Guide to Palladium Vs Platinum," The Assay, March 7, 2023, https://www.theassay.com/articles/the-assay-insights/palladium-vs-platinum-investment/.

选择。① 不过,近年来随着燃料电池(fuel cell)技术的进步和燃料电池电动车(fuel cell electrical vehicle,FCEV)的普及,铂金的前景更被汽车产业看好。燃料电池电动车所用的质子交换膜(proton exchange membrane,PEM)燃料电池通过将氢气和氧气结合在一起发电,而铂金能够使得氢和氧的反应以最佳速度进行,同时也足以承受燃料电池内复杂的化学环境和高电流密度,因此特别适合作为燃料电池的催化剂。② 当以绿色的氢能作为燃料时,燃料电池汽车成为完全的无排放运输工具,包括公路上的氢动力卡车和仓库里的氢能叉式装卸车。除了汽车,氢燃料电池还适用于多类场合,如为企业提供后备电源,向家庭和船只供应能源。

镍是一种银白色金属,作为地球上第五种最常见的元素,广泛存在于地壳和地心,甚至可以在植物、动物和海水中发现少量的镍。由于具有高熔点、抗腐蚀、抗氧化和磁性的特性,并且能够被电镀和合金化,镍被各行各业广泛使用,可见于多达30万类产品。根据镍协会的报告,69%的镍被用于制作不锈钢,电池是镍的第二大主要用途(11%)。③ 不过,一方面,基于镍的不锈钢并非刚需,现有研究已经发现钴和锆等金属

---

① Bruce Ikemizu, "How Palladium and Platinum's Success Is Linked to Electric Vehicles," The Assay, January 7, 2020, https://www.theassay.com/articles/how-palladium-and-platinums-success-is-linked-to-electric-vehicles/.
② "Fuel Cell Electric Vehicles and Platinum Demand," CME Group, August 15, 2022, https://www.cmegroup.com/articles/2022/wpic-fuel-cell-electric-vehicles-and-platinum-demand.html.
③ "About Nickel," Nickel Institute, March 1, 2023, https://nickelinstitute.org/en/about-nickel-and-its-applications/#01-nickel-properties.

在合金生产过程中能够作为镍的替代品。① 另一方面,随着《巴黎协定》的签订,世界主要经济体开始转向电动汽车以减少传统内燃机的碳排放,电池领域的镍需求被认为将大幅加速,并预计在 2030 年升至总需求的 35％。②

含镍电池能够以较低的成本提供较高的功率密度和储存容量。因而,对清洁能源电池而言,镍的作用难以替代——它能够使得间歇性可再生能源(如风能和太阳能)在能源生产效率上匹敌甚至超越传统的化石燃料。镍在电池中的运用可追溯到 20 世纪 80 年代,电动工具和数码相机等便携式设备开始使用镍镉(NiCd)和镍金属氢化物(NiMH)制成的可充电电池。到了 20 世纪 90 年代中期,锂离子电池开始被商业化,而镍能够帮助锂离子电池在获得更大功率密度和储存容量的同时缩减成本。③ 为此,含镍锂离子电池被纳入下一代电动汽车,依靠其较高的功率密度攻克新能源汽车的续航难题。这类电动汽车也被称为纯电动汽车(battery electric vehicle, BEV),用以与上文中的燃料电池电动汽车进行区分。目前,大部分锂离子电池都离不开镍,且对镍的依赖与日俱增。镍

---

① Andreas Wüstenhagen and Babette Tonn, "Substitution of Nickel by Combines Addition of Cobalt and Zirconium in Alloy A 332," *AIP Conference Proceedings*, Vol 1315, No. 1, 2022; Ekbal Mohammed Saeed Salih, Haider A. H. Al-Jubori, and Roaa Jameel Abbas, "Finding an Alternative to Nickel Used in An Alloy (Copper-Nickel) in Electric Power Plants," *Materials today: Proceedings*, Vol. 61, Part 3, 2022, pp.700-705.
② Leah Chen and Scott Yarham, "Opportunities and Challenges Ahead," S&P Global, December 31, 2021, https://www.spglobal.com/commodityinsights/en/market-insights/blogs/metals/123121-nickel-supply-electric-vehicle-demand.
③ Carrie Carlson, "Meeting Nickel Demand for Lithium-Ion Batteries Will Be a Challenge," March 1, 2023, https://feeco.com/meeting-nickel-demand-for-lithium-ion-batteries-will-be-a-challenge/.

钴铝(NCA)和镍锰钴(NMC)分别使用了80%和33%的镍,而后者的新配置更是将对镍的使用率进一步提高到了80%,汽车制造商对电池配置的改变直观地反映了镍的突出作用。尽管目前电动汽车在全球汽车总量中所占比例仍然较小,但是其市场份额正在快速增长。① 根据国际能源署的《2021年全球电动汽车展望》,2020年正在使用的全球电动汽车达到了1 000万辆,比2019年增长了43%。② 彭博社新能源财经的一份报道也预计,即便没有进一步的政策支持,全球乘用电动汽车的销量也将从2020年的300万辆在20年内跃升至6 600万辆。③

在全球供应链中,铂金和钯金的生产高度集中。2012年,南非、俄罗斯、加拿大、津巴布韦和美国占据了世界铂金和钯金产量的90%以上。2020年,俄罗斯的铂金和钯金年产量排在世界第二位,与第一位的南非差距分别为19 000千克和6 000千克。同时,俄罗斯也是世界上主要的镍矿和精炼镍生产国之一。截至2008年,俄罗斯一度享有全球最高的镍矿和精炼镍产量。在此之后,镍产量迅速增加的印度尼西亚和菲律宾将俄罗斯挤到了第三位。2021年,俄罗斯生产了195 000吨的镍矿和121 000吨的原镍,分别占全球产量的7.2%和4.6%。④ 诺里尔

---

① "Nickel in Batteries," Nickel Institute, March 1, 2023, https://nickelinstitute.org/en/about-nickel-and-its-applications/nickel-in-batteries/.
② Fatih Birol, "While They Can't Do the Job Alone, Electric Vehicles Have an Indispensable Role to Play in Reaching Net-Zero Emissions Worldwide," IEA, April 29, 2021, https://www.iea.org/reports/global-ev-outlook-2021.
③ Colin McKerracher, et al., "Electric Vehicle Outlook 2022," Bloomberg, March 1, 2023, https://about.bnef.com/electric-vehicle-outlook/.
④ Reicelene Joy Ignacio, "Nickel Producers Confident That They Can Fill Gap If Russian Supply Is Cut Off," S&P Global, April 1, 2022, https://www.spglobal.com/marketintelligence/en/news-insights/latest-news-headlines/nickel-producers-confident-they-can-fill-gap-if-russian-supply-is-cut-off-69423564.

斯克镍公司作为俄罗斯最大的矿业冶金公司,既是世界首屈一指的铂金与钯金生产商,同时也生产了全球最多的精炼镍,除了西伯利亚地区,还在南非和博茨瓦纳等地进行生产作业。① 除此之外,俄罗斯还有另外一家著名镍生产商乌法列伊镍业公司。

由图5.8可见,2021年,俄罗斯是美国的第三大铂族金属供应商,向美国输入了约24亿美元的铂族金属,排在南非(77亿美元)和德国(30亿美元)之后。在美国镍进口市场中,俄罗斯的表现相对更差,仅排在第五位(1 580万美元),落后于加拿大(1亿美元)、德国(2 000万美元)、挪威(1 870万美元)与澳大利亚(1 740万美元)。从市场份额来看,美国对俄罗斯的铂族金属和镍的依赖程度较为有限,俄罗斯未能主导美国的铂族金属和镍进口市场。

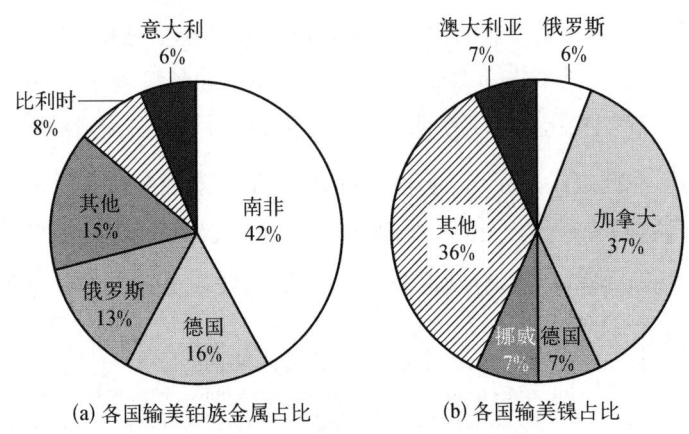

(a) 各国输美铂族金属占比　　(b) 各国输美镍占比

图5.8　各国输美铂、镍占比图

资料来源:笔者根据贸易地图数据库自制。

---

① National Minerals Information Center, "Platinum-Group Metals Statistics and Information," USGS, March 1, 2023, http://minerals.usgs.gov/minerals/pubs/commodity/platinum/myb1-2012-plati.pdf.

即便如此,身处美国的电动汽车制造商,抑或是柴油和汽油汽车制造商依旧希望能够维持俄罗斯进口镍和铂族金属的原先税率①,尤其美国的"通用""特斯拉"和"福特",德国的"奥迪""大众"和"梅赛德斯",日本的"尼桑"以及瑞典的"沃尔沃"。② 对于这些电动汽车制造商而言,含镍锂离子电池本身就成本高昂,其价格的上升必然将严重冲击电动汽车的市场地位。所幸,凭借自身对减少碳排放、推动绿色能源发展的突出贡献,电动汽车制造商及相关企业获得了巨大的结构性权力,从而保证了铂族金属和镍在最大程度上免于受对俄价值链网络化制裁的影响。

虽然拜登政府的内阁成员主要由行政长官、国会议员和专业技术人员构成,并不直接来自商界,但是他们都在意识形态上推崇清洁能源和降污减排。拜登政府的能源部长珍妮佛·格兰霍姆(Jennifer Mulhern Granholm)曾于1999年至2003年出任密歇根州律政厅长,并在之后的八年担任密歇根州州长,是密歇根州的首位女性州长。在上文提到过,密歇根州是美国汽车产业的核心地带,而格兰霍姆在就任州长期间一直大力推动电动汽车和清洁能源的发展。她在密歇根州的经济议程就包括发展新的替代能源部门,以减少对外国石油和化石燃料的依赖,从而将密歇根州"铁锈地带"的称号转变为"绿色地带"的标签。在其政策遗产的影响下,2020年有40

---

① Nickie Carey and Christina Amann, "Carmakers Face Soaring Metal Costs with Russian Supplies at Risk," Reuters, March 8, 2022, https://www.reuters.com/business/autos-transportation/carmakers-face-soaring-metal-costs-with-russian-supplies-risk-2022-03-08/.
② "Electric Vehicles with Final Assembly in North America," U.S. Department of Energy, March 1, 2023, https://afdc.energy.gov/laws/electric-vehicles-for-tax-credit.

家清洁能源公司选择在密歇根州发展,创造了8500个就业机会。① 卸任州长后,格兰霍姆任教于加州大学伯克利分校公共政策学院,同时作为一家战略咨询和事业发展公司的执行合伙人,负责可持续发展领域的事宜。在2016年,除了担任希拉里总统竞选团队的联合主席,她还成为全球最大的电动汽车充电网络公司ChargePoint的董事会成员,为该公司带去了投资与政策专业知识。在就职仪式上,格兰霍姆称:"清洁能源和环境对我个人而言很重要,对我们星球的未来也至关重要。驾驶电动汽车是一个明智和可持续的选择,特别是当充电桩是由可再生能源驱动的时候。"②

美国商务部部长吉娜·玛丽·雷蒙多(Gina Marie Raimondo)长期以来一直在推动气候变化改革。这在一定程度上源于她在罗德岛州的行政经验,她曾在一次白宫圆桌会议上发言称:"作为海洋之州——罗德岛的前州长,我亲身体会到,气候变化正在对海洋产生直接的负面影响,导致气候变暖和海平面上升。"③雷蒙多在2011年至2015年出任罗德岛州财政部部长,并在此后就任罗德岛州州长,于2018年赢得

---

① "Gov. Jennifer Granholm," Michigan Government, March 1, 2023, https://www.michigan.gov/formergovernors/recent/granholm/administration/governor-jennifer-m-granholm-biography.
② "ChargePoint Appoints Former Michigan Governor Jennifer Granholm to Board of Directors," ChargePoint, March 1, 2023, https://www.chargepoint.com/about/news/chargepoint-appoints-former-michigan-governor-jennifer-granholm-board-directors.
③ Gina M. Raimondo, "Remarks by U.S. Secretary of Commerce Gina Raimondo at the White House Earth Day Roundtable," U.S. Department of Commerce, April 21, 2022, https://www.commerce.gov/news/speeches/2022/04/remarks-us-secretary-commerce-gina-raimondo-white-house-earth-day-roundtable.

连任。就任州长期间,雷蒙多签署行政命令,推动罗得岛州在2030年前实现100%的可再生能源发电,并在2016年开展了美国第一个海上风电场的建设。此外,她还在罗得岛十年发展计划中主张大量购置电动巴士,从而使得超过三分之一的罗得岛公共运输局车辆成为低污染和无污染车辆。① 在她所施行的政策扶持下,罗得岛的可再生能源产业经历了历史性的40%经济增长率和84%的就业增长率。②

拜登政府的内政部部长德布拉·安妮·哈兰德(Debra Anne Haaland)同样也是清洁能源的倡导者。哈兰德在2014年竞选新墨西哥州副州长,成为第一位当选州政府领导层的美国原住民妇女。2018年,她成功当选为新墨西哥州的众议员。③ 就任国会议员期间,哈兰德专注于环境正义和气候变化议题,强烈反对在公有土地上开展任何形式的石油和天然气钻井工程。为此,她在众议院主持一个名为"30x30"的项目,旨在2030年前保护美国30%的土地和海洋。值得一提的是,特朗普曾在2017年试图推动位于美国原住民部落地区的输油管道项目,其中一项命令要求加快甚至停止奥巴马政府的环境审查,以建设达科他州管道,把原油输送到伊利诺伊州的帕托卡。这自然引起了哈兰德的不满,作为拉古纳普韦布

---

① Alex Kuffner, "Electric Buses: Sneak Peek at a Cleaner Fleet," *The Providence Journal*, October 23, 2018, https://www.providencejournal.com/story/business/transportation/2018/10/23/electric-buses-sneak-peek-at-cleaner-fleet-in-ri/9485821007/.
② Tim Faulkner, "Raimondo Committed to Burrillville Power Plant," April 13, 2016, https://ecori.org/2016-4-13-raymond-committed-to-burrillville-power-plant/.
③ "Secretary Deb Haaland," U.S. Department of the Interior, March 1, 2023, https://www.doi.gov/secretary-deb-haaland.

洛的部落成员以及环境安全的支持者,她在内政部部长的就职演说中称:"为了我们所有人,为了我们的星球,为了我们所有受保护的土地,我将会很刚烈(fierce)。"

除此之外,拜登政府的交通部部长皮特·布蒂吉格(Pete Buttigieg)和环保署署长迈克尔·斯坦利·里根(Michael Stanley Regan)也都是坚定的环境保护主义者。布蒂吉格在2012年至2020年期间担任印第安纳州南本德市市长。布蒂吉格在其任期内专注于促进城市发展,不仅完成了"智能下水道"和"智能街道"两个主要基础设施项目,还采取了一系列加强环境管理的政策措施。在2020年大选期间,作为民主党总统候选人,布蒂吉格提出了旨在2050年达到净零排放的气候变化计划,预计在未来十年内创造超过300万个清洁能源和基础设施就业机会。他希望将超过一万亿美元的联邦投资基金用于国内层面的清洁能源技术研究和开发、脆弱地区的救灾和预防、清洁能源岗位的创造和自然资源的保护,以及在国际层面确立美国应对气候变化的主导地位。① 同样地,里根在担任环境保护署署长之前,曾担任北卡罗来纳州环境质量部部长和美国环境保护署的空气质量专家。在他出任北卡罗来纳州环境质量部部长期间,他牵头制定与实施了北卡罗来纳州的清洁能源经济计划,开展了美国历史上最大的煤灰清理工作,并领导清理费尔角河的谈判,从而避免该河流继续被有毒化学品污染。此外,他还在北卡罗来纳州建立了环境正

---

① Jordan McDonald, "Pete Buttigieg Unveils Climate Change Plan That Would cost More Than $1 Trillion and Aim to Create 3 million Clean Energy Jobs," CNBC, September 4, 2019, https://www.cnbc.com/2019/09/04/pete-buttigieg-unveils-1point1-trillion-climate-change-plan.html.

义和公平咨询委员会,以更好地协调环境保护问题。①

  显然,精心打造了这样一批领导层班底的拜登,其政策目标和执政纲领就是推动美国的清洁能源发展和绿色经济转型。事实上,拜登政府的绿色新政的确在很大程度上反映了其领导层的政治诉求。首先,拜登政府的政策目标是确保美国能够在2050年之前实现100%的清洁能源经济以及达成净零排放,这与交通部部长布蒂吉格的竞选纲领一模一样。为了达成这一目标,拜登政府需要国会配合颁布一系列立法,包括建立相应的执行机制,对清洁能源技术创新注入大量资金,以及在受气候变化影响最大的社区加速部署清洁能源。这里的第二条和第三条政策路径分别对应布蒂吉格此前提出的政策框架中的技术投资和脆弱地区防护。其次,拜登政府强调要加强环境治理,对化石燃料公司等污染者采取行动。美国政府将严查污染者在有色人种社区和低收入社区等弱势社区的污染行径,并确保全国各地的社区都能获得清洁安全的饮用水。在特朗普执政时期,美国环境保护署向司法部提交的反污染刑事案件数量达到了30年内最低值。为此,拜登要求环保署和司法部在法律允许的最大范围内追查这些案件,并在必要时采取额外立法手段,以追究企业高管的个人责任。这种对环境正义理念的强调体现了美国环保署署长里根多年来的价值观,而对弱势群体的重视和对污染者的严惩反映了身为美国原住民的内政部部长哈兰德的核心关切。

  最后,拜登政府对于美国绿色经济转型的产业设计与规

---

① "EPA Administrator: Michael S. Regan," United States Environmental Protection Agency, March 1, 2023, https://www.epa.gov/aboutepa/epa-administrator.

划蕴含着两位前任州长、能源部部长格兰霍姆和商务部部长雷蒙多的专业经验和治理智慧。这些产业规划涉及基础设施建设、汽车产业、公共交通、电力部门、技术创新和农业。在汽车领域,拜登政府计划动用联邦政府的买方权力,增加对美国制造清洁能源车辆的需求,从而加快美国电动汽车及其部件的工业生产能力,推动汽车产业升级。为了激发消费者和制造商对电动汽车的热情,拜登政府围绕多位参议员和美国汽车、航空及农业设备工人联合会(United Automobile, Aerospace and Agricultural Implement Workers of America)、国际电工兄弟会(International Brotherhood of Electrical Workers)、主要环保组织起草的《美国清洁能源汽车》提案,向消费者提供退税服务,并对制造商采取激励措施,鼓励其在国内建立或改造工厂,组装电动汽车及其零部件,建立相关基础设施。2022年8月拜登签署的《通胀削减法案》(Inflation Reduction Act)为中低收入的消费者提供税收抵免,购买二手电动汽车可抵免4 000美元,购买全新电动汽车则可抵免7 500美元。此外,拜登政府承诺重塑美国交通系统,对汽车基础设施进行重大公共投资,包括设立50万个电动汽车充电站,同时对劳动力进行高质量培训,如开展电动汽车基础设施培训计划(Electric Vehicle Infrastructure Training Program, EVITP)。2021年11月,美国通过了《基础设施投资和就业法案》(Infrastructure Investment and Jobs Act),计划投入75亿美元用于建设充电桩等电动汽车充电基础设施,以及采购电动校车。不难发现,这些政策与格兰霍姆和雷蒙多分别在密歇根州和罗德岛州实施的电动汽车和清洁能源政策有异曲同工之处。

在此背景下,美国电动汽车制造商乃至汽油和柴油汽车制造商基于自身在拜登绿色新政中的关键位置获得了结构性权力。一方面,对于电动汽车制造商而言,拜登政府希望他们能够推动本土电动汽车及动力电池的制造。《通胀削减法案》为此支出了超过600亿美元用以向动力电池及关键矿物加工提供生产税减免和资金支持。然而,动力电池的制造和矿物的加工离不开原材料,即用于制造氢能燃料电池的铂和用于生产锂电池的镍。如果拜登政府对这些重要原材料进行加税甚至是禁止进口,则不仅抵消了现有法案提供的政策激励,还将严重打击电动汽车制造商的生产积极性。另一方面,汽油和柴油汽车制造商仍然是目前美国汽车产业的市场主导者,而铂和钯所制作的汽车催化剂有助于减少传统汽车的尾气排放。拜登政府正试图与工人及工会、环保人士、生产商和各州就燃油经济性标准(fuel economy standards)进行谈判,该项标准规定了汽车行驶一定距离所消耗的燃油量,如果超过了这一标准则汽车生产商需要缴纳罚金。不过,根据美国能源信息署的资料统计,2021年第四季度,美国混合动力汽车、插电式混合动力汽车加上电动汽车仅占美国轻型车辆市场份额的11%左右。这意味着使用传统能源的汽油和柴油汽车仍是主流,拜登政府没有办法在短期内实现净零排放。因此,为了在电动汽车完全取代传统能源汽车之前降低尾气排放,保护空气质量,拜登政府只能避免将用于净化尾气的铂和钯纳入对俄价值链网络化制裁的范围。

5.2.2.2 铀、核能与清洁能源企业

铀是一种银白色金属化学元素,是所有天然存在的元素中原子含量最高且最重的元素之一。低浓度的铀自然存在于土壤、岩石和海水,需要从露天矿厂或地下挖掘场开采铀矿石,并通过粉碎或溶解的形式提取出来。在地壳中发现的天然铀主要由两种同位素构成:占 99.3％的铀-238 和占 0.7％的铀-235。铀-235 因其可裂变的特性而具有极高的商业价值。铀-235 原子的原子核包括 92 个质子和 143 个中子,当铀-235 的原子核捕捉到一个移动的中子时,它就会产生裂变,并以生热的形式释放出能量,同时抛出两到三个中子。这些被抛出的中子又会被其他铀-235 的原子核所捕捉,继而实现裂变的连锁反应。当这种情况反复发生几百万次,便能够从相对较少的铀中产生巨额热量。这一"燃烧"铀的过程被用于在核反应堆中制造蒸汽,以产生电力。① 核能属于零碳排放的不可再生清洁能源,分别是全球第二大与发达国家最大的低碳发电来源。目前,世界上大约 10％的电力源于全球 32 个国家的 440 个核反应堆中的铀,大约是 2 500 太瓦时,相当于 1960 年全世界所有的电力来源。欧洲国家对核反应堆的依赖性较高,其中比利时、法国、斯洛文尼亚和乌克兰从核反应堆中获得了一半以上的电力。美国约有 93 个核反应堆正在运行,并在 2021 年供应了全国 19.6％的电力。②

从自然界中的铀到核反应堆中的铀-235 需要五个步骤,分别是铀矿开采、铀研磨、铀转化、铀浓缩和燃料制造。2019 年,铀矿资源最丰富的三个国家分别是澳大利亚、哈萨克斯坦和加拿大,俄罗斯以 8％的占比排在第 4 位。开采出的铀矿石

---

① "What Is Uranium? How Does It Work?" World Nuclear Association, August 2022, https://world-nuclear.org/information-library/nuclear-fuel-cycle/introduction/what-is-uranium-how-does-it-work.aspx.
② "Nuclear Share Figures, 2011–2021," World Nuclear Association, July 2022, https://world-nuclear.org/information-library/facts-and-figures/nuclear-generation-by-country.aspx.

将在铀矿厂被提炼成铀精矿,并被压碎、磨成细粉。将化学品添加到细粉中,便能够通过化学反应将铀分离出来,得到八氧化三铀(U_3O_8)。在下一阶段的铀转化中,转炉设施将 U_3O_8 转化为天然的六氟化铀(UF_6),并运送至浓缩厂进行分离与浓缩,得到铀-235 浓度为 3% 至 5% 的 UF_6。俄罗斯向美国出口的铀主要就是这个阶段的浓缩铀。2021 年,如图 5.9 所示,俄罗斯是美国浓缩铀的主要国际来源,向美国输入了高达 6.5 亿美元的浓缩铀,荷兰(5.3 亿美元)与德国(4 亿美元)紧随其后。这意味着,尽管美国和欧洲都开始积极寻找浓缩铀的替代来源,但是在短期内完全摆脱对俄罗斯的依赖并不现实。

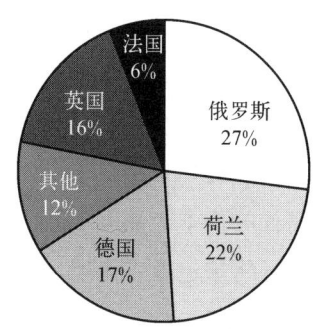

图 5.9　各国输美浓缩铀-235 占比

资料来源:笔者根据贸易地图数据库自制。

在从俄罗斯进口浓缩铀后,美国的核燃料制造厂将固化的 UF_6 加热成气态,并压缩制成小型燃料颗粒。把这些燃料颗粒密封储存在一厘米左右的长金属管便得到了燃料棒,燃料组件由多根燃料棒捆绑在一起构成。一个典型的反应堆堆芯有 121 至 193 个燃料组件,即 21 659 至 50 952 根燃料棒。[①] 目前,美国最大的三家核燃料制造厂分别是南卡罗来纳州哥伦比亚市的本土企业西屋哥伦比亚燃料制造厂(Westinghouse Columbia Fuel Fabrication Facility)、北卡罗来纳州威尔明顿

---

① "Nuclear Explained: The Nuclear Fuel Cycle," U. S. Energy Information Administration, July 12, 2022, https://www.eia.gov/energyexplained/nuclear/the-nuclear-fuel-cycle.php.

市的日本全球核燃料公司美国分部(Global Nuclear Fuel-Americas LLC)和华盛顿州里奇兰市的法国法马通公司(Framatome, Inc.)。除了这两家日本和法国企业,还有多家外国核燃料制造企业在美国建厂,包括中国的中核建中核燃料元件有限公司,德国的西门子公司(Siemens)、韩国核燃料公司(Korea Nuclear Fuel Co. Ltd.)、加拿大的卡梅克燃料制造公司(Cameco Fuel Manufacturing)和阿根廷的康纳尔公司(CONUAR)。① 如果美国向俄罗斯的浓缩铀加税甚至禁运,则这些处于价值链下游的美国本土和外国核燃料制造厂不但将面临成本上涨问题,而且在无法及时找到替代货源的情况下还将被迫停止生产,并影响美国核电站的正常供电。

核能尽管属于不可再生能源,但是和风能和太阳能一样是清洁能源,对拜登政府的绿色经济转型和2050年实现净零排放的承诺至关重要。在拜登上台之初,他就强调必须研究所有低碳和零碳技术以应对气候变化的挑战,包括核电领域的成本、安全和废物处理系统问题,并且在清洁能源技术取得突破后迅速将其进行商业化,推动经济发展,并创造大量就业机会,从而实现经济转型。② 美国能源部负责核能的代理助理部长安德鲁·格里菲斯(Andrew Griffith)指出,美国核电站贡献了美国一半以上的无碳电力,如果核电站在许可证到期之前宣布倒闭,则成本更低的天然气工厂可能会填补其空缺,并增

---

① "Fuel Fabrication," Nuclear Engineering International, March 1, 2023, https://www.neimagazine.com/contractors/fuel-fabrication/.
② "The Biden Plan to Build a Modern, Sustainable Infrastructure and An Equitable Clean Energy Future," Biden Harris, March 1, 2023, https://joebiden.com/clean-energy/#.

加排放。① 事实上，美国的大多数商业核电站都建于20世纪。在过去的十年里，已有十几所美国核电站在其许可证到期之前就已经关闭，包括纽约的印第安角核电站（Indian Point）、马萨诸塞州的皮尔格琳核电站（Pilgrim）、内布拉斯加州的卡尔洪堡核电站（Fort Calhoun）以及艾奥瓦州的杜安阿诺德核电站（Duane Arnold），且正在运行的7个核反应堆所有者已经宣布将在2025年前停止营业，如阿布洛峡谷核电站（Diablo Canyon）。于是，2022年4月，拜登政府启动了一项价值60亿美元的民用核电信贷计划，旨在救助陷入财务困境的核反应堆所有者或运营商。第一轮主要救助已经宣布关闭的核反应堆，第二轮将对存在经济风险的核反应堆开放。2022年11月，拜登政府决定向太平洋天然气核电力公司提供11亿美元的拨款，以帮助该公司关闭加利福尼亚州的最后一座核电站，即阿布洛峡谷核电站。阿布洛峡谷核电站是加利福尼亚州最大的单一电力来源，提供了该州8.6%的总电力和17%的零碳电力。因此，尽管太平洋天然气核电力公司决定将其于2024年和2025年分两个阶段退役，但是加利福尼亚州议会在9月投票决定将其再开放五年。加利福尼亚州州长加文·纽森（Gavin Newsom）也在一份声明中强调，能源部的这笔拨款将"支持加利福尼亚州全范围的（电力供应）可靠性，并为更多清洁能源项目的上线提供通道"。②

---

① "Biden Launches ＄6bn Effort to Save America's Distressed Nuclear Plants," The Guardian, April 19, 2022, https://www.theguardian.com/us-news/2022/apr/19/biden-effort-nuclear-plants-energy-climate-crisis.
② Emma Newburger, "Biden Grants PG&E ＄1.1 Billion to Keep Diablo Canyon Nuclear Plant Open," CNBC, November 21, 2022, https://www.cnbc.com/2022/11/21/biden-grants-pge-1-billion-to-keep-diablo-canyon-nuclear-plant-open.html.

由此可见，浓缩铀和核电对拜登政府绿色新政的重要性并不亚于铂和镍，更何况美国对于俄罗斯浓缩铀的依赖性要远胜于后两者。为了实现其竞选承诺和政策目标，拜登政府有必要确保无碳的核电站继续运营，也有义务保障关键的浓缩铀供应。此外，考虑到核电站的生存危机主要源于其竞争对手天然气工厂的价格优势，对俄罗斯进口浓缩铀的加税也将会使得美国核电站的处境雪上加霜。值得一提的是，参议院能源与自然资源委员会席乔·曼钦(Joe Manchin)和外交关系委员会的吉姆·里什(Jim Risch)在 2022 年 4 月提出了《国际核能法案》(International Nuclear Energy Act of 2022)。如果该法案最终通过，则美国政府将拨款 35 亿美元用于"美国核燃料安全倡议"(U.S. Nuclear Fuels Security Initiative)，通过增加铀的国内产量来摆脱对中俄的供应链依赖。[①] 不过，尽管核电是清洁能源，铀的开采和研磨环节将产生大量的放射性污染物，从而危害空气和水源质量。对于重视环保的拜登政府而言，这显然并非是一个明智的选择。

5.2.2.3 石油、化石燃料与传统能源企业

化石燃料，顾名思义，是由数百万年前的植物和动物残骸化石构成的复合混合物。根据动植物的有机物组合、被岩层掩埋的时间以及温度和压力条件，这些化石产生了石油、天然气或煤。由于具有较高的功率密度，化石燃料成为钢铁工业中的首选燃料。自 17 世纪以来，煤炭逐渐取代了木材和木炭，占世界燃料使用的一半。同一时期，石油作为煤油生产的

[①] "S. 4064-International Nuclear Energy Act," U.S. Congress, December 7, 2022, https://www.congress.gov/bill/117th-congress/senate-bill/4064.

副产品被生产出来,并替代用于照明的鲸鱼油。到了20世纪,伴随着运输产业蓬勃发展,石油作为汽车燃料的潜力被发掘出来——石油燃料的功率密度是煤炭的两倍,且得益于其液体形态拥有更广阔的使用空间,如汽车内燃机。于是1954年石油超过了煤炭,成为世界上最主要的能源。① 2020年,美国79%的能源消费源于化石燃料,石油和天然气的占比分别为34.6%和33.9%,煤矿的使用率自2005年以来则一直呈下降趋势,仅为9.9%。②

从全球价值链来看,石油的生产过程可以分为上游的勘探和生产,中游的运输和储存,以及下游的炼油和零售市场。上游产业链伴随着高风险和高收益,相关企业通常通过地震勘测来评估油田是否存在潜在的碳氢化合物储备。在确定某一区域存在碳氢化合物后,这些公司会设计出一个适合的油田开发计划(field development plan, FDP),并开始钻井提取石油和天然气。在下一个阶段,中游企业负责将提取的碳氢化合物运输给下游企业。石油运输主要包括近海生产线的邮轮或船只运输,以及陆上生产线的管道、卡车和铁路运输。为了最大限度地提高每一桶矿物燃料的价值,中游企业还负责加工和储存碳氢化合物,如使用储油罐妥善保存原油。最后,下游产业的公司将送达的碳氢化合物提炼成衍生产品,并进行销售。在炼油厂,原油和其他原液态碳氢化合物会被转化

---

① Samantha Gross, "Why Are Fossil Fuels So Hard to Quit?" Brookings, June, 2020, https://www.brookings.edu/essay/why-are-fossil-fuels-so-hard-to-quit/.
② "Nonfossil Fuel Sources Accounted for 21% of U.S. Energy Consumption in 2020," EIA, July 2, 2021, https://www.eia.gov/todayinenergy/detail.php?id=48576.

为适合最终消费的石油产品,如汽油、柴油和液化石油气;在蒸馏塔,原油成分将根据其沸点被分离成各类石油衍生品。此外,低价值的碳氢化合物会被裂解成较轻和高价值的产品。①

在三类化石燃料中,俄罗斯主要向美国出口石油。2021年,俄罗斯向美国出口的矿物燃料产品主要包括 HS2709 的原油类石油产品和 HS2710 的非原油类石油产品,两者加起来占俄罗斯输美矿物燃料产品总额的 99.44%。其中,原油类产品代表石油产业链中俄罗斯的上游与中游企业和美国下游企业之间的向前连结。如图 5.10 所示,从市场份额来看,俄罗斯在原油产品市场的影响力十分有限,约为 48 亿美元,落后于墨西哥(132 亿美元)和沙特(90 亿美元),不足第 1 位加拿大(800 亿美元)的十分之一。相较之下,俄罗斯是美国最大的精炼石油供应国,2020 年向美国输入了高达 640 亿美元的非原油类石油,领先于第 2 位的加拿大(130 亿美元)超过 500 亿美元。精炼石油体现了俄罗斯下游炼油企业和美国下游零售市场的价值链的向前连结。从生产角度来看,如果舍去市场和销售服务,精炼石油实际上就是石油产业的最终消费品,只是因为其在化工产业中的原料用途同时也被视为工业中间品。正因如此,美国石油企业实际上是俄罗斯石油产品禁运政策的受益者。事实上,美国石油禁令的受害者是在

---

① Dev Aravind, "Oil and Gas Value Chain," March 1, 2023, HOEC, https://www.hoec.com/oil-and-gas-value-chain/; Eloy Álvarez, Manuel Bravo, Borja Jiménez, Ana Mourão, and Robert Schultes, "The Oil and Gas Value Chain: A Focus on Oil Refining," Orkestra, 2018, https://www.orkestra.deusto.es/images/investigacion/publicaciones/informes/cuadernos-orkestra/oil-gas-value-chain-focus-refining.pdf.

价值链中使用精炼石油作为中间品的化工企业,而他们对拜登政府的影响力在很大程度上被清洁能源企业的结构性权力稀释了。

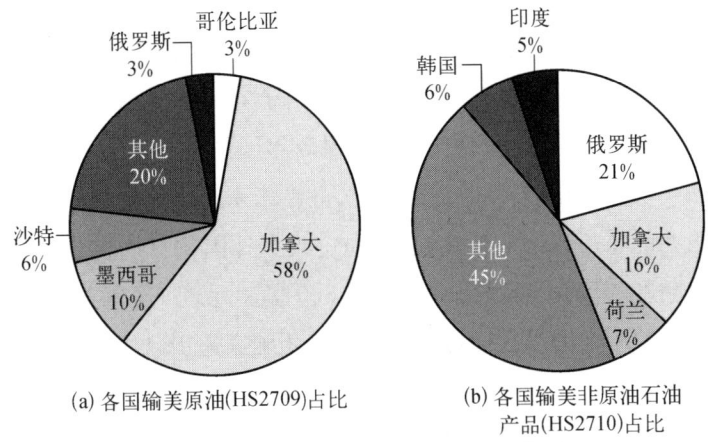

(a) 各国输美原油(HS2709)占比　　(b) 各国输美非原油石油产品(HS2710)占比

图 5.10　各国输美原油、非原油石油产品占比

资料来源:笔者根据贸易地图数据库自制。

美国能源部称,在过去的 20 年里,人为排放有近四分之三源于化石燃料的燃烧。① 化石燃料主要由碳和氢组成。当化石燃料被燃烧时,氧气与碳、氢的化学反应将释放出热量,并形成了二氧化碳和水。因此,燃料的碳含量决定了排放的二氧化碳量。2020 年,用于供能的化石燃料燃烧分别占美国温室气体和二氧化碳排放总量的 73% 和 92%。具体到石油,石油约占美国能源消费的 36%,但是产生的二氧化碳却占美国供能所导致的二氧化碳排放总量的 46%。由于运输行业几

---

① "Fossil," U. S. Department of Energy, March 1, 2023, https://www.energy.gov/science-innovation/energy-sources/fossil.

乎完全依赖石油燃料,其是美国能源相关的二氧化碳排放的最大产业来源。① 从气候变化和环境保护的角度来看,化石燃料无疑处于清洁能源的对立面,成为阻碍拜登政府在2050年实现净零排放的最大障碍。

为此,拜登政府一方面在国内层面尝试削减美国国内的化石燃料补贴,并将这些资源重新用于对清洁能源基础设施的投资。根据拜登政府2022年财政年度预算提案,美国将废除13项化石燃料税收优惠制度,并在未来十年节省约350亿美元的联邦收入。与此同时,通过改革外国化石燃料收入税收制度,美国政府还将额外获得860亿美元。② 另一方面,拜登还计划在国际层面推动二十国集团国家逐步取消低效的化石燃料补贴,包括与中国在内的关键国家领导人接触,以确保在其第一任期结束前取得全球主要国家关于取消化石燃料补贴的承诺。③ 考虑到拜登政府将气候变化问题作为国家安全的核心优先事项,并且将电动汽车视作美国汽车产业的蓝图,其自然无意去维护美国对俄罗斯化石燃料的进口及使用。相应地,和具备清洁能源用途的铂、镍与铀不同,代表传统能源的化石燃料石油被毫无保留地纳入了美国对俄价值链网络化制裁范围,受到了全面禁运的"最高规格"待遇。

---

① "Energy and the Environment Explained: Where Greenhouse Gases Come from," EIA, March 1, 2023, https://www.eia.gov/energyexplained/energy-and-the-environment/where-greenhouse-gases-come-from.php.
② Timothy Gardner, "Biden Tax Olan Replaces Fossil Fuel Subsidies with Clean Energy Incentives," Reuters, April 7, 2021, https://www.reuters.com/business/energy/biden-tax-plan-replaces-fossil-fuel-subsidies-with-incentives-clean-energy-us-2021-04-07/.
③ "The Biden Plan for a Clean Energy Revolution and Environmental Justice," Biden Harris, March 1, 2023, https://joebiden.com/climate-plan/#.

5.2.2.4 化肥、农业与农场主

化肥,亦称矿物肥料,是含有植物正常生长和发育所需营养物质的天然或人造材料。化肥的使用能够帮助改善不利的天然土壤条件,补充土壤的养分供应,并补偿植物因各类原因损失的营养物质,从而满足具有高产潜力的农作物的营养需求,大幅提升产量。化肥在农业中的常规性使用可以追溯到19世纪中期。在第二次世界大战结束后的三十年,随着"婴儿潮"席卷全球,化肥的使用率也经历了历史性增长。① 现在,化肥中营养物质的价值通常占到农作物生产成本的25%至40%。② 化肥最主要的三种营养物质分别是氮、钾和磷酸盐。它们是很多植物的组成成分,如蛋白质、核酸和叶绿素,在能量传递、维持内部压力和酶作用等过程中发挥不可或缺的作用。其中,氮肥是唯一不需要通过对矿物质提纯得到的肥料。虽然空气中含有78%的氮,但是植物不能直接从空气中获取氮,只能通过其根部从土壤中吸收。因此需要将空气中的氮气和天然气中的氢气结合形成混合物氨,并用氨来制造氮肥。俄罗斯和美国作为天然气生产大国,分别占世界氨产量的10.67%和9.33%,排在世界第二位和第三位。在美国,88%的氨被用于制造氮肥。③ 钾来源于数百万年前形成的古老海床和湖床,而它们通常位于土壤表面以下的一至二

---

① K. F. Isherwood, *Fertilizer Use and the Environment*, International Fertilizer Industry Association, 1998.
② Ed Rayburn, "Quick Guide to Calculating the Value of Nutrients in Fertilizers," March, 2022, https://extension.wvu.edu/agriculture/pasture-hay-forage/soil-water/calculating-the-value-of-nutrients-in-fertilizers.
③ Gregg Ibendahl, "The Russia-Ukraine conflict and the Effect on Fertilizer," March 8, 2022, https://agmanager.info/sites/default/files/pdf/Ibendah_Fertizer_RussiaUkraine_03-08-22.pdf.

千米。由于植物根系无法自然到达,需要人为采掘。目前,俄罗斯是世界第二大钾生产国,白俄罗斯位列第三,两者分别占世界钾产量的 19.57% 和 17.39%。最后,磷酸盐的来源是磷酸钙岩石。这类岩石同样不能直接被植物利用,需要通过化学反应来制造供植物使用的肥料。俄罗斯虽然是世界第四大磷酸钙岩石生产国,但是仅占世界产量的 6.36%,落后于中国(38.64%)、摩洛哥(17.27%)和美国(10.00%)。

从俄罗斯与美国在 2021 年的化肥贸易数据来看,俄罗斯主要向美国出口氮肥和钾肥(见图 5.11)。俄罗斯是美国最大的氮肥供应国,2021 年向美国出口了 7.9 亿美元的氮肥,领先于加拿大(6.8 亿美元)和荷兰(5.1 亿美元)。而美国的进口钾肥市场几乎被加拿大垄断,贸易额高达 30 亿美元,俄罗斯和白俄罗斯紧随其后,贸易额分别为 4.1 亿美元

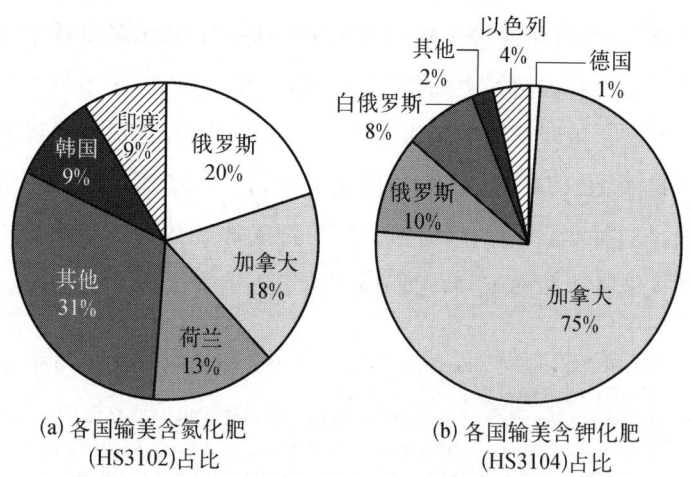

(a) 各国输美含氮化肥　　(b) 各国输美含钾化肥
　　(HS3102)占比　　　　　(HS3104)占比

图 5.11　各国输美含氮、含钾化肥占比
资料来源:笔者根据贸易地图数据库自制。

和3.1亿美元。尽管俄罗斯钾肥在美国的市场份额仅为10%,但是美国的钾肥供应高度依赖国际市场,90%以上的钾肥都来源于进口,再加上俄罗斯和白俄罗斯占据世界钾产量的37%,因此俄罗斯实际上具备搅乱美国钾肥供应链的潜力。

除了化肥,美国还使用自然产生的有机肥料。典型的有机肥料包括动物粪尿、植物性肥料(如棉花籽和海藻),以及属于无机"有机肥料"的矿物质和灰。① 尽管美国等发达国家使用有机肥料的比例相对较高,但化肥仍占其一半使用率。根据美国农业部统计,肥料通常占美国农作物成本的20%,且对玉米和小麦的生产尤其重要,分别占它们运营成本的36%和35%。② 因而美国农场主对肥料的价格十分敏感。在2020年12月美国化肥价格攀升之际,拥有6 000多名农场主和乡郊成员的农业组织家庭农场行动联盟(Family Farm Action Alliance, FFAA)曾要求美国司法部调查美国化肥公司,怀疑其恶意操纵市场。③ 虽然农场主不希望看到进口化肥被加税,但是乡郊地区的农场主们与拜登政府的关系并不紧密,他们在2016年和2020年都是特朗普的坚定拥

---

① "Organic Fertilizer," ScienceDirect, March 1, 2023, https://www.sciencedirect.com/topics/agricultural-and-biological-sciences/organic-fertilizer.
② Frank K. Nti, "Impacts and Repercussions of Price Increases on the Global Fertilizer Market," International Agricultural Trade Report, June 30, 2022, https://www.fas.usda.gov/data/impacts-and-repercussions-price-increases-global-fertilizer-market.
③ Leah Douglas, "Farmers Ask U. S. Justice Department to Investigate Fertilizer Price Spikes," Reuters, December 8, 2021, https://www.reuters.com/markets/commodities/farmers-ask-us-justice-department-investigate-fertilizer-price-spikes-2021-12-08/.

护者。根据农场未来(Farm Futures)在2020年大选前的一份问卷,75%的农场主称将票投给特朗普。① 在由《农场杂志》(Farm Journal)开展的另一份问卷中,特朗普在农场主中的支持率达到了83%,且有64%表示强烈支持。② 2016年,特朗普在乡郊地区比希拉里多收到了630万张选票,到了2020年,特朗普在这些地区进一步扩大了优势,领先拜登的选票达到了710万张。③

尽管农场主所在的乡郊地区并非拜登的票仓,但是2022年的全球粮食危机给予了负责供应粮食的农场主充分的结构性权力。2021年年底,全球已经处于粮食危机的边缘,联合国的指数显示食品价格已经达到了1975年以来的最高水平,全世界有超过7.68亿人食不果腹。④ 在2022年俄罗斯对乌克兰采取"特别军事行动"后,西方国家对俄罗斯实施了货币金融网络化制裁,冻结了俄罗斯与其他国家的资金往来并使其无法为粮食和化肥的运输获取融资和保险。⑤ 随着主要农作物(小麦)和化肥的供应链受到美国对俄货币金融网络化制裁

---

① "Survey: Farmer Support for Trump Is Overwhelming," Farm Progress, September 2, 2020, https://www.farmprogress.com/farm-policy/survey-farmer-support-trump-overwhelming.
② Adriana Belmonte, "Despite Trade War, Most American Farmers Still Support Trump 2020," Yahoo, February 28, 2020, https://au.finance.yahoo.com/news/american-farmers-still-support-trump-141320176.html.
③ Don E. Albrecht, "Donald Trump and Changing Rural/Urban Voting Patterns," Journal of Rural Studies, Vol. 91, 2020, pp.148-156.
④ Tom Philpott, "As Russia's Invasion Roils Supply Chains, the World Grows Hungrier," April 6, 2022, https://www.motherjones.com/food/2022/04/russia-ukraine-wheat-fertilizer-invasion-natural-gas-energy-hunger/.
⑤ "UN Reports Progress on Russia's Grain and Fertilizer Exports," US News, November 11, 2022, https://www.usnews.com/news/business/articles/2022-11-11/un-russia-hold-talks-on-extending-wartime-grain-deal.

的负面外溢效应的波及,粮食的价格被进一步推高。2022年4月,美国消费者指数相比去年同期上升了8.3%,肉类、家禽、鸡蛋和乳制品的价格同比增长9.4%。① 基于食品价格的上升,美国农业部估计将有超过3 800万美国人缺少粮食,包括1 200万儿童。② 在此情况下,即便是在2020年竞选期间自信地称"我们没有粮食短缺问题"的拜登也不得不撤回前言。事实上,拜登早在美国即将开始对俄罗斯实施一系列制裁时,就意识到问题的严重性。2022年3月,拜登第一次公开肯定粮食短缺的可能性,他在比利时布鲁塞尔举行的北约峰会上称:"我们确实谈到了粮食短缺,它将是真实的。……因此,我们正在与我们的欧洲朋友研究如何帮助缓解与粮食短缺相关的担忧。制裁的代价不仅是施加在俄罗斯身上,它也强加给了很多国家,包括欧洲国家和我们国家。"③三个月后,美国政府开始鼓励农业和船舶公司购买并带回更多的俄罗斯化肥,以免影响下一年的农作物收成。④ 2022年7月,美国财政部特地发布了一项声明和一份事实清单(fact sheet),进一步澄清与俄罗斯有关的农业商品(包括化肥)不是美国制裁的目标,美国针对俄罗斯实施的制裁并不妨

---

① 动物和家禽也需要以化肥滋养的植物和农作物为食,因而也相关。
② Mitri Shatara, "The U. S. Food Shortage," July 26, 2022, https://shunnarah.com/food-shortage-in-us/.
③ Kyle Morris, "Biden Warns of 'Real' Food Shortage Following Sanctions on Russia," Fox News, March 24, 2022, https://www.foxnews.com/politics/biden-warns-americans-food-shortage-gonna-be-real-following-sanctions-russia.
④ Elizabeth Elkin, Deniel Flatley, and Junnifer Jacobs, "US Quietly Urges Russia Fertilizer Deals to Unlock Grain Trade," Bloomberg, June 13, 2022, https://www.bloomberg.com/news/articles/2022-06-13/us-quietly-urges-russia-fertilizer-deals-to-unlock-grain-trade.

碍农业贸易。① 2022年9月,拜登在白宫举行了自1969年尼克松政府以来的首次有关饥饿问题的会议,并发表讲话称将在公共和私营部门筹集80亿美元,用以在2030年以前消除美国饥饿问题。② 除此之外,拜登还在2022年9月的联合国大会和10月的世界粮食日呼吁国际社会团结起来,共同应对粮食危机。③

拜登政府的担忧并非空穴来风,美国之所以在2022年全球粮食危机爆发之际依然能够基本满足国内的农业种植需求,是因为2022年农作物的化肥是在2021年购买的。④ 随着俄乌冲突的持续,步入2023年,高昂的化肥价格可能会对2023年美国农场主的生产决策及美国的粮食供应产生更加深远的影响。由此,美国农场主基于自身在潜在粮食危机中扮演的关键角色,对拜登政府获得了较高的议价能力,从而确保化肥免于进入美国对俄价值链网络化制裁的范围。

---

① "Treasury Releases Fact Sheet on Food and Fertilizer-Related Authorizations Under Russia Sanctions; Expands General License Authorizing Agricultural Transactions," U.S. Department of the Treasury, July 14, 2022, https://home.treasury.gov/news/press-releases/jy0868.
② John Wagner and Mariana Alfaro, "Ending Hunger Is Something for 'Whole Country to Work on Together,' Biden Says," The Washington Post, September 28, 2022, https://www.washingtonpost.com/politics/2022/09/28/biden-hunger-conference-congress-shutdown/.
③ Ja'han Jones, "Biden Uses U.N. speech to Highlight Food Fears," MSNBC, September 22, 2022, https://www.msnbc.com/the-reidout/reidout-blog/biden-un-speech-food-insecurity-rcna48724; "Statement by President Joe Biden on World Food Day," The White House, October 16, 2022, https://www.whitehouse.gov/briefing-room/statements-releases/2022/10/16/statement-by-president-joe-biden-on-world-food-day/.
④ Fank K. Nti, "Impacts and Repercussions of Price Increases on the Global Fertilizer Market," U.S. Department of Agriculture, June 30, 2022, https://www.fas.usda.gov/data/impacts-and-repercussions-price-increases-global-fertilizer-market.

5.2.3 美国对俄价值链网络化制裁的贯彻力度

正如上文所述,由于美国获得了西方盟友的支持,在结构中优势较为稳固,再加上价值链适应度对网络化制裁的使用并不敏感,预期结构演化速率整体偏慢。因此,美国对俄价值链网络化制裁保留了较强的贯彻力度,这表现为当俄罗斯试图绕开西方的石油禁运制裁时,美国政府及时更新了政策,强化了对俄罗斯船运的监管。在受到西方制裁前,俄罗斯本来是严重依赖外国油轮来运输原油的。2022年10月,俄罗斯国有银行VTB的负责人安德烈·科斯京(Andrei Kostin)称俄罗斯花费了"至少10万卢比(162亿美元)"用于"油轮舰队的扩张"。根据能源咨询公司睿咨得能源(Rystad Energy)的调查,俄罗斯通过购买以及调回被派去伊朗和委内瑞拉的船只,2022年增加了103艘油轮。航运经纪公司布雷马(Braemar Shipping Services Plc)在给国际能源署的报告中称,与俄罗斯有关的船只运营商被怀疑购买了多达29艘超级油轮(very large crude carriers,VLCC)、31艘苏伊士型油轮和49艘阿芙拉型油轮,分别能够装载200万桶、100万桶以及70万桶原油。对此,一直在追踪船只增加情况的哈佛大学戴维斯中心俄罗斯石油专家克雷格·肯尼迪(Craig Kennedy)解释称:"最近几个月,我们已经看到了相当多的(油轮)被出售给了不知名的买家。而在出售后的几个星期,这些油轮突然出现在俄罗斯,接受它们的第一次原油装载。"[1]显然,这艘油轮舰队

---

[1] "Russia Assembles 'Shadow Fleet' of Tankers to Help Blunt Oil Sanctions," Financial Times, December 2, 2022, https://www.ft.com/content/cdef936b-852e-43d8-ae55-33bcbbb82eb6.

旨在绕开美国和欧洲对俄罗斯石油出口的限制,因而也被西方石油航运业称作"影子舰队"(shadow fleet)。

为了限制"影子舰队",美国及时调整了政策,要求自 2022 年 12 月和 2023 年 2 月起,美国人将被禁止提供与俄罗斯原产原油和石油产品(仅限于价格高于七国集团设定的价格上限的)的海上运输有关的任何服务。① 尽管俄罗斯拥有这些油轮的所属权,但是完整的石油海上运输需要从商品经纪人、炼油商、托运商、贸易商、进口商到金融机构、保险商和保护与赔偿俱乐部(protection and indemnity,P&I)等各类经济实体的配合与服务。只要其中涉及美国人或美国机构,哪怕是使用了美元支付系统,则都处于美国的制裁范围以内。欧盟方面也出台了相关政策,表示任何第三方油轮如果被发现违反现有制裁,则该油轮的运营商将面临 90 天的西方海事服务禁令,无法获取保险、融资等服务。② 尽管这些政策补丁的实际效力还有待观察,但是美国和欧盟确实在几乎第一时间做出了反应,没有选择对俄罗斯的"影子舰队"放任自流。

5.3 美国对俄技术网络化制裁

5.3.1 美国对俄技术网络化制裁的使用

美国分别于 2014 年和 2022 年对俄罗斯的油气开采技术

---

① "Preliminary Guidance on Implementation of a Maritime Services Policy and Related Price Exception for Seaborn-e Russian Oil," U.S. Department of the Treasury, September 2022, https://home.treasury.gov/system/files/126/cap_guidance_20220909.pdf.
② "Factbox: G7 Price Cap on Russian Oil: What Are the Main Elements," Reuters, December 5, 2022, https://www.reuters.com/business/energy/g7-price-cap-russian-seaborne-crude-oil-main-elements-2022-12-05/.

和芯片技术实施了技术网络化制裁。尽管这两次技术网络化制裁的实质都是将美国科技企业在技术网络中的中心地位转化为胁迫性权力,但是它们却基于不同的法理基础。2014年,美国技术网络化制裁的法理依据在于美国《出口管制条例》中的"微量不计原则"。美国 1979 年出台的《出口管制条例》具有治外法权的性质,不仅适用于美国出口,而且也适用于美国原产产品及包含美国原产零部件的非美国原产产品的再出口。"微量不计原则"规定了不受管制的外国产品所含美国零部件的最小比例,通常是 10% 或者 25%。1996 年,美国产业与安全局修订了相关条例,将美国的软件和技术也纳入出口管制范围。① 至此,除非其他国家的企业能够绕开美国原产的硬件、软件和技术,否则都将受到美国法律的制约,配合对目标国的孤立(见图 5.12)。

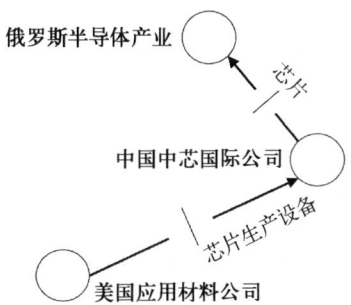

图 5.12　美国对俄技术网络化制裁示意图

2020 年以后,美国针对中国华为公司修订了《出口管制条例》,出台并完善了《外国直接产品规则》,规定只要该外国

---

① "De Minimis U. S. Content in Foreign Made Items," U. S. Industry and Security Bureau, October 1, 2008, https://www.federalregister.gov/documents/2008/10/01/E8-23142/de-minimis-us-content-in-foreign-made-items.

产品在生产研发过程中使用了美国技术或软件,即使它们实际上没有包含美国原产的内容,也属于美国的监管范围。① 法理依据的演变与适用范围的拓展体现了美国对最大化居间性权力运用的努力。值得一提的是,欧盟虽然在对俄技术制裁上紧随美国脚步,但是欧盟仅是美国对俄技术网络化制裁的配合者,而非联合实施者。这是因为欧盟的出口管制条例不存在"微量不计原则"和"外国直接产品规则"或类似规则,除非外国产品正处于欧盟境内,否则对其没有管辖权。②

与价值链层面的情况类似,美国能够顺利对俄罗斯开展技术网络化制裁,得益于俄罗斯本身在全球技术网络③中的边缘位置,以及油气开采技术和芯片技术网络相对较慢的预期演化速率。在与经济发展紧密相关的技术领域,俄罗斯与美国乃至经济合作与发展组织国家都存在明显差距。2013年,俄罗斯仅有50.8个三方同族专利。作为对比,世界前三的日本有17 816.1个,美国有15 601个,德国有4 544个,全球平均水平也有547个。五年后,俄罗斯的三方同族专利下降至44个,仍较世界平均水平(405个)有相当距离。④ 2011年,俄罗斯联邦政府要求教育和科学部在2011年启动"科技展望-2030"项目,以确保俄罗斯能在最有希望的科技发展领域

---

① "§ 734.9 Foreign-Direct Product (FDP) Rules," U.S. Industry and Security Bureau, March 1, 2023, https://www.bis.doc.gov/index.php/licensing/reexports-and-offshore-transactions/direct-public-guidelines.
② 《欧盟两用物项出口管制制度简析》,中国出口管制信息网,2021年12月31日,http://exportcontrol.mofcom.gov.cn/article/zjsj/202111/535.html。
③ 由于本研究的对象是全球经济网络,而非军事网络,这里的技术特指经济用途、民用领域的技术。
④ "Patents by Technology," OECD, March 1, 2023, https://stats.oecd.org/Index.aspx?DataSetCode=PATS_IPC#.

确保国家竞争优势。该项目由俄罗斯国家研究大学的高等经济学院负责协调,涉及科技和工业等各领域的几十个专业组织。2017年,该项目的完成报告识别了俄罗斯的七项优先发展技术领域,包括信息和通信技术、生物技术、医学和健康、新材料和纳米技术、对自然资源的合理运用、运输和空间系统以及能源效率和能源节约。① 在信息与通信技术领域,俄罗斯仅在少数技术上较为先进,如"新数据传输、网络与内容分发技术",而在多数技术上落后于全球第一梯队,尤其是"计算机辅助元素设计"和"数字现实技术和系统"。在生物技术方面,俄罗斯在"制造生物材料的生物技术工艺""建立植物品种和种子认证的遗传数据库技术"和"对环境无害的生物杀虫剂"等领域仍然有待加强。在医疗层面,俄罗斯在"具有独特治疗特性的医疗纺织品"上体现了较高的潜力,但是在更为重要的人体器官再生技术和整体的医疗体系上都被领军国家远远甩在后面。不难发现,即便在俄罗斯相对最有发展潜力的技术领域,仍然较世界前沿水平存在较大差距。

接着再来看油气开采技术和半导体技术网络的结构演化速率。由于上一章节已经具体介绍过半导体技术网络的结构特征,在这里便不再赘述相关内容,主要聚焦于油气开采技术网络。石油和天然气的产业链可分为上游的勘探和生产,中游的运输和储存,以及下游的炼油和零售市场。其中,上游的油气开采流程对技术要求最高,具体可分为四个技术环节,包括钻井技

---

① Gokhberg Leonid, Sokolov Alexander, and Culok Alexander, "Russian S&T Foresight 2030: Identifying New Drivers of Growth," *Foresight*, Vol. 19, No. 5, 2017, pp.441-456.

术、水力压裂(hydraulic fracturing)技术、完井技术和生产技术。①当一家油气公司完成了对矿产的租赁或收购并获得了当地政府的许可证,就可以开始现场施工与打井。目前,主要的钻井技术可以分为两种,即垂直钻井与水平钻井。垂直钻井是传统的钻探方法,表现为以垂直的角度进行钻井作业,相较于水平钻井成本更低。然而,垂直井的覆盖范围有限,在典型的垂直井中生产区的长度,即产油层的厚度通常在3至40米之间,所以采出的石油和天然气总量较少,且垂直井的生产服务周期往往较短,经历了短时间的较高产量后生产率会迅速下降。水平钻井的第一个步骤与垂直钻井一样,从地表开始垂直钻孔。②当水平井达到高于产油层的深度时便会开始转弯,直到油井与产油层平行,与垂直方向呈90度,这个阶段被称为偏差段。在最后一个步骤,水平井钻入产油层并持续向前,直至达到计划长度。水平钻井使得更大面积的井筒与产油层保持接触,可开采的石油和天然气数量大幅增加。尤其当面对只有几米厚的产油层时,1 000至2 500米长的水平井生产区长度通常能达到千米以上。因此,对于垂直渗透性(vertical permeability)较好的薄层或是垂直与水平渗透性比例高的地层,以非垂直的角度刺激产油层的水平钻井的生产

---

① William E. Hefley, et al., "The Economic Impact of the Value Chain of a Marcellus Shale Well," Pitt Business Working Papers, August 2011, http://d-scholarship. pitt. edu/10484/1/PittMarcellusShaleEconomics2011. pdf; "Saskatchewan Oil and Gas Supply Chain Requirement Guide," Stantec Consulting Ltd., May 11, 2015, https://pubsaskdev. blob. core. windows. net/pubsask-prod/93668/93668-Oil_and_Gas_Supply_Chain_Requirement_Guide.pdf.
② J. J. Azar, "Oil and Natural Gas Drilling," in Cutler J. Cleveland ed., *Encyclopedia of Energy*, Elsevier Science, 2004.

效率显著高于垂直钻井。① 而俄罗斯的受制裁地区正好满足水平钻井对地质和油层的要求。俄罗斯的深水和北极近海具有相对浅软的地层,页岩也属于低渗透性岩石,更适合使用水平钻井技术。

水力压裂技术是一种油井刺激技术。该技术通过将水、沙和化学品在高压下由油井注入岩层,在岩石中形成新的裂缝并增加现有裂缝的大小、范围和连通性,从而使得被困在岩层中的石油和天然气回流到井里。由于与水平钻井技术一样更适用于低渗透性岩石,包括页岩、致密砂岩和一些煤层,水力压裂技术通常与水平钻井技术结合使用。一口水平井在其生命周期内可以多次进行水力压裂,以最大限度地提高总产量。在通过水力压裂将石油和天然气灌至油井中后,油气公司便可以开始完井技术环节,将石油和天然气回流并清理油井。完井技术环节的核心是将生产树(production tree)安装到井口上。生产树在行业中也常被称为"圣诞树",实际上是用于控制油井流量的阀门组合。当油井被认为可以进入生产阶段,某些阀门就会打开,石油和天然气会经过生产树流向加工设施。因此,生产树也是其他各类化学品注入点、检测设备、油井干预通道及其他井下设备连接点的位置。由于从井中释放的气体与液体压力极高且具有潜在腐蚀性,井口和"圣诞树"需要由特殊材料制造,以防止高压造成的泄漏和井喷。②

---

① M. Rafiqul Islam and M. Enamul Hossain,"Advances in directional drilling" in M. Rafiqul Islam and M. Enamul Hossain, *Drilling Engineering*, Gulf Professional Publishing, 2021.
② William E. Hefley, et al.,"The Economic Impact of the Value Chain of a Marcellus Shale Well," Pitt Business Working Papers, August 2011, http://d-scholarship.pitt.edu/10484/1/PittMarcellusShaleEconomics2011.pdf.

在最后的生产技术环节,油气公司首先将进行初级开采,即用最简单的方法开采产油层的最大潜在量,让井中的石油和天然气自然地通过"圣诞树"流向地面。一旦初始产油层的压力被耗尽,就需要进入二次开采阶段,通过各类复杂且昂贵的非常规技术手段开采剩余部分,如人工气体举升技术(artificial lift)中的柱塞式提升法(pump lift)和气体提升法(gas lift)。一般情况下,二次开采可使采油量达到总储量的10%至30%,加上初级生产便可达到50%的储量。此外,油气的生产技术还包括对油井的保养与维修。在油井生命周期内及濒临尾声时,对油井的维护和作业也被称为"油井干预"(well intervention)。油井干预技术的提升能够有效延长油井生产周期并提高油气产量。由此可见,油气开采技术网络呈现出复合网络形态,包括上游的水平钻井技术网络,中游的水力压裂技术网络和生产树技术网络,以及下游的油井干预技术网络。

2014年,美国在水平钻井技术和水力压裂技术领域处于全球领先地位。事实上,美国正是通过对水平钻井和水力压裂的技术革新完成了页岩油革命,实现了从石油和天然气的主要进口国到能源"超级大国"的转变。2007年,垂直钻井技术仍然是美国油气产业的主导技术,美国超过80%的油井都表现为垂直井。随着水平钻井技术和水力压裂技术的发展,美国油气公司发现两者的结合能大幅提高美国原油、凝析油和天然气的生产速度。2011年10月,使用水力压裂的水平井成为美国新的原油和天然气开发项目所采取的主要技术形式。[1]

---

[1] "Hydraulically Fractured Horizontal Wells Account for Most New Oil and Natural Gas Wells," EIA, January 30, 2018, https://www.eia.gov/todayinenergy/detail.php?id=34732.

相应地,2007 年至 2012 年期间,美国页岩气产量每年增长 50% 以上,在美国天然气总产量中的份额从 5% 跃升至 39%。同时,美国原油产量增加了 50%,水力压裂法释放出来的高质量轻质油(light tight oil)产量更是增加了近 18 倍。① 尽管美国通过几十年的投资和研究取得了突破,但是其他拥有可观页岩资源的国家在这两项技术(尤其是水力压裂技术)上才刚开始起步,包括俄罗斯、中国、波兰、南非和英国。② 欧洲之所以迟迟未能发展页岩油开采技术,很大程度上源于对环境安全问题的担忧,如压裂过程对淡水、地表水和地下水的潜在污染。③ 而中国此刻正在追赶美国的步伐,中国石油化工集团有限公司和中国石油天然气集团有限公司在 2010 年首次实施页岩气垂直井压裂,并于次年进行了页岩气水平井压裂。此后经历了十年的发展,中国才成为全球第二个掌握页岩气开采核心技术的国家。④

总之,凭借自身的技术优势,美国能够通过对两项技术的核心部件进行出口与再出口限制,即水平钻井硬件和水力压裂软件,来迫使其他国家向俄罗斯断供油气开采设备。水平

---

① Robert D. Blackwill and Meghan L. O'Sullivan, "America's Energy Edge," *Foreign Affairs*, March 2014, https://www.belfercenter.org/publication/americas-energy-edge.
② Michael Shellenberger, Ted Nordhaus, Alex Trembath, and Jesse Jenkins, "Where the Shale Gas Revolution Came From," May 23, 2012, https://thebreakthrough.org/issues/energy/where-the-shale-gas-revolution-came-from.
③ Joanna Glowacki and Christoph Henkel, "Hydraulic Fracturing in the European Union: Leveraging the U.S. Experience in Shale Gas Exploration and Production," *Indiana International & Comparative Law Review*, Vol. 24, No. 133, 2014.
④ 赵金洲、任岚、蒋廷学等:《中国页岩气压裂十年:回顾与展望》,《天然气工业》2021 年第 8 期,第 121—142 页。

钻井技术环节需要一系列高技术设备的支撑,从钻头、钻井液、顶驱钻机、可转向的钻机马达、专门的传感器到钻探时用的测量套装(Measurement-While-Drilling,MWD)和记录套装(Logging-While-Drilling,LWD)。测量套装和记录套装都是用于钻井过程中的测量工具,能够极大地优化钻井作业。相比于记录套装,测量套装的优点在于能够更好地将有关井筒轨迹的实时信息及温度、压力等其他井下数据传输至地面,并且从地面向仪器供电,避免了记录套装在使用内部电池时可能遇到的电力问题。① 2014年,全球水平钻井设备的主要制造商都是美国企业,诸如威猛公司(Vermeer Corporation)、沟神公司(Ditch Witch)、中西部地下科技公司(Midwest Underground Technology Inc.)和全球水平钻井公司(Universal HDD)。② 而水力压裂技术环节则对软件的要求更高。从地质力学的角度来看,水力压裂过程包括三个阶段:裂缝周围岩石的变形、流体在裂缝中的流动以及裂缝的扩展。在此过程中,天然裂缝和水力裂缝之间的相互作用、岩石的异质性和不同物理过程的内在耦合性都会影响到最终的裂缝网络形态。因此,只有通过三维数值建模技术将各类影响因素纳入模拟过程,才能对实际情况进行准确预测并选择最佳压裂方案来提高采油效率。③ 即使到了2022年,有能力提供水力压

---

① "MWD and LWD: A Comparison," October 14, 2019, https://specserve.redguard.com/mwd-and-lwd-a-comparison/.
② Grand View Research, Inc., "Horizontal Directional Drilling Market Worth $14.95 Billion By 2022," October 26, 2015, https://www.prnewswire.com/news-releases/horizontal-directional-drilling-market-worth-1495-billion-by-2022-grand-view-research-inc-537065961.html.
③ Bin Chen, et al., "A Review of Hydraulic Fracturing simulation," *Archives of Computational Methods in Engineering*, Vol. 29, 2021, pp.2113-2170.

裂模拟软件的企业依旧集中在北美地区，包括美国的贝克休斯公司(Baker Hughes)、斯伦贝谢公司(Schlumberger)、巴雷协会(Barree & Associates)、NSI科技(NSI Technologies)、卡波陶瓷(Carbo Ceramics)、最佳压裂(FrackOptima)和加拿大的高德协会(Golder Associates)。① 这足以说明美国企业在油气开采技术网络中上游的水平钻井技术和水力压裂技术层面都处于全球领先地位。由于美国公司在实际油气开采过程中往往需要将这两种技术结合，即使用水力压裂的水平井(hydraulically fractured horizontal well)，这意味着美国国内的龙头企业不仅在各自技术层面位于中心地位，还通过跨层技术合作和交流进一步扩大了技术优势。②

表5.4 美国对俄网络化制裁下的技术结构演化速率预期

	结构拓扑特征	适应度	演化速率
油气开采技术网络	多层	受影响较大	中等
		规范：油气开采技术不具有军事用途	
	美国在水平钻井和水力压裂层面单中心	功能：俄罗斯有世界最大的页岩储备，放弃合作将导致研发投入和技术创新能力降低	

① Ion Pană, Iuliana Veronica Ghețiu, Ioana Gabriela Stan, Florinel Dinu, Gheorghe Brănoiu, and Silvian Suditu, "The Use of Hydraulic Fracturing in Stimulation of the Oil and Gas Wells in Romania," *Sustainability*, Vol. 14, No. 9, 2022.
② "Hydraulically Fractured Horizontal Wells Account for Most New Oil and Natural Gas Wells," EIA, January 30, 2018, https://www.eia.gov/todayinenergy/detail.php?id=34732.

续 表

	结构拓扑特征	适应度	演化速率
半导体技术网络	多层	受影响较小	较慢
	美国在生产设备和芯片设计层面单中心	规范：军民两用技术一直受西方国家的严格管控	
		功能：俄罗斯半导体市场规模十分有限	

在适应度方面，油气开采技术并不直接涉及军事用途，并非传统意义上受国家监管的军民两用技术。欧盟在2014年同时对俄罗斯实施了油气开采技术和军民两用技术的出口管制，在相关法律条文中，两者也是并列关系而非从属关系。[①] 由此，在结构规范上，围绕油气开采技术展开技术网络化制裁缺乏法理依据与先例支撑。其次，俄罗斯有着全球第一的页岩储备量[②]，放弃俄罗斯市场意味着中心企业收入的巨大损失，以及对研发经费和技术开发的消极影响。[③] 2014年，欧洲仍然出于环保顾虑对页岩油开采止步不前，而作为世界最大页岩油生产国且拥有世界第二大页岩储备的美国此时也在面对同样的道德难题。2010年，纽约州通过行政令禁止了大型压裂技术的运用。两年后，佛蒙特州成为美国第一个全面禁止压裂技术的州。在此期间，还有许多州、县的地方政府颁布

[①] "Council Regulation (EU) No 833/2014," Official Journal of the European Union, July 31, 2014, https://eur-lex.europa.eu/legal-content/EN/TXT/PDF/?uri=CELEX: 32014R0833.

[②] "Shale Oil and Shale Gas Resources Are Globally Abundant," EIA, June 10, 2013, https://www.eia.gov/todayinenergy/detail.php?id=11611.

[③] 即使美国油气企业不直接与俄罗斯展开合作，如果购买其钻井设备和压力技术专利的欧洲公司停止在俄罗斯的项目，它们的收入也会相继减少。

了压裂禁令和压裂限制条款，包括水力压裂技术的发源地得克萨斯州的丹东市。① 为此，美国油气开采企业不得不将更多的精力投入到国际市场，因而俄罗斯对它们的重要性不言而喻。

如表 5.4 所示，结合两方面因素，油气开采技术网络的整体演化速率适中，而上一章所介绍的半导体技术网络演化速率甚至更慢。于是，基于俄罗斯自身较低的中心性和两个技术网络并不够快的预期演化速率，美国政府所面临的总体结构成本相对有限，结构因素并不能阻止美国对俄技术网络化制裁的使用。

5.3.2　美国对俄技术网络化制裁的烈度

美国在油气开采技术和半导体技术网络中对俄罗斯采取了差异化的制裁烈度，其背后的逻辑是美国国内两类技术型企业对俄罗斯市场的不同价值定位。对于美国的油气开采企业而言，俄罗斯是最有吸引力的海外市场。俄罗斯不仅有着世界第一的页岩储备量，根据俄罗斯的油田许可证监管机构（Rosnerdra）的估计，俄罗斯所拥有的难采储量（hard-to-recover oil reserve）约为 120 亿吨，即 880 亿桶，占其石油总储量的三分之二，足以满足全球 20 年的石油需求。② 难采储量指的是需要使用水平钻井技术和水力压裂技术进行开采的困

---

① Aleem Maqbool, "The Texas Town That Banned Fracking," BBC, June 16, 2015, https://www.bbc.com/news/world-us-canada-33140732.
② Katya Golubkova and Olesya Astakhova, "Exclusive: Russian Oil Majors Raise Output of Hard-to-recover Crude," Reuters, September 26, 2016, https://www.reuters.com/article/us-russia-oil-hard-to-extract-idUSKCN11W1JB.

在岩石层之间的储量,包括页岩油和页岩气。①

与此同时,油气开采企业在奥巴马政府时期享有较高的结构性权力。这不仅是因为石油是工业时代的必需品,还在于水平钻井技术和水力压裂技术的黄金发展时期正好与奥巴马的任期重合,对经济发展和提高就业率做出了重大贡献。在奥巴马政府第一任前期,美国经历了20世纪20、30年代的"大萧条"以后最大的经济衰退。根据劳工部统计,美国从2008年到2010年大约减少了870万个工作岗位(7%),实际国内生产总值也在2007年至2009年期间下降了4.2个百分点。面临经济困境的奥巴马政府愈加依赖处于上升期的油气开采企业。2010年,奥巴马政府推翻了其竞选承诺,结束了长达20年的近海油气勘探禁令。对此,他解释道:"这不是一个我能轻易做出的决定。但底线在于:鉴于我们的能源需求,为了维持经济增长,创造就业岗位,并保证我们企业的竞争力,即便我们扩大新的本土可再生能源的生产,我们也依旧需要传统的燃料来源。"②

正是在此背景下,美国政府对于俄罗斯开展的油气开采技术网络化制裁烈度较为有限。2014年8月1日,以"破坏乌克兰局势稳定"为由,美国商务部工业与安全局对用于俄罗斯

---

① James Henderson and Ekaterina Grushevenko, "The Future of Russian Oil Production in the Short, Medium, and Long Term," The Oxford Institute for Energy Studies, September 2019, https://www.oxfordenergy.org/wpcms/wp-content/uploads/2019/09/The-Future-of-Russian-Oil-Production-in-the-Short-Medium-and-Long-Term-Insight-57.pdf.
② Katya Golubkova and Olesya Astakhova, "Exclusive: Russian Oil Majors Raise Output of Hard-to-recover Crude," Reuters, September 26, 2016, https://www.reuters.com/article/us-russia-oil-hard-to-extract-idUSKCN11W1JB.

深水、北极近海、页岩油或天然气项目的能源勘探和生产设备进行了出口限制,禁止出口的物项包括"钻机、水平钻井的部件、钻井和完井设备、海底处理设备、可用于亚热带的海洋设备、钢丝绳和井下电机和设备、钻杆和套管、水力压裂的软件、高压泵、地震采集设备、遥控车、压缩机、膨胀机、阀门和立管"①。次月,美国政府在此基础上进一步禁止西方公司在北极、深水和页岩联合项目下与俄罗斯企业开展技术和服务合作,包括俄罗斯石油公司、俄罗斯天然气工业股份公司及其石油子公司(Gazpromneft)、卢克石油公司和苏尔古特石油公司。尽管奥巴马政府的一名高级官员解释称,这次措施"旨在通过剥夺这些俄罗斯公司从事这项工作所需的商品、技术和服务",因为俄罗斯公司并不拥有进行深水、北极近海和页岩油开采项目所需的能力与技术②,但是制裁的烈度显然远没有达到极限。

这是因为美国的技术网络化制裁仅限于俄罗斯的深水、北极近海,以及页岩油、气项目,并不影响俄罗斯本土的油气开发,深水、北极近海的常规能源开发以及其他需要水力压裂技术的难采储量开发。事实上,美国的埃克森公司与俄罗斯在北极近海的合作协议就属于制裁范围之外的常规石油生产。无独有偶,英国石油公司在 2014 年与俄罗斯石油公司计

---

① "Russian Oil Industry Sanctions and Addition of Person to the Entity List," BIS, March 16, 2014, https://www.bis.doc.gov/index.php/documents/about-bis/newsroom/1027-russian-oil-industry-sanctions-and-addition-of-person-to-the-entity-list/file.
② Brett LoGiurato, "Obama May Have Just Dealt a Crushing Blow to Russia's Oil Exploration," Insider, September 12, 2014, https://www.businessinsider.com/us-sanctions-russian-oil-exploration-2014-9.

划在俄罗斯的伏尔加-乌拉尔地区开发的"非页岩、非常规致密油"①,挪威国家石油公司(Statoil)自2013年起与俄罗斯石油公司勘探的伏尔加河的"石灰岩"(limestone),均不在美国的制裁范围以内。②

相较之下,美国对俄开展的半导体技术网络化制裁烈度就明显更高。2022年2月,当俄罗斯对乌克兰采取"特别军事行动",美国在欧盟、日本、澳大利亚、英国、加拿大和新西兰等盟友的支持下对俄罗斯展开了新一轮技术网络化制裁。③ 这次的限制目标为军民两用技术,而由于半导体技术广泛应用于电脑、电信设备、信息安全设备、激光器和传感器等其他受到限制的电子产品,其再次成为技术网络化制裁的焦点。在特朗普政府和拜登政府相继对《出口管制条例》进行强化后,此番措施覆盖所有的美国原产物品和技术,以及在生产过程中使用了美国设备、软件和蓝图的外国物项。美国商务部分管工业与安全局的助理部长西娅·罗兹曼·肯德勒(Thea D. Rozman Kendler)解释称:"(通过这次的制裁)俄罗斯将不再能够获得美国及其伙伴国家的尖端技术。它的国防工业基地以及军事和情报部门将无法购买大多数西方制造的(技术)产

---

① "Strategic Report 2015," BP, March 4, 2016, https://www.bp.com/content/dam/bp/business-sites/en/global/corporate/pdfs/investors/bp-strategic-report-2015.pdf.
② Nerijus Adomaitis and Katya Golubkova, "Exclusive: Sanction Gap Lets Western Firms Tap Russian Frontier Oil," Reuters, August 2, 2017, https://www.reuters.com/article/us-russia-rosneft-domanik-statoil-idUSKBN1AI1RQ.
③ "Commerce Implements Sweeping Restrictions on Exports to Russia in Response to Further Invasion of Ukraine," BIS, February 2, 2022, https://www.commerce.gov/news/press-releases/2022/02/commerce-implements-sweeping-restrictions-exports-russia-response.

品。甚至大多数使用美国敏感技术制造的海外产品也将被限制出口到俄罗斯。"事实也确实如此,俄罗斯最为渴求的微芯片几乎都是由美国公司直接生产,包括"英特尔"、"美光"、"博通"、"美满电子科技"(Marvell Technology Group Ltd)、"芯成半导体"(Integrated Silicon Solution, Inc., ISSI)、"微晶片科技"(Microchip Technology)、"霍尔特集成电路"(Holt Integrated Circuits)和"德州仪器"(Texas Instruments),又或者是在外国公司的生产过程中使用了美国技术,如德国的"英飞凌"(Infineon)和日本"瑞萨电子"(Renesas Electronics)。①

与之前华为芯片禁令所引发的强烈反应不同,美国半导体企业对俄罗斯市场兴致索然。早在俄罗斯出兵之前,白宫国家安全委员会的彼特·哈勒尔(Peter Harrell)和托伦·切布拉(Torun Chhabra)就电话告知了美国半导体产业协会(Semiconductor Industry Association, SIA)的高管,一旦战争打响便可能切断俄罗斯的全球电子产品供应。② 在接到电话后,美国半导体产业协会便通知了其成员,包括美国主要的半导体企业"博通""高通""英伟达""AMD"和"格罗方德"。然而,没有公司选择前往白宫游说抑或是公开向政府施压。其原因正如美国半导体产业协会之后的官方声明所言:根据世界半导体贸易统计组织(World Semiconductor Trade

---

① Zoya Sheftalovich and Laurens Cerulus, "The Chips Are Down: Putin Scrambles for High-Tech arts as His Arsenal Goes up in Smoke," Politico, September 5, 2022, https://www.politico.eu/article/the-chips-are-down-russia-hunts-western-parts-to-run-its-war-machines/.

② Alexandra Alper and Karen Freifeld, "White House Tells Chip Industry Be Ready for Potential Russia Export Curbs," Reuters, January 19, 2022, https://www.reuters.com/business/white-house-tells-chip-industry-be-ready-potential-russia-export-curbs-2022-01-19/.

Statistics organization，WSTS)的数据,俄罗斯并非重要的半导体直接消费者,不足全球芯片采购量的0.1%。① 根据2021年国际数据信息公司(International Data Corporation)的数据,全球信息与通信技术市场的规模达到了4.47亿万美元,而俄罗斯市场仅占到其中的503亿美元。②

考虑到驻美半导体企业与俄罗斯的经济联系十分有限,再加上这些半导体企业正忙着游说美国政府放松对中国的芯片禁令,它们自然不会在对俄问题上牵扯过多精力。其结果便是美国对俄罗斯采取近乎全覆盖的芯片技术网络化制裁范围。美国虽然在此前针对中国"华为"展开了芯片网络化制裁,但是"华为"只是中国的一家企业。美国对中国在国家层面的芯片网络化制裁战略直到2022年10月才正式形成,且仅针对用于人工智能和高性能计算的精密芯片,以及最先进的芯片生产设备极紫外光刻机(EUV)。③ 相较之下,美国对俄罗斯的芯片网络化技术制裁覆盖其整个产业和所有产品,既包括最新的5G芯片,也涵盖常见的4G芯片,既涉及高端的5 nm和7 nm芯片,也包含中低端的14 nm与28 nm芯片。此外,这次美国政府并没有发放类似"华为"事件中的临时通用执照,没有缓冲时间的"AMD""英特尔""微

---

① Semiconductor Industry Association, "SIA Statement on Sanctions on Russia," February 24, 2022, https://www.semiconductors.org/sia-statement-on-sanctions-on-russia/.
② "Global ICT Spending Forecast," IDC, March 1, 2023, https://www.idc.com/promo/global-ict-spending/forecast.
③ Stephen Nellis, Karen Freifeld, and Alexandra Alper, "U. S. Aims to Hubble China's Chip Industry with Sweeping New Export Rules," Reuters, October 7, 2022, https://www.reuters.com/technology/us-aims-hobble-chinas-chip-industry-with-sweeping-new-export-rules-2022-10-07/.

软"和"英伟达"等美国半导体企业只得迅速宣布停止向俄罗斯的芯片出口。① 据美国商务部部长雷蒙多称,从 2022 年 2 月底到 5 月,美国向俄罗斯出口的科技产品减少了 70%,半导体、电信设备及激光器等受限产品的出口量相比去年同期下降了 85%。在美国的全面打击下,乌克兰声称在缴获的俄罗斯坦克中发现了来自冰箱和商业及工业机械的芯片部件。② 这意味着对于俄罗斯军方而言,军用芯片储备一度已经见底,只能通过其他民用芯片进行拼凑。

5.3.3 美国对俄技术网络化制裁的贯彻力度

由于美国在油气开采技术网络中对俄罗斯的制裁烈度本身就有所保留,因此给美国及第三方企业与俄罗斯预留了足够的合作空间,讨论该政策的贯彻力度实际意义有限。在这一部分,本研究主要探讨美国对俄罗斯半导体技术网络化制裁的贯彻力度。

由于半导体技术网络的外部拓扑特征有利于美国维持其中心地位,且内部规范并不排斥政治逻辑和强制性权力的运用,其预期演化速度较为缓慢,因此,美国在半导体技术网络中对俄的网络化制裁得到了严格贯彻。自制裁公布以来,美国通过其情报网络积极筛查制裁违反者。2022 年 10 月,美国财政部指认俄罗斯公民尤里·尤里耶维奇·奥雷霍夫(Yury

---

① Mark Hachman, "AMD, Intel, Microsoft, Nvidia Halt Sales to Russia," PC World, March 6, 2022, https://www.pcworld.com/article/619357/amd-officially-halts-chip-sales-to-russia.html.
② Jeanne Whalen, "Sanctions Forcing Russia to Use Appliance Parts in Military Gear, U.S. Says," *The Washington Post*, May 11, 2022, https://www.washingtonpost.com/technology/2022/05/11/russia-sanctions-effect-military/.

Yuryevich Orekhov)及其两家公司北德工业公司(NDA GmbH)和奥普斯能源贸易公司(Opus Energy Trading LLC)涉嫌替俄罗斯军方采购美国技术产品,包括用于战斗机、弹道导弹、雷达、卫星和其他军事应用的先进半导体和微处理器。① 更重要的是,美国政府未雨绸缪,预先针对最有能力绕开制裁的中国芯片制造商"中芯国际"。中国在2021年向俄罗斯供应了约70%的芯片。为了提前堵住漏洞,美国商务部部长雷蒙多在制裁之初的2022年3月对"中芯国际"发出明确威胁,如果继续向俄罗斯提供芯片,则将面临美国芯片制造工具和软件的断供而"被迫停业"。② 在美国政府的施压下,"中芯国际"不得不向其投资者说明从未向俄罗斯出售过芯片。③ 在中国最领先的芯片制造商缺席的情况下,虽然中国在2022年出口到俄罗斯的芯片数量实现了大幅上涨,但其等级却出现了显著下滑。根据俄罗斯铁矿巨头阿利舍尔·乌斯马诺夫(Alisher Usmanov)旗下的新闻媒体《生意人报》(*Kommersant*)的报道,在西方对俄罗斯进行芯片出口管制后,中国出口到俄罗斯的芯片缺陷率从乌克兰

---

① "Treasury Sanctions Russian Military Technology Procurement Network in Coordination with Law Enforcement Action," U. S. Department of the Treasury, October 19, 2022, https://home.treasury.gov/news/press-releases/jy1035.
② Ana Swanson, "Chinese Companies That Aid Russia Could Face U. S. Repercussions, Commerce Secretary Warns," *The New York Times*, March 8, 2022, https://www.nytimes.com/2022/03/08/technology/chinese-companies-russia-semiconductors.html.
③ Che Pan, "China's Top Chip Maker SMIC Keeping a Low Profile After US Warning over Russian Sanctions," *South China Morning Post*, March 10, 2022, https://www.scmp.com/tech/tech-war/article/3169980/chinas-top-chip-maker-smic-keeping-low-profile-after-us-warning-over.

危机前的2%激增至40%。① 可见，通过预先针对作为关键第三方节点的中国半导体企业，美国的半导体技术网络化制裁成功限制了俄罗斯获取可靠芯片的能力。

5.4 小　　结

如果说2014年的克里米亚危机吹响了美国对俄经济制裁的号角，那么2022年的乌克兰危机标志着美国对俄经济制裁进入了新时期，即网络化制裁时代。对于美国政府而言，俄罗斯在货币金融网络中的边缘性位置难以构成威胁，关键在于欧盟方面，尤其是德国的态度——其立场将直接决定货币金融网络的预期演化速率。随着德国与美国统一战线，结构演化压力被稀释，美国最终得以对俄罗斯实施货币金融网络化制裁。在价值链层面，尽管俄罗斯的中心性达到了"半中心"，然而美国在以七国集团为代表的西方盟友的支持下，在价值链网络具有不可撼动的结构性优势，再加之在通过贸易禁运政策结束战争符合现有的国际规范②，因此美国并不担心对俄使用价值链网络化制裁。同样地，技术网络的结构性因素也均有利于美国施展网络化制裁。俄罗斯在全球技术网络中的位置相对边缘，且油气开采技术网络和半导体技术网

---

① Xinmei Shen, "Defect Rate of Chinese Chips Shipped to Russia Surged to 40 Per Cent after Western Sanctions, Local Newspaper Says," *South China Morning Post*, October 20, 2022, https://www.scmp.com/tech/tech-war/article/3196632/defect-rate-chinese-chips-shipped-russia-surged-40-cent-after-western-sanctions-local-newspaper-says.

② 虽然贸易禁运是结束战争的正当理由，但前提是贸易禁运是向战争中的非正义国施加的。目前，国际社会对于乌克兰冲突的归责问题仍未能达成一致。

络在相应时间段都呈现美国单中心的格局,即使前者的适应度受网络化制裁负面影响较大,整体演化速率依然有限。

在网络化制裁的烈度设计方面,美国的国内因素起到了决定性的作用。首先,为了避免石油价格、天然气价格以及通货膨胀率的激增,从而保护美国国内广大消费者的利益以换取他们对本届政府的支持,美国对俄货币金融网络化制裁特地绕开了俄罗斯主要的能源银行俄罗斯天然气银行。此外,美国做出妥协的另一原因还在于希望争取仍然需要从俄罗斯进口天然气的德国的支持。

其次,在价值链网络化制裁层面,美国主要采取了对俄罗斯中间品进行禁运和加征关税的形式。在此过程中,部分美国国内企业得益于拜登政府的意识形态偏好获得了结构性权力,进而能够使得特定的中间品被排除在对俄价值链网络化制裁范围以外。具体而言,拜登政府主张绿色新政,其内阁成员多在意识形态上推崇清洁能源和降污减排,包括能源部部长格兰霍姆、商务部部长雷蒙多、内政部部长哈兰德、交通部部长布蒂吉格和环保署署长里根。为了实现在 2050 年达到净零排放的目标,美国政府有必要大力支持电动汽车行业和核能行业的发展。为此,用于处理传统汽车尾气的钯金,用于燃料电池电动车的铂金,用于纯电动汽车的镍和用于核能发电的铀相继被纳入政策保护伞。与之相对,在 2020 年占美国二氧化碳排放总量 92% 的化石燃料石油和天然气,成为对俄价值链网络化制裁的牺牲品。除此之外,拜登政府高度重视美国在近期遭遇粮食短缺的可能性,为此农场主基于自身生产决策对潜在粮食危机的关键作用,对拜登政府获得了高议价能力,进而使得俄罗斯进口化肥免受制裁。

在技术领域，美国立足于自身企业的绝对优势，分别于2014年和2022年对俄罗斯的油气开采技术和芯片技术实施了网络化制裁。由于美国国内油气开采企业正享受着水力压裂技术革命性突破带来的技术红利，对处于衰退恢复期的美国经济起到了重要支撑作用，奥巴马政府给予了其较高的支持。对俄油气开采技术网络化制裁最终避开了俄罗斯本土的油气开发，北极、深海地区的常规油气开发以及难采储量开发，使得美国企业能够继续参与价值连城的俄罗斯油气项目。相较之下，俄罗斯的芯片消费市场规模仅占全球市场的不到0.1%，相对微薄的经济收益并不足以推动美国的半导体企业为其积极游说政府，而美国政府也对俄罗斯开展了烈度极高的全面的半导体技术网络化制裁。

最后，美国对于不同领域对俄网络化制裁的贯彻力度存在差异性。在货币金融网络，尽管获得了第二中心欧盟的支持，但是网络化制裁的强制性权力逻辑有悖于自由主义国际经济秩序中的"金融开放"原则，且网络化制裁的使用会伤害美元作为交换媒介的国际货币功能。因此，当俄罗斯设法绕开制裁时，美国并没能及时修正制裁条款。相较之下，在预期结构演化速率较慢的价值链网络和半导体技术网络中，美国能够及时地为其对俄网络制裁打上政策补丁，使其不至于过度偏离预先设计的制裁烈度。

第 6 章
美国对伊网络化制裁

2002年1月29日,在"9·11"恐怖袭击事件的四个月后,小布什总统在发表国情咨文演讲时提出了著名的"邪恶轴心"论,小布什政府将伊朗视为美国在苏联解体后最为严重的两类国家安全威胁的结合——恐怖主义及核(大规模杀伤性武器)扩散。

对此,美国首先联合欧盟尝试通过外交谈判解决伊朗核问题。2005年8月,英、法、德三国率先向伊朗递出了橄榄枝,递交了提案。2006年5月,时任国务卿康多莉扎·赖斯(Condoleezza Rice)也表示如果德黑兰暂停与铀浓缩相关的活动,美国将加入欧盟三国与伊朗的会谈。然而,在2005年上任的伊朗总统穆罕默德·艾哈迈德内贾德(Mahmoud Ahmadinejad)的阻拦下,谈判最终无疾而终。

而对于程度更为激烈的经济制裁和军事打击,美国政府首先否决了军事打击的选项。尽管小布什政府一直在公开场合宣称将保留使用包括军事手段在内的所有政策选项的可能,但根据前中央情报局和国家安全局局长迈克尔·海登(Michael Hayden)透露:"当我们在这届政府中谈论这个问题时,大家的共识是,(军事打击)将使得我们试图阻止的事情发生——伊朗将全力制造核武器,而且是秘密地制造。"①

在传统的单边经济制裁方面,美国在此之前就已经做到了近乎极致。美国在 21 世纪之前对伊朗的经济制裁主要表现为贸易禁运、冻结资产、暂停援助和限制投资。② 美国对伊朗的制裁始于 1979 年至 1981 年期间发生的美国-伊朗人质危机。1979 年 11 月 4 日,伊朗武装人员袭击了美国驻德黑兰大使馆,并扣押了约 70 名美国人作为人质。③ 十天后,吉米·卡特签署了第 12170 号行政命令,冻结了伊朗在美国的所有政府财产。1980 年 4 月美国政府尝试营救扣押人质的行动失败后,卡特又连续签署了第 12205 号和第 12211 号行政命令,以禁止美国与伊朗的几乎所有贸易。1983 年 10 月 23 日,美军贝鲁特海军陆战队爆炸案发生之后,时任美国国务卿的乔治·普拉特·舒尔茨(George Pratt Shultz)将伊朗标记为"支持恐怖主义的国家"(state sponsor of terrorism),以此为开端,美国对伊朗实施了以限制援助为核心的新一轮金融制裁。首先,美国《对外援助法》禁止美国对伊朗的直接财政援助,包括政府贷款、信贷、信贷担保以及进出口银行贷款担保。事实上,此后的历次对外援助拨款法都禁止美国向伊朗提供直接财政援助,且没有豁免条款。其次,根据《国际金融机构法》,美国政府必须利用其影响力竭力反对向恐怖主义国

---

① Josh Roqin, "Bush's CIA Director: We Determined Attacking Iran Was a Bad Idea," Foreign Policy, January 19, 2012, https://foreignpolicy.com/2012/01/19/bushs-cia-director-we-determined-attacking-iran-was-a-bad-idea/.
② Kenneth Katzman, "Iran Sanctions," Congressional Research Service, February 2, 2022, https://sgp.fas.org/crs/mideast/RS20871.pdf.
③ "The Hostage Crisis in Iran," National Archives, March 1, 2023, https://www.jimmycarterlibrary.gov/research/hostage_crisis_in_iran.

家提供多边贷款,例如国际货币基金组织和世界银行。只有人道主义援助不受此规定影响。第三,美国必须停止对向援助伊朗的国家或国际组织提供援助。这一法律实际上已触及次级制裁的"域外法权"概念。根据《对外援助法》,如果一个国际组织将一定比例的预算用于援助伊朗,那么美国政府就必须削减对该国际组织同一比例的捐款,即以美国雄厚的经济实力为筹码,迫使第三方国际机构对美国制裁政策的配合。

1995年5月6日,为了阻止伊朗发展核武器,克林顿政府颁布了第12959号行政令,以全面终止美国和伊朗的贸易与投资关系。① 美国个人和企业被禁止从事与伊朗的能源相关交易。起初,以1985年《国际安全与发展合作法》(International Security and Development Cooperation Act of 1985)为法律依据,里根在1987年10月29日颁布了第12613号行政命令禁止美国进口伊朗石油,不过却没有限制美国公司在海外交易伊朗石油。1995年出台的第12959号行政命令则明确禁止美国企业从事伊朗石油的海外贸易,除非伊朗原油已在第三方国家的炼油厂加工成了精炼石油。为了应对美国对伊朗石油产业的制裁,伊朗对外推出了"回购"(buy-back)项目,即外国公司先向伊朗石油业注入投资,再随着石油和天然气的生产逐步回收投资。于是,美国政府针对性地推出了《伊朗和利比亚制裁法》(Iran and Libya Sanction Act,ILSA)。该法案在2006年终止对利比亚制裁后更名为《伊朗制裁法》(ISA),其核心内容是禁止外国企业向伊朗的石油工业开展大规模投

---

① "Administration of William J. Clinton, 1995," U. S. Government Information, May 15, 1995, https://www.govinfo.gov/content/pkg/WCPD-1995-05-15/pdf/WCPD-1995-05-15-Pg784.pdf.

资,例如在一年内对伊朗能源部门投资超过2 000万美元。能源部门的定义包括液化天然气、石油、液化天然气油轮,以及与石油运输和液化天然气管道相关的产品。该法律由于授权美国对第三国企业进行惩罚,被视作美国的第一个实质性的"域外制裁"。不过,需要注意的是,虽然同样涉及第三方节点,但是美国《伊朗制裁法》的主要依仗是美国政府直接管理的金融资源,例如美国进出口银行的贷款和政府的采购订单。① 这与上文所提到的美国通过暂停或减少对第三方国际机构的援助和捐款,以迫使其停止对伊朗的援助的逻辑是一致的。而货币金融网络化制裁的权力起点并非美国政府所掌握的金融资源(强制性权力),而是美国和美元位于全球货币金融网络中的居间地位(结构性权力)。

显然,在外交手段失灵、军事措施有冒进之嫌的情形下,美国有必要在传统经济制裁的形式上做出革新,以对其加大施压力度。

6.1 美国对伊货币金融网络化制裁

6.1.1 美国对伊货币金融网络化制裁的使用

自2006年开始,美国财政部陆续指定特定伊朗银行为"主要洗钱关切",又或是"涉嫌协助伊朗核项目",包括伊朗萨德拉特银行(Bank Saderat Iran, BSI)、伊朗赛帕银行(Bank Sepah)、伊朗国民银行(Bank Mellat)等伊朗主要银行。根据

---

① "Iran Sanctions Act of 1996," U.S. Department of the Treasury, December 15, 2016, https://home.treasury.gov/system/files/126/isa_1996.pdf.

第13382号行政命令,任何美国人不得与这些银行进行任何交易,这些银行也不准进入美国金融系统。这些指定让国际社会认识到了与伊朗银行进行交易的风险,为美国后续的货币金融网络化制裁做出了铺垫。

2010年,奥巴马政府通过颁布《伊朗全面制裁、问责和撤资法案》(Comprehensive Iran Sanctions, Accountability, and Divestment Act, CISADA),要求切断美国金融系统与涉及和伊朗进行金融交易的第三方金融机构的联系。处于制裁范围的第三方金融机构包括与受美国行政命令13224号或13382号制裁的伊朗实体进行重大金融交易、为受联合国安理会决议制裁的伊朗实体的行动提供便利、为伊朗获取大规模杀伤性武器或其运载系统提供便利,以及与伊斯兰革命卫队及其附属机构进行交易的外国银行。此外,根据《伊朗自由与反扩散法》(Iran Freedom and Counter-Proliferation Act, IFCA),《伊朗全面制裁、问责和撤资法案》的制裁还适用于任何与伊朗能源、航运和造船部门开展业务的外国银行。此时,美国制裁所依靠的是美元支付体系在货币金融网络结构中的中心地位。由于"使用美元对于企业来说仍然是最方便、最经济的"①,第三方行为体难以承受违背制裁的惨重代价。

2011年11月21日,奥巴马政府将伊朗标记为"主要洗钱关切",并于次年和欧盟一起施压银行间金融通信协会切断与伊朗银行的联系。2012年出台的《降低伊朗威胁和叙利亚人

---

① Keith Johnson, "Europe's Dream: Escaping the Dictatorship of the Dollar," Foreign Policy, June 14, 2019, https://foreignpolicy.com/2019/06/14/europes-dream-escaping-the-dictatorship-of-the-dollar/.

权法案》(the Iran Threat Reduction and Syria Human Rights Act, ITRSHRA)授予了美国政府制裁银行间金融通信协会以及其他电子支付系统的权力,通过施压这一特殊的第三方节点,美国得以切断伊朗与网络中绝大部分节点之间的连接。到了2018年,特朗普政府选择退出《伊核协议》并单方面重启对伊朗的银行间金融通信协会制裁。迫于美国的制裁压力,银行间金融通信协会最终选择妥协,与伊朗银行断开连接(见图6.1)。2019年10月25日,财政部金融犯罪执法网络(Financial Crimes Enforcement Network,FinCEN)发布了一项最终规定,禁止美国金融系统与伊朗银行或者代表伊朗银行的外国银行进行任何交易。①

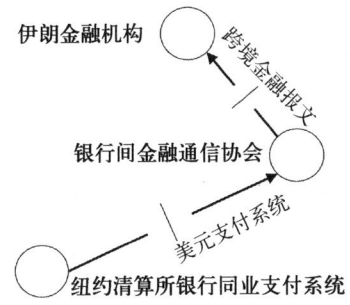

图 6.1 美国对伊货币金融网络化制裁示意图

对于美国政府而言,伊朗在货币金融网络中的边缘位置以及结构适中的预期演化速率意味着,使用货币金融网络化制裁的结构成本相对有限。首先,伊朗在结构中的中心性即

---

① "Treasury and State Announce New Humanitarian Mechanism to Increase Transparency of Permissible Trade Supporting the Iranian People," U. S. Department of the Treasury, October 15, 2019, https://home.treasury.gov/news/press-releases/sm804.

使在边缘国家中也相对较低。伊朗从未加入由 63 个世界主要国家或地区的中央银行组成的国际清算银行,因而也无法获得其在外汇交易市场中的具体数据。对伊朗而言,较高的油价和石油收入在增加政府收入的同时也导致国内需求的扩张和通货膨胀率的增长。① 受国内居高不下的通货膨胀率、过剩的货币供应量和衰减的生产力影响,再加上国际贸易制裁的冲击,伊朗的里亚尔(在 2020 年更名为图曼)长期持续贬值,2009 年美元和里亚尔的汇率已经达到了 9 689.49。② 对于国际投资者而言,里亚尔并不是一个保值的选择。

其次,在结构演化速率方面,考虑到美国与欧盟在对伊朗制裁方面的合作与分歧,货币金融结构的演化速率可以分为两个阶段。从 2010 年奥巴马政府出台《伊朗全面制裁、问责和撤资法案》到 2015 年美国及其他五国与伊朗达成《伊核协议》,欧盟是美国货币金融网络化制裁的联合实施者,减轻了结构演化压力。③ 由于获得了结构第二中心欧盟的支持,美国在结构中的优势较为稳固。不过,由于货币金融网络对网络化制裁的使用十分敏感,结合两方面因素预期结构演化速率相对适中(见表 6.1)。

2018 年以后,由于美国和欧盟立场的分化,欧盟不再支持美国对伊朗的货币金融网络化制裁。此时,结构演化压力又再

---

① Magda Kandil and Ida Aghdas Mirzaie, "Macroeconomic Policies and the Iranian Economy in the Era of Sanctions," *Middle East Development Journal*, Vol. 13, No. 1, 2021, pp.78-98.
② Mohsen Bahmani-Oskooee, "Decline of the Iranian Rial and Its Macroeconomic Consequences," *Iranian Economic Review*, Vol. 8, No. 8, 2003, pp.1-22.
③ 联合国安理会在 2010 年通过的第 1290 号决议呼吁各国停止向伊朗提供金融服务并冻结任何可能有助于伊朗大规模杀伤性武器的资产,详见:"S/RES/1928(2010)," United Nations Security Council, June 9, 2010, https://www.un.org/securitycouncil/s/res/1929-%282010%29。

度聚集到了美国身上,货币金融网络化制裁的整体演化速率加快。不过,即便滞后结构演化成本增加了,基于伊朗在结构中可忽略不计的影响力,美国政府面临的整体结构成本仍然相对有限,不足以束缚住美国的货币金融网络化制裁行为。

表 6.1　美国对伊网络化制裁下的货币金融结构演化速率预期

	结构拓扑特征	适 应 度	演化速率
货币金融网络（2010—2015）	单层	受影响较大	中等
	美元欧元联合单中心	规范:违背了自由主义世界经济秩序中的金融开放规范	
货币金融网络(2018—)	单层	功能:破坏了美元在价值储存和交易媒介上的稳定性	较快
	美元欧元双中心		

6.1.2　美国对伊货币金融网络化制裁的烈度及贯彻力度

正如本章背景部分所介绍的,由于克林顿政府在 1995 年颁布了第 12959 号行政令,禁止美国个人和企业向伊朗注入投资,美国企业在伊朗的金融利益近乎零。即使在 2015 年美国和中国等其他四国同伊朗签订了《伊核协议》后,欧洲和亚洲的资金重新涌入伊朗,美国与伊朗的金融联系也迟迟没有恢复。

在缺乏美国国内强势企业为其游说政府的情况下,伊朗受到的货币金融网络化制裁烈度极高。在 2011 年《伊朗全面制裁、问责和撤资法案》的授权下,美国财政部识别了"整个伊朗的金融部门,包括伊朗中央银行、伊朗私人银行和分支机构以及在伊朗境外运营的伊朗银行子公司",并且通过银行间金融通信协会制裁切断了这些金融机构与全球金融系统的连接。[1] 至此,伊朗的整个银行系统都被置于美国货币金融网络化制裁的范围之内。

在制裁的贯彻力度方面,根据欧盟态度的变化以及预期结构演化速率的差异,美国对伊朗货币金融网络化制裁可以分为2010年至2015年和2018年以后两个时间段。从2010年奥巴马政府出台《伊朗全面制裁、问责和撤资法案》到2015年美国及其他五国与伊朗达成《伊核协议》,欧盟是美国货币金融网络化制裁的联合实施者,减轻了结构演化压力。故在此期间美国网络化制裁虽然受到结构适应度的制约,但仍保留了一定的贯彻力度。2012年7月31日,美国财政部根据《伊朗全面制裁、问责和撤资法案》相关规定,以帮助被制裁的伊朗银行进行重大交易并为其提供金融服务为由,制裁了中国的昆仑银行和伊拉克的埃拉弗银行(Elaf Islamic Bank),禁止这两家银行进入美国金融系统。其中,昆仑银行被称在2012年初向伊朗特佳拉银行(Bank Tejarat)账户转移了数百笔款项,总额达到了1亿美元,埃拉弗银行则在2012年与伊朗出口开发银行进行了价值数千万美元的金融交易。[2] 然而,一方面,时任美国财政部代理副部长的亚当·舒宾(Adam Szubin)称昆仑银行是一个"极小的区域性银行,几乎和美国市

---

[1] Thomas Oatley, "Weaponizing International Financial Interdependence," in Daniel W. Drezner, Henry Farrell, and Abraham L. Newman, eds., *The Uses and Abuse of Weaponized Interdependence*, Washington D. C.: Brookings Institution Press, 2021, pp.122.
[2] "Treasury Sanctions Kunlun Bank in China and Elaf Bank in Iraq for Business with Designated Iranian Banks," U.S. Department of the Treasury, July 31, 2012, https://home.treasury.gov/news/press-releases/tg1661.

场及美元没有任何联系",并且承认即便将其排除在美国金融体系之外,昆仑银行也依旧正常营业,且继续为伊朗提供金融服务。① 另一方面,埃拉弗银行在美国制裁清单上仅待了不满一年,美国财政部就将其豁免,称该银行已经停止了对伊朗出口发展银行的金融服务。美国对这两家银行的处理暴露了两个问题。第一,外国银行能够寻找规模较小、不依赖美元的其他本地银行作为中转,与伊朗银行进行交易并绕开制裁。在此情况下,美国仅会制裁作为直接参与方的中转银行。第二,即便外国银行与伊朗银行的金融交易被美方发现并予以制裁,只要及时积极配合美国的后续政策就能在一年内得到豁免,所需付出的经济成本相对有限。显然,美国相对宽松的货币金融网络化制裁对于第三方银行的震慑效果较为有限。在此之后,依旧有中东和西方银行继续为伊朗银行提供金融服务。②

2018年,随着特朗普政府宣布单方面退出《伊核协议》并重启对伊朗的货币金融网络化制裁,施压银行间金融通信协会与伊朗银行断开连接,欧盟从美国网络化制裁的协助者变成了阻挠制裁的第三方节点。为了维持与伊朗的贸易与金融联系,欧盟于2019年开始实施绕开美元的特殊支付渠道,即贸易互换支持工具(INSTEX)。美国政府随即对欧盟进行制裁威胁,负责恐怖主义与金融情报的美国财政

---

① "Secondary Sanctions Against Chinese Institutions: Assessing Their Utility for constraining North Korea," U. S. Government Publishing Office, May 10, 2017, https://www.govinfo.gov/content/pkg/CHRG-115shrg26242/html/CHRG-115shrg26242.htm.
② Ian Talley, "How Iran Tapped International Banks to Keep Its Economy Afloat," The Wall Street Journal, June 22, 2022, https://www.wsj.com/articles/how-iran-tapped-international-banks-to-keep-its-economy-afloat-11655899201.

部助理部长西加尔·曼德尔克（Sigal MAndelker）在写给贸易互换支持工具负责人佩尔·费舍尔（Per Fischer）的信中明确表示，如果欧盟违背美国制裁将会被排除在美国金融体系之外。① 根据特朗普政府在 2020 年 10 月更新的第 13902 号行政令，这意味着除了包括农产品、药品和医疗器械在内的人道主义物资，外国银行只要处理了与伊朗的交易款项就违反了美国制裁的规定。不过，美国最终未能贯彻制裁。从欧盟官方公布的统计数据来看，欧盟和伊朗的双边贸易额在 2021 年突破了 50 亿欧元，而且在欧盟对伊朗出口中占比最高的是机械与运输设备而非药品和农产品等人道主义物品。② 此外，欧盟还在 2020 年向伊朗注入约 27 亿欧元的直接投资。③

贸易互换支持工具的建立和美国空洞的威胁凸显了美国在这一阶段对伊朗货币金融网络化制裁的贯彻力度之弱。首先，欧盟建立贸易互换支持工具的行为性质与一般绕开制裁的行径不同。因为利用制裁规则在文字上和执行上的漏洞是个体层面的行为，绕开制裁的第三方节点通常对此不会主动声张，而其他行为体即便知道了也不一定能够复制该行为，因为其可能缺乏相应的人力、物力资源和操作层面的经验。然而，欧盟不仅建立了新的绕开制裁的机制，还积极向国际社会

---

① Jonathan Stearns and Helene Fouquet, "U.S. Warns Europe That Its Iran Workaround Could Face Sanctions," Bloomberg, May 29, 2019, https://www.bloomberg.com/news/articles/2019-05-29/u-s-warns-europe-that-its-iran-workaround-could-face-sanctions.
② "European Union, Trade in Goods with Iran," European commission, February 8, 2022, https://webgate.ec.europa.eu/isdb_results/factsheets/country/details_iran_en.pdf.
③ "EU Trade Relations with Iran," European Commission, March 1, 2023, https://policy.trade.ec.europa.eu/eu-trade-relationships-country-and-region/countries-and-regions/iran_en.

宣传，希望更多国家加入进来。事实上，自 2018 年年底英、法、德三国创立贸易互换支持工具后，2019 年 12 月又迎来了六位新成员，包括比利时、丹麦、芬兰、荷兰、挪威和瑞士。① 可见，欧盟绕开制裁的行为超越了个体层面，建立了一种新的开放、包容的国际机制。即便该机制于 2023 年解体，绕开美元的星星之火也已经燃起。

更重要的是，站在美国政府的角度，当美国在试图填补漏洞的过程中发出了新的威胁但是没能将其贯彻，其面临的是损失最大化——既没能填补漏洞，也没能执行威胁。在几乎所有理性决策模型中，不进行威胁的收益总是高于提出了威胁但没能执行的收益。如果美国在欧盟建立贸易互换支持工具后没有发出威胁或做出回应，那么美国至多只是没有填补漏洞，外界可能会归因于美国的情报欠缺或是美欧盟友关系。然而美国明确提出了新的威胁，这就让国际社会接收到了信号——美国意识到了欧盟绕开制裁的行为，并视其为非法的。此时，一旦没能落实制裁威胁，那么美国政府将颠覆自身的制裁信用，在增加国际与国内观众成本的同时，减少制裁的威慑力与效力。于是，2020 年，美国对伊朗货币金融网络化政策并未放松的情况下，伊朗从国际上获得的直接投资金额占国内生产总值比例为 0.6%，较前一年提高了 0.1%，并且高于 2015 年达成《伊核协议》前的水平。②

---

① Sunny Mann, "Six More Countries Join Instex SPV to Facilitate Trade with Iran," December 3, 2019, https://sanctionsnews.bakermckenzie.com/six-more-countries-join-instex-spv-to-facilitate-trade-with-iran/.
② "Foreign Direct Investment, Net Inflows (% of GDP)-Iran, Islamic Rep.," The World Bank, March 1, 2023, https://data.worldbank.org/indicator/BX.KLT.DINV.WD.GD.ZS? locations=IR.

6.2 美国对伊价值链网络化制裁

价值链网络化制裁的使用前提是目标国和美国之间存在价值链中的向前连结,即目标国出口中间品到美国进行下一步加工。然而,对于伊朗而言,其本身融入全球价值链的程度就较为有限。由图 6.2 可见,伊朗在全球价值链网络中的位置距离前十梯队存在明显差距。2009 年,伊朗在全球价值链中的整体结构性权力排在第 40 位(占比 0.07%),作为增加值输入国的结构性权力排在第 56 位(0.67%),作为增加值输出国的结构性权力位居第 30 位(0.11%)。

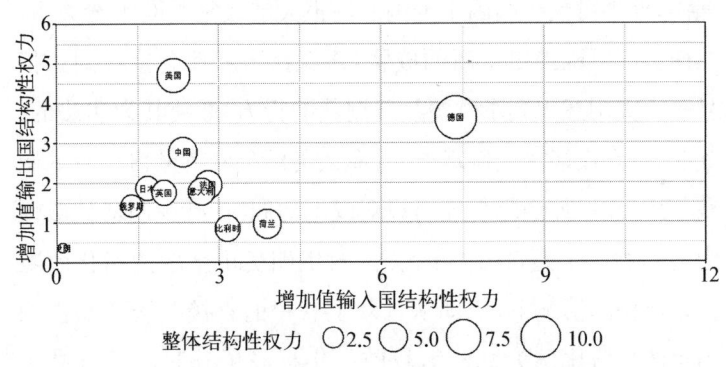

图 6.2 全球价值链中的结构性权力(2009 年)

资料来源:笔者根据庞珣、何晴倩整理数据自制。

更重要的是,早在伊朗与美国建立起中间品贸易联系之前,美国就通过制裁法案断绝了与伊朗的贸易关系。以伊朗最主要的原油出口为例,根据美国能源信息署数据,1978 年伊朗平均每天向美国出口554.75千桶原油。① 在1979年爆发美伊人质危机后,这一数字骤降至302.92千桶。1980年,卡特通过签署第12205号和12211号行政命令终止了美国与伊朗的贸易关系,石油贸易也随之被冻结。尽管随着人质危机和贸易禁令的解除,美伊石油贸易在20世纪80年代中期有所恢复,但即便是1987年的峰值也仅为98.17千桶,不足人质危机发生以前的五分之一。自20世纪90年代以来,伴随着伊核问题的发酵,美伊石油贸易再度回归零点。值得一提的是,美国政府在2000年4月放宽了对伊朗的进口限制,允许美国进口伊朗的坚果、水果、地毯和鱼子酱。至此,地毯(HS57)和艺术品(HS97)成为美伊贸易的主要构成部分。② 据笔者计算,根据贸易地图数据,在2002年至2011年的十年中,这两类商品的贸易占美伊贸易总额的83.78%。③ 不过,由于地毯和艺术品属于最终消费品,故而不涉及中间品贸易和价值链连接。在缺乏价值链连接的背景下,美国对伊朗的价值链网络化制裁自然是无从下手。

6.3　美国对伊技术网络化制裁

美国对伊朗的技术网络化制裁主要体现在通信技术领域。1984年,随着美国政府将伊朗认定为"支持恐怖主义的国家",1979年通过的旨在制裁反复向国际恐怖主义提供支

---

① "U.S. Imports from Iran of Crude Oil and Petroleum Products," EIA, March 1, 2023, https://www.eia.gov/dnav/pet/hist/LeafHandler.ashx?n=PET&s=MTTIM_NUS-NIR_2&f=M.
② 2018年8月特朗普政府再次禁止了伊朗的地毯及其他奢侈品进口。
③ "Trade Map," ITC, March 1, 2023, https://www.trademap.org.

持的国家的《出口管理法》被触发。根据该法令,美国企业如果要向伊朗出售军民两用产品,必须先向美国商务部工业与安全局申请许可证,而后者将根据推定拒绝的原则进行审查。基于信息和电脑技术在现代信息化战争中的关键作用,美国的出口管制范围"涵盖了在计算机时代开发的所有物项"①。美国外国资产管理办公室不仅禁止美国人"直接或间接向伊朗出口任何产品、技术或软件",通过第三方国家企业向伊朗出口和再出口违规产品、技术和软件同样不被允许。根据官方解释,1992 年的《伊朗交易法》(Iran Transactions Regulation,ITR)还禁止美国人向伊朗提供网络连接。② 可见,美国政府不仅想要限制伊朗的军事信息化装备,还试图使伊朗的整个通信网络瘫痪。

不过,美国国会的议员们对此却持不同意见。美国众议员霍华德·伯曼(Howard Berman)指出,有必要确保"总统管理与外国经济关系的权力不被用来限制这些国家人民的交流"③。在伯曼的大力推动下,美国国会在 1988 年通过了《伯曼修正案》,该修正案收回了国会授予总统的特定权力,即"禁止向任何国家出口出版物、电影、海报、唱片、照片、微缩胶片、微缩胶

---

① Vahe Petrossian, "Iran Back in the Firing Line," *Middle East Economic Digest*, Vol. 36, No. 2, 1992.
② "Iranian Transactions Regulations (31 C. F. R. Part 560): Guidance on the Provision of Internet Connectivity Services," U.S. Office of Foreign Assets Control, June 3, 2003, https://home.treasury.gov/system/files/126/ia060603.pdf.
③ Pinky P. Mehta, "Sanctioning Freedoms: U.S. Sanctions Against Iran Affecting Information and Communications Technology Companies," *University of Pennsylvania Journal of International Law*, Vol. 37, No. 2, 2015, pp.763-812.

卷、磁带或其他信息材料的权力"①。此后出台的1994年的《思想自由贸易修正案》(The Free Trade in Ideas Amendment of 1994)进一步扩大了不受总统管辖的信息材料范围,即"任何信息或信息材料,无论其格式或传输媒介如何,包括但不限于出版物、电影、海报、唱片、照片、缩微胶片、磁带、光盘、艺术品和新闻电报等"②。在新政策的影响下,美国财政部也逐渐开始放松技术管制,将视个案情况发放向伊朗民众提供网络连接服务的特定许可证,以服务于"通过增加信息获取度来使伊朗人民受益"的主要目的。③ 2006年,美国国会还通过了《伊朗自由支持法》(Iran Freedom Support Act, ISFA),授权总统"向为支持和促进伊朗民主而奋斗的外国和国内个人、组织及实体提供财政和政治援助"④。

2009年伊朗发生的"绿色革命"加速了美国对伊朗信息技术出口管制政策的转变。随着2009年7月12日内贾德再次当选伊朗总统,其反对者爆发了大规模抗议。而手机等移动设备和社交媒体,尤其是"推特"和"脸书",被认为在这次抗

---

① "Omnibus Trade and Competitiveness Act of 1988," Public Law, No. 100-418, 102 Stat. 1107, 1371 August 23, 1988, https://www.govinfo.gov/content/pkg/STATUTE-102/pdf/STATUTE-102-Pg1107.pdf.
② "Foreign Relations Authorization Act, Fiscal Years 1994 and 1995," Public Law, No. 103-236, 108 Stat. 382, 474, April 30, 1994, https://www.govinfo.gov/content/pkg/STATUTE-108/pdf/STATUTE-108-Pg382.pdf.
③ "Iranian Transactions Regulations (31 C. F. R. Part 560): Guidance on the Provision of Internet Connectivity Services," U.S. Office of Foreign Assets Control, June 3, 2003, https://home.treasury.gov/system/files/126/ia060603.pdf.
④ "Iran Freedom Support Act of 2006," Public Law, No. 109-293, 120 Stat. 1344, 1347, September 30, 2006, https://www.congress.gov/109/plaws/publ293/PLAW-109publ293.pdf.

议中扮演了重要的促进信息交流、协同组织作用。① 在此期间,伊朗政府和美国政府也在暗中较量。伊朗政府在选举前夕强制手机和网络设备运营商停止服务,并封掉了"推特""脸书"和"YouTube",美国政府则要求"推特"推迟系统升级,以最大限度地支持伊朗民众的抗议活动。② 经此事件,美国政府愈加认识到"禁止专制政权的公民获得这种(通信)技术不利于实现美国制裁政策背后的外交政策目标"③。至此,美国对伊朗的信息技术出口管制方针转变为在不影响伊朗民众日常通信的基础上,全面限制伊朗政府用以审查和监视的"敏感技术"。对于伊朗民众,美国政府在 2009 年推出了《伊朗审查制度受害者法案》(The Victims of Iranian Censorship Act, VOICE Act),授权政府拨款用于"通过广播、电视、因特网、移动电话、短信服务和其他通信方式向伊朗人民传播准确和独立的信息"④。

对于伊朗政府,美国则开始实施更加强有力的通信技术网络化制裁,2010 年出台的《伊朗全面制裁、问责和撤资法案》明确禁止向其出口用以限制信息在伊朗自由流动的"硬

---

① Lev Grossman, "Iran Protests: Twitter, the Medium of the Movement," Time, June 17, 2009, https://content.time.com/time/world/article/0,8599,1905125,00.html.
② Sue Pleming, "U.S. State Department Speaks to Witter over Iran," Reuters, June 16, 2009, https://www.reuters.com/article/us-iran-election-twitter-usa-idUSWBT01137420090616.
③ "Department of State: State Department Sanctions Information and Guidance," Federal Register, November 13, 2012, https://www.federalregister.gov/documents/2012/11/13/2012-27642/department-of-state-state-department-sanctions-information-and-guidance.
④ "Victims of Iranian Censorship Act of 2009," Public Law, No. 111-84, 123 Stat. 2190, 2553-2554, October 28, 2009, https://www.govinfo.gov/content/pkg/USCODE-2018-title22/html/USCODE-2018-title22-chap71-sec6204.htm.

件、软件、通信设备或任何其他技术"①。需要强调的是,尽管《伊朗全面制裁、问责和撤资法案》中的相关规定仅提到了对违规企业采取暂停政府采购的惩罚措施,由于向伊朗出口违禁产品的行为还违反了《出口管理条例》,将同时触发"临时拒绝令"(temporary denial order,TDO)。② 根据《出口管理条例》的相关规定,商务部可以要求助理部长签发"临时拒绝令",拒绝向违规个人或企业提供出口特权,即切断对其的美国产品供应,包括美国出口产品、原产产品以及生产过程中使用了美国技术的外国产品(见图6.3)。

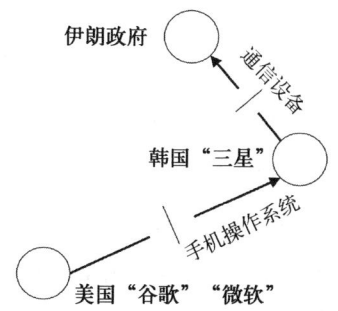

图 6.3　美国对伊技术网络化制裁示意图

6.3.1　美国对伊技术网络化制裁的使用

美国对伊朗技术网络化制裁的使用,得益于伊朗在技术结构中的边缘地位,以及通信技术网络较慢的预期演化速

---

① "Comprehensive Iran Sanctions, Accountability, and Divestment Act," Public Law, No. 111-195, 124 Stat. 1312, 1315, July 1, 2010, https://www.congress.gov/111/plaws/publ195/PLAW-111publ195.pdf.
② "§ 766.24 Temporary denials," Code of Federal Regulations, July 15, 2010, https://www.ecfr.gov/current/title-15/subtitle-B/chapter-VII/subchapter-C/part-766/section-766.24.

率。首先,伊朗在科技领域缺乏核心竞争力。2009 年,伊朗仅有 0.5 个三方同族专利,即使在专利数量最多的 2015 年也只有 2 个。作为对比,美国在 2009 年和 2015 年的三方同族数量分别为 13 664.1 和 14 394.6 个,这两年的全球平均值分别为 526 和 550 个。① 根据英国皇家学会的统计,伊朗在 1996 年至 2008 年期间的科学论文发表量翻了 18 番,从 736 篇激增至 13 238 篇。不过放眼世界范围,这一数字并不出众,仅占世界发表总数的 0.84%。美国在 2008 年共有 316 317 篇科学论文发表,占比 19.97%。② 2017 年,伊朗的技术和研发预算规模在 7 亿美元左右,仅占 GDP 的 0.12%,而美国的技术和研发预算占到了 GDP 的 2.74%,即 4 737 亿美元。根据世界知识产权组织和欧洲工商管理学院(INSEAD)共同发布的 2017 年全球创新指数(Global Innovation Index 2017, GII),伊朗排在 127 个经济体中的第 75 位,仅有 32.9 分(总分 100 分)。③ 联合国贸易和发展会议的有关报告认为伊朗科技、技术和创新发展存在几个问题,包括缺乏和发达国家研发机构的持续互动与合作、企业层面的研发和创新能力不足、外国投资的利用效率不高、国内供应商网络过于弱小以及缺乏相应的基础设施。④ 阿

---

① "Patents by Technology," March 1, 2023, https://stats.oecd.org/Index.aspx?DataSetCode=PATS_IPC#.
② "Knowledge, Networks and Nations: Global Scientific Collaboration in the 21st Century," The Royal Society, March, 2011, https://royalsociety.org/-/media/Royal_Society_Content/policy/publications/2011/4294976134.pdf.
③ Saeed Nosratabadi and Anna Dunay, "Challenges to Economic Upgrading of Iranian Economy," *Faculty of Economics*, Vol. 14, No. 1, 2018, pp.37-48.
④ "Science, Technology and Innovation Policy Review: The Islamic Republic of Iran," UNCTAD, February, 2005, https://unctad.org/system/files/official-document/iteipc20057_en.pdf.

里·萨利姆(Ali Salim)等人的研究也表明,尽管伊朗政府致力于吸收国际直接投资,但是这些国际直接投资对提升伊朗当地企业技术能力的作用十分有限。① 总而言之,21 世纪以来,伊朗政府有意促进国家科技与创新能力,发布了 15 份主要政策文件,包括 2004 年的《建立科学、研究和技术部的法令》、2011 年的《国家科学和教育总体规划(伊朗全面科学发展路线图)》以及 2018 年的《伊朗国际科学关系综合文件》,但是要充分实现其潜力、跻身世界科技强国仍需要较长时间。

其次,通信技术网络的预期结构演化速率由其拓扑特征和适应度决定,而通信技术网络中的外部形态特征表现为美国主导下的单中心格局(见图 6.4)。通信技术网络根据组件类型可大致分为通信硬件技术网络和通信软件技术网络。根据经济合作与发展组织通信和信息政策部门负责人迪米特里·伊普斯兰蒂(Dimitri Ypsilanti)和经济合作与发展组织科学、技术和工业局顾问艾米·普兰廷(Amy Plantin)撰写的相关报告,通信设备的硬件可分为公共交换设备、传输设备和用户端设备三大类。② 其中,公共交换设备包括模拟交换机和数据交换机。数据交换机的主要功能是将二元制的数字信号发送到电话公司的后端网络。而模拟交换机虽然可以表示多类信号,但传输速度要逊于数据交换机。③ 20 世纪 80 年代

---

① Ali Salim, Mohammad Reza Razavi, and Masoud Afshari-Mofrad, "Foreign Direct Investment and Technology Spillover in Iran: The Role of Technological Capabilities of Subsidiaries," *Technological Forecasting and Social Change*, Vol. 122, 2017, pp.207-214.

② "Telecommunications Equipment: Changing Markets and Trade Structures," OECD, 1991, https://www.oecd.org/sti/ieconomy/1909439.pdf.

③ "Digital Switch," Techopedia, March 1, 2023, https://www.techopedia.com/definition/14121/digital-switch.

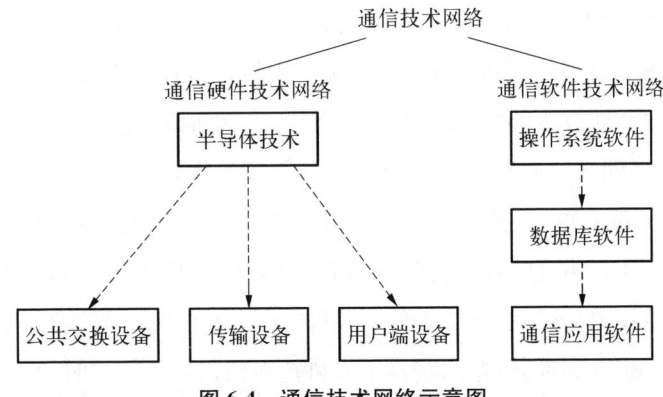

图 6.4　通信技术网络示意图

和 90 年代,传输设备主要是由一个串联的铜线或光纤环路再配上卫星服务所构成。此后,随着通信技术的革新又诞生了基站收发信台、自由空间光通信和多路转接器。用户端设备,顾名思义,是用于客户端传输和切换语音和数据通信的设备,包括私人交换机、局域网、固定电话、传真机、移动电话、路由器和无线设备(计算机和平板电脑)。而这些通信设备硬件的核心是金属氧化物半导体场效晶体管(Metal-Oxide-Semiconductor Field-Effect Transistor)。金属氧化物半导体场效晶体管是微处理器、存储芯片和通信电路的关键组成部分,尤其是作为逻辑电路中的开关和存储芯片中的电荷存储装置,被广泛用于电子行业。举例而言,一个现代微型处理器包含数十亿个金属氧化物半导体场效晶体管,而一张不足 1 克的微型 SD 存储卡则装有十万亿规模的金属氧化物半导体场效晶体管。[①]正是基于晶体管和芯片在移动设备、收发信器、基站模块和路

[①] Jean-Pierre Colinge and James C. Greer, *Nanowire Transistors: Physics of Devices and Materials in One Dimension*, Cambridge University Press, 2016, p.2.

由器等各类通信设备硬件中的广泛应用,美国才得以将其在半导体技术网络中的居间性权力辐射至整个通信设备硬件技术网络。

在软件方面,手机和计算机的操作系统软件处于上游位置,只有通过操作系统调动电子设备的硬件资源,才使得其他软件的运行成为可能。对于下游的应用软件程序员而言,操作系统为其提供了一个底层硬件资源的抽象视图,覆盖了繁琐的细节,从而使得应用程序可以更为简便地被编程。举例而言,应用软件的程序员只需要写一行简单的代码来输出一列字符串,而不必操心如何使每个字符出现在显示屏幕上。在信息与数据处理方面,操作系统能够使得多个计算过程在一个计算机系统上同时进行,并为此执行一些规则,例如确保每次只有一个计算过程能够修改共享数据结构。此外,通过网络,通用操作系统还能为跨计算机系统的计算提供交互支持。① 自21世纪以来,美国的"微软"和"苹果"长期垄断手机、平板电脑和台式电脑操作系统市场。2009年,微软旗下的Windows操作系统占据了全球台式电脑操作系统94.19%的市场份额,"苹果"OS X操作系统占据了4.72%,两者加起来达到了98.91%。在2012年的全球手机和平板电脑操作系统市场中,"苹果"的iOS操作系统和"谷歌"的安卓操作系统分别以34.62%和30.29%的占比独占鳌头,芬兰"诺基亚"的Series 40操作系统(11.87%)和英国"宝意昂"的塞班操作系统(8.56%)紧随其后。次年,随着诺基亚的手机业务被微软

---

① Max Hailperin, *Operating Systems and Middleware: Supporting Controlled Interaction*, Course Technology, 2011.

收购,美国企业所占据的实际市场份额达到了89.74%。①

中间件(middleware)技术网络位于通信软件技术网络的第二层,处于操作系统与应用程序之间。中间件与操作系统有很多共同点,比如都能够为应用程序提供支持,保证不同的计算过程互不干扰,并通过网络通信服务来实现不同计算机上的计算交互。它们的主要区别在于,操作系统通过调动硬件所支持的功能来提供应用程序接口(Application Programming Interface,API)服务,而中间件则在此基础上运用底层操作系统所支持的功能来提供应用程序接口服务。例如,前者是基于磁盘驱动器读写数据块的功能来提供读写文件的应用程序接口服务,而后者进而通过操作系统对包含数据库文件的读写功能来提供更新数据库的应用程序接口服务。总之,中间件为操作系统和应用程序之间的交互提供了协调、持久性存储、命名和通信机制。② 其中,数据库系统管理软件(Database Management System,DBMS)是通信类中间件的主要代表,不仅提供了比大多数操作系统支持的文件更复杂的持久性存储形式,还定义了数据的存储和访问方式,充当了数据库和应用程序之间的接口,确保了数据的一致性和易于访问性。③ 顶尖数据库指标(Top Database Index,TOPDB)

---

① "Mobile & Tablet Operating System Market Share Worldwide," Stat Counter, March 1, 2023, https://gs.statcounter.com/os-market-share/mobile-tablet/worldwide/#monthly-201312-201412.
② Max Hailperin, *Operating Systems and Middleware: Supporting Controlled Interaction*, Course Technology, 2011.
③ Jason Ader, Billy Fitzsimmons, and Sebastien Naji, "Database Software Market: The Long-Awaited Shake-up," William Blair, March, 2019, https://blocksandfiles.com/wp-content/uploads/2019/03/Database-Software-Market-White-Paper.pdf.

通过分析 2006 年以来各大数据库在"谷歌"搜索引擎上被搜索的词频,测量了数据库的受欢迎程度。① 2009 年年底,甲骨文公司旗下的 Oracle 和 MySQL② 分别以 33.7% 和 22.9% 的搜索频率排名前二,"微软"的 Microsoft SQL Server(16.2%)和 Microsoft Access(15.2%)紧随其后,IBM 公司的 DB2(2.87%)位列第五位。仅此三家美国公司就占据了数据库词频的 90.9%,更别提前十榜单中还有 Sybase、SQLite 等多家数据库属于美国产品。由此可见,美国企业在数据库技术领域同样具备绝对的统治力。

在下游的应用软件层面,用于通信的常见应用软件大致可分为两种,即采用多种文件格式、包含大尺寸数据、满足复杂需求的企业用办公软件,以及形式和内容相对单一、重视简洁和便捷性的移动社交软件与即时通信软件。2010 年,美国三巨头"微软"、IBM 公司和"甲骨文"夺得了企业用软件市场份额的前三名,其中"微软"凭借 Microsoft Office 占据了 22.4% 的市场份额。③ 十年后,办公类软件市场的主要参与者和技术革新者仍是美国的几家软件巨头,包括"微软"、"谷歌"、IBM 公司、"甲骨文"以及"赛富时"(Salesforce Inc.)。④

---

① "The Most Popular Databases-2006/2021," Statistics & Datta, May, 2021, https://statisticsanddata.org/data/the-most-popular-databases-2006-2021/.
② MySQL 最初是由瑞典公司 MySQL AB 公司开发,2009 年 MySQL AB 公司被美国公司 Sun Microsystems 收购,2010 年甲骨文公司又收购了 Sun Microsystems。
③ "Enterprise Software Market Revenue Reached \$245bn in 2010, Says Gartner," Tech Monitor, May 6, 2011, https://techmonitor.ai/technology/enterprise-software-market-revenue-reaches-245bn-in-2010-says-gartner-060511.
④ "The Global Office Software Market Size Is Expected to Reach \$25.5 Billion by 2028, Rising at a Market Growth of 6.5% CAGR During the Forecast Period," Yahoo Finance, November 25, 2022, https://finance.yahoo.com/news/global-office-software-market-size-150000419.html.

2008年年底,"苹果"商店所披露的数据显示,美国的"脸书"、线上公司(AOL.)的 AIM 以及此后被时代公司(Time Inc.)收购的 MySpace Mobile 是最受欢迎的免费社交媒体应用。① 不过在11年后,中国字节跳动公司的抖音同时在"苹果"商店和 Google Play 成为下载量第一的社交媒体应用,领先于美国的"脸书"和 Instagram。② 根据全球网页指数(GlobalWebIndex)针对32个国家3.2万名千禧世代网络用户的问卷调查,2015年最受欢迎的即时通信应用是美国"脸书"旗下的 Messenger 和 WhatsApp,排在第三至六位的分别是总部位于卢森堡的 Skype、日本乐天公司的 Viber、中国"腾讯"的微信以及韩国互联网集团 NHN 日本子公司 NHN Japan 的 Line。③ 不难发现,美国企业凭借自身作为信息革命引领者的先发优势,在具有一定技术门槛的办公类软件市场长期处于稳固的领先地位,而在缺少技术壁垒、强调用户体验的通讯和社交软件领域则缺乏后劲,相对容易被其他国家企业缩小差距。

总之,美国在通信软件技术网络中上游的操作系统软件技术和数据库软件技术层面具备难以撼动的技术优势。更重要的是,通信软件技术网络中同样普遍存在着半导体技术网络所呈现的专利授权现象。由于面临大量的技术专利申请且

---

① Sean Keach,"Dead Old Apple App Stores Turns 10-But You Definitely Don't Use 2008's Most Popular apps Any More,"The Sun,July 6,2018,https://www.thesun.co.uk/tech/6709862/apple-app-store-10-top-iphone-apps-2008-most-popular/.
② Sunny Chen,"Top Social Media Apps Worldwide for December 2019 by Downloads,"Sensor Tower,January,2020,https://sensortower.com/blog/top-social-media-apps-worldwide-december-2019.
③ Jennifer Van Grove,"10 Most Popular Messaging Apps with Millennials,"The Street,February 13,20215,https://www.thestreet.com/technology/10-most-popular-messaging-apps-with-millennials-13043288.

受过训练的专利研究员严重不足,美国专利商标局往往在批准专利时忽视现有专利。因而,在同一技术层面,每家大型技术企业的专利库几乎都与其他同类型技术公司的科技产品相重叠。如果两家技术企业因为专利问题相互起诉,双方都将付出大量经济和时间成本,只有律师是唯一赢家。由此,双边专利保护成为标准的操作程序。以"微软"为例,早在1995年"微软"就与"甲骨文"达成交叉授权协议,从而为各自的网络软件产品提供标准的脚本和编程功能。① 2006年,美国的"微软"与Linux操作系统的开发商Novell签订了交叉授权协议,"微软"共支付了3.48亿美元,Novell共支付4 000万美元,相互授权自身的操作系统专利。② 八年后,"微软"和IBM也达成协议,相互授权自己的中间件软件。③ 而对于不同层面的软件企业而言,下游企业需要向提供技术要素的上游企业申请专利许可证,并付出高昂的专利租赁费。"三星"因为其手机端安卓操作系统中使用了"微软"的专利,需要每年向"微软"缴纳15亿美元的专利费用④,而"甲骨文"在2010年一个季度的专利授权收入就达到了约60亿美元。⑤ 在整个通信技

---

① "Microsoft, Oracle Temp Up in Net Technology," CNET, December 7, 1995, https://www.cnet.com/tech/services-and-software/microsoft-oracle-team-up-on-net-technology/.
② Peter Yared, "Microsoft Has OS Patents; Linux Has None," CNET, December 4, 2006, https://www.cnet.com/tech/tech-industry/microsoft-has-os-patents-linux-has-none/.
③ Serdar Yegulalp, "Microsoft Extends Its Win Streak with IBM Cross-Cloud Deal," Info World, October 22, 2014, https://www.infoworld.com/article/2837082/microsoft-extends-its-win-streak-with-ibm-cross-cloud-deal.html.
④ Dan Levine, "Microsoft, Samsung Settle Contract Dispute over Patents," Reuters, February 10, 2015, https://www.reuters.com/article/us-microsoft-samsung-elec-settlement-idUSKBN0LD2LA20150209.
⑤ "The Database Report-April 2010," TDAN, April 1, 2010, https://tdan.com/the-database-report-april-2010/13041.

术网络内,美国企业不仅能够实现跨层(如通信软件技术网络中操作系统层面与数据库层面)技术合作,还能进行跨技术(如软件技术与硬件技术)的交流、融合与创新。硬件设备市场引领者的 IBM 公司和软件科技巨头"甲骨文"早在 20 世纪 80 年代就建立了合作关系,希望通过 IBM 公司提供的硬件优化"甲骨文"的数据库软件技术。[①] 21 世纪以来,IBM 公司将其人工智能以及物联网、区块链技术与"甲骨文"的企业资源计划云解决方案(ERP,Enterprise Resource Planning)和人力资源管理云解决方案(HCM,Huan Capital Management)应用程序相结合,从而在新兴的云服务领域抢占先机。

另外,通信技术网络的结构规范和功能性需求并没有与美国对伊朗实施的网络化制裁相悖。一方面,通信硬件设备由于具备军事用途而长期受到西方国家的技术出口管制。而通信软件作为信息的传输媒介,本身同电影、海报、磁带和光盘等信息材料一样,不仅不属于军民两用技术,其传播还受到国际"言论自由"和"信息自由"规范的保护。不过,经过 1988 年的《伯曼修正案》和 1994 年的《思想自由贸易修正案》,美国修正了其对伊朗技术出口管制的方针。美国对伊朗的通信软件技术网络化制裁仅针对伊朗政府而不适用于伊朗民众,其政策目标是限制伊朗政府对于国内信息的监控与管制能力。就这一点而言,美国的通信技术网络化制裁实际上是以促进伊朗境内信息自由流通为目的,顺应了结构规范。另一方面,伊朗有限的信息与通信技术市场规模(不

---

① Joe Tsidulko, "How Oracle and IBM Excel at Enterprise Cloud Migrations," Oracle, September 30, 2021, https://www.oracle.com/news/announcement/blog/how-oracle-and-ibm-excel-at-enterprise-cloud-migrations-2021-09-30/.

足全球信息与通信技术消费市场的1%)并不足以对美国企业的经济收入产生实质性冲击,进而影响其技术投入和创新能力。

如表6.2所示,结合通信技术网络的内部规范和外部拓扑特征,可以发现通信技术网络的预期结构演化速率相对较慢,再加上伊朗在技术网络中较低的中心性,难以对美国产生实质性结构反冲作用,故美国最终得以向伊朗使用通信技术网络化制裁——通过使用通信硬件技术网络和通信软件技术网络中的横向及纵向居间性权力,美国能够迫使第三方企业配合对伊朗的通信技术封锁。

表6.2 美国对伊网络化制裁下的技术结构演化速率预期

	结构拓扑特征	适 应 度	演化速率
通信硬件技术网络	多层	受影响较小	较慢
	美国在通信硬件技术网络中的半导体技术网络与通信软件技术网络中的操作系统技术和数据库技术层面位于单中心	规范:在硬件方面,军民两用技术一直受西方国家的严格管控;在软件方面,美国限制伊朗政府的通信软件技术正是为了保护伊朗境内信息的信息自由	
		功能:伊朗通信技术设备市场规模十分有限	

6.3.2 美国对伊技术网络化制裁的烈度及贯彻力度

在西方制裁下,伊朗的信息与通信技术市场规模一直处于萎缩状态,2015年约为194亿美元,不足全球信息与通信技术市场的1%。① 因而,美国信息与通信技术企业也缺乏经济动力去游说政府放松对伊朗的技术管制。2013年,"三星"基于"法律壁垒"因素,被迫切断了其应用商店与伊朗手机用户的连接。② 五年后,随着特朗普重启对伊朗制裁,占据伊朗手机市场一半以上份额的韩国的"三星"和LG公司被迫向伊朗断供手机及其他通信电子设备。③ 可见,尽管自2010年以来,为了保障伊朗人民自由通信能力,美国政府在整体上放松了对伊朗的技术限制,但是鉴于美国在通信技术网络中全面的技术影响力,再加上美国信息与通信技术企业缺乏干预制裁的动力,美国对伊朗的通信技术网络化制裁烈度实际上从未降低。

在制裁的贯彻层面,美国在通信技术网络中稳固的中心地位和对网络化制裁并不敏感的结构适应度给予了美国严格贯彻制裁的底气与自信。2012年4月,路透社发表了一则报道,称中国第二大通信设备制造商"中兴"向伊朗电信公司(Telecommunication Co of Iran,TCI)出售了价值一千万美元的美国零部件,其中包括IBM的服务器、思科和博科(Brocade Communications Systems Inc.)的交换机、"甲骨文"的数据库软件、赛门铁克的杀毒软件以及瞻博网络(Juniper

---

① "Quick Review-ICT," Smart Invest Iran, March 1, 2023, https://smartinvestiran.com/upload/document/izju0/Quick%20Review%20%7C%20Information%20&%20communications%20technology.pdf.
② "Samsung to Block Access to App Store in Iran," DAWN, March 14, 2023, https://www.dawn.com/news/1025389/samsung-to-block-access-to-app-store-in-iran.
③ Michael Lipin and Katherine Ahn, "US Sanctions Appear to Push S. Korea's Samsung, LG to Retreat from Iran," VOA News, February 23, 2020, https://www.voanews.com/a/middle-east_voa-news-iran_us-sanctions-appear-push-s-koreas-samsung-lg-retreat-iran/6184721.html.

Networks)的防火墙。① 次月,美国商务部对此展开调查。2016年3月,"中兴"被美国商务部加入实体清单,禁止其从事任何美国产品的出口、再出口以及国内运输。在中国政府的积极介入下,美国同意向"中兴"发放通用许可证,允许其暂时继续购买美国产品。2017年,"中兴"与美国财政部及商务部达成协议,罚款11.9亿美元(美国历史上最高的民事加刑事罚金)并对此前违背制裁的管理层进行惩戒。到了2018年4月,美国商务部以"中兴"未履行对员工的奖金处罚为由,对其下达了为期七年的暂时拒绝令(suspended denial order, SDO),剥夺其出口特权。于是,中国政府再度出面,积极与特朗普政府展开交涉。基于"我们(美国)正在与中国谈判的更大的贸易协定和我(特朗普)与习主席的个人情谊",特朗普最终同意恢复对"中兴"的产品供应。② 饶是如此,"中兴"仍然付出了巨大的代价,除了2017年协议中已付的8.9亿美元,还向美国另外缴纳了10亿美元的罚金,以及4亿美元的保证金。更重要的是,"中兴"被迫让渡了自己的保密权,接受由美国商务部指派的特别合规协调员(Special Compliance Coordinator)、曾任华盛顿特区检察官的罗斯科·霍华德(Roscoe C. Howard)的监督审查。一旦"中兴"再度被发现违反美国制裁,将被施以为期十年的拒绝令。可见,先后两度被美国政府断供技术

---

① Steve Stecklow, "Exclusive: China's ZTE Planned U.S. Computer Sale to Iran," Reuters, April 10, 2012, https://www.reuters.com/article/us-zte-iran-aryacell-idUSBRE8390T720120410.
② "Trump Defends Reversing Himself on Chinese company ZTE of Trade Talks," CNBC, May 15, 2018, https://www.cnbc.com/2018/05/15/trump-defends-reversing-himself-on-chinese-company-zte-ahead-of-trade-talks.html.

要素,"中兴"不仅自身缴纳了高昂的罚金,甚至连中国政府也为此付出了大量努力。需要注意的是,由于"中兴"和"华为"都是中国顶尖通信设备制造商,美国对"中兴"和"华为"的制裁经常被混为一谈。① 然而,时任美国商务部部长的罗斯明确称"中兴"的情况与"华为"是不一样的。② 前者是因为违反了美国对伊朗的制裁以及此后与美国政府达成的协议,后者是因为其技术产品本身对美国构成了国家安全威胁。

6.4 小　　结

以2010年的《伊朗全面制裁、问责和撤资法案》为标志,美国开始向伊朗使用货币金融网络化制裁与技术网络化制裁。这是因为伊朗在全球货币金融和技术结构中处于边缘位置,伊朗无法通过结构连接对美国产生实质性的反冲作用,且货币金融网络和通信技术网络的预期结构演化速率较慢,美国并不担心结构在短期内快速演化。尽管在2018年美国退出《伊核协议》后,美国与货币金融网络中的第二中心欧盟产生了分歧,不再联合实施网络化制裁。然而,加快的结构演化速率不足以约束美国的网络化制裁行为,除非伊朗能够在结构中进一步提升其中心性。

---

① Adam Segal, "Huawei, 5G, and Weaponized Interdependence", in Daniel W. Drezner, Henry Farrell, and Abraham L. Newman, eds., *The Uses and Abuse of Weaponized Interdependence*, Washington D.C.: Brookings Institution Press, 2021, p.156.
② Emma Newburger, "Commerce Secretary Wilbur Ross Says Licenses for US Companies to Sell to Huawei Coming 'Very Shortly'," CNBC, November 3, 2019, https://www.cnbc.com/2019/11/03/wilbur-ross-says-licenses-for-us-to-sell-to-huawei-coming-shortly.html.

而在全球价值链层面,伊朗早在融入全球价值链体系、与美国建立起中间品贸易纽带之前就被美国政府单方面终止了贸易关系。因而,虽然美国政府一度在2000年放松了对伊朗的贸易限制,准许其进口地毯、艺术品等最终品,但是两者之间并不存在价值链中的向前连结,即中间品贸易环节,故美国的价值链网络化制裁也无从下手。

在制裁的烈度设计上,由于美国私有企业对于伊朗市场缺少兴致,美国对伊朗货币金融网络化制裁和技术网络化制裁的烈度整体偏高。在货币金融网络,由于美国企业与伊朗的投资与金融联系长期受到限制,没有后顾之忧的美国对伊朗的货币金融网络化制裁范围相当全面,除了人道主义产品销售外的金融交易均被禁止。在技术领域,2010年出台的《伊朗全面制裁、问责和撤资法案》体现了美国政府保障伊朗境内信息自由流通以及限制伊朗政府监控信息能力的双重目的。凭借美国企业在通信硬件技术网络和通信软件技术网络中的居间性权力,美国能够以限制技术要素的流通为筹码强制第三方企业停止向伊朗政府出口通信设备。以韩国"三星"为例,虽然其身为全球顶尖通信设备制造商之一,但是在硬件方面需要IBM公司和"博通"在芯片生产设备和芯片设计技术上的支持,在软件方面依赖谷歌的操作系统和微软的技术专利。对此,伊朗规模有限的信息与通信技术消费市场难以打动美国科技巨头为其向政府游说,只能接受高烈度的通信技术网络化制裁。

最后,美国对于伊朗的不同网络化制裁采取了差异化的贯彻力度。由于货币金融网络的规范强调市场逻辑而非政治逻辑,且美元作为国际货币的信誉和节点效率将受到网络化制裁的强烈负面影响,美国对货币金融共网络化制裁的贯彻力度相对有限。尤其是在2018年美国与欧盟产生分歧时,为了避免结构快速演化,美国既没有通过进一步的实际行动填补漏洞,也没能贯彻对贸易互换支持工具和欧盟企业的制裁威胁,最终导致自身制裁信誉骤降。相较之下,在2010年至2015年期间,由于有着结构第二中心节点欧盟的支持,结构演化压力被稀释,美国仍然能够向中国昆仑银行和伊拉克的埃拉弗银行实施制裁。不过,从制裁过程上来看这一阶段仍然存在规则漏洞,如第三方银行可以通过本地的小银行与伊朗银行进行中转交易,从而绕开制裁。而在通信技术网络,一方面,美国在硬件技术网络中核心的半导体技术网络,以及软件技术网络中上游的操作系统和数据库技术层面的主导企业能够通过跨层和跨技术合作稳固领先地位。另一方面,结构适应度对网络化制裁的使用并不敏感。因此,美国对伊朗通信技术网络化制裁的贯彻十分严格。中国第二大通信设备制造商"中兴"因为与伊朗的违规交易两度被断供美国技术要素,最后在付出高额罚金、让渡企业保密权,以及中国政府出面同美国政府积极协商的情况下,才最终得以恢复了其出口特权。

第 7 章
结论与启示

7.1 结论与研究发现

自 21 世纪以来,美国开始使用一种新的经济制裁形式——网络化制裁,即美国通过将中心节点在结构中的优势地位转换为强制性权力,来迫使第三方节点切断与制裁目标之间的连结。网络化制裁的权力基础来源于结构。正如居间中心性代表着该节点在广泛网络连结中所起到的桥梁作用,随着多边相互依赖交织形成了复杂网络结构,行动者在结构网络中所处位置及其连结方式决定了它与其他节点之间的网络依赖关系。不过,当美国开始刻意利用交通枢纽的位置制造隔阂,将扎根于结构层面、在行为体层次难以追踪的"去面孔的权力"转化为针对具体目标国的有形的权力,受到影响的结构中的其他行动者以及结构本身也会对此做出反应,对权力转化施加双重压力。这是因为现有的国际经济网络结构是无数企业基于市场逻辑和经济效率反复试验与改良而成的集合产物。一方面,偏好经济全球化、一体化进程的聚合惯性势必会对切断连接、支离结构的强制性权力产生强大阻力;另一方面,以经济效率为先的市场逻辑必然会与强调安全的政治逻辑产生激烈碰撞。

故而,结构在孕育了中心节点的同时,也播下了令其衰退的种子。在结构层面,首先,目标国中心性代表了整个结构所有节点对该节点的依赖程度,反映了当位置发生变化时,其他节点需做出的"反应程度和调节成本"。随着网络化制裁改变了目标国在结构中的相对位置,借由结构连接的扩散传导,这一波动将对美国造成反冲作用,构成了即时结构成本。其次,由于结构中的第三方行为体被迫配合美国制裁,由此与美国之间产生了直接矛盾,选择绕开中心节点的避险性集体行动,形成了滞后的结构演化成本。在美国国内层面,以跨国企业为代表的非国家经济行为体既是国际经济结构中的重要组成部分,同时也是国内政治权力生态的一部分。为了避免国家政治行为造成的经济损失,这些相关国内利益体将会动用自身在国内的影响力去向美国政府施压。因此,目标中心性、预期演化速率和企业权力共同限制着权力转化进程,制约着网络化制裁政策的选择策略,且分别着重于政策的不同方面——制裁维度、制裁烈度和贯彻力度。

本研究选取美国自21世纪以来分别在货币金融、价值链和技术三个领域对中国、俄罗斯、伊朗展开的网络化制裁作为案例,并通过将制裁对象和制裁维度进行不同的组合和比较以针对不同假设关注的组内及组间差异。首先,在案例检验中,目标国中心性和预期结构演化速率都构成了影响美国网络化制裁使用倾向性的主要因素。当目标国低于"中心",且预期结构演化速率不"快"时,结构性因素并不能阻止美国网络化制裁行为的出现。其中,有两个案例较为关键。第一个是作为"最不可能案例"的中国案例,即使在俄罗斯于2014年出兵克里米亚,且拜登政府已经注意到俄罗斯采取进一步军事行动的可能性的情况下,2021年的美国《临时国家安全战略指南》依旧将中国视作美国的最主要竞争对手,威胁程度高于俄罗斯,更不必说伊朗和朝鲜。因此,以常理推断,美国对中国采取网络化制裁的倾向性应相对最高。然而,美国却唯独没能对中国使用货币金融网络化制裁。这是由于人民币近年来在货币金融网络中的崛起,再加上货币金融网络较快的预期演化速率,美国无法承受高昂的结构成本。另一个值得关注的案例是俄罗斯。尽管美国对中国和俄罗斯的制裁动机有所区别,前者更关注经济因素,后者围绕地缘政治利益,然而美国在2014年和2022年两度制裁俄罗斯的起因是相近的,都是基于俄罗斯对乌克兰乃至整个欧洲的战略威胁。美国曾在2014年试图劝说银行间金融通信协会制裁俄罗斯银行。不过,由于彼时美国并不愿意承担施压银行间金融通信协会的成本,在银行间金融通信协会拒绝后便放弃了行动。然而2022年,美国成功施压银行间金融通信协会切断与俄罗斯银行的连接。在俄罗斯中心性没有发生明显变化的情况下,预期结构演化速率的变化发挥了决定性作用。欧盟方面,尤其是德国态度的转变,使得美国在货币金融网络中获得了第二中心的支持。由此,美国能够在最大程度上减少结构演化压力,进而施展对俄货币金融网络化制裁。

其次,由于目标国中心性和预期结构演化速率在相同经济结构下的同一目标国案例中表现一致,构成了"最相似案例",因而通过对这类案例的组内变化(同一结构下的不同子结构,如价值链中的不同产业)进行比较,就能发现企业权力对制裁烈度的影响。在美国对华价值链网络化制裁案例中，枪支产业和医药企业的制裁烈度要显著低于汽车产业。这是因为枪支企业通过全国步枪协会与特朗普本人建立了紧密的个人联系和合作关系，而医药企业不仅向美国政府内部的高层输入了大量利益代言人，还通过控制药品的定价获得了对政府的高议价能力。相较之下，美国汽车企业的政治影响力被反对经济全球化、支持网络化制裁的"铁锈地带"汽车工人稀释，后者的政治影响力来源于三大摇摆州在选举中的突出地位以及汽车零部件对减少贸易逆差起到的重要作用。同样地，在美国对俄价值链网络化制裁案例中，由于拜登政府从上到下大力主张绿色新政，清洁能源企业与传统能源企业的结构性权力差距进一步扩大。于是，具有环保用途的钯、铂、镍和铀被纳入政策保护伞，而石油和天然气这类化石燃料被完全禁运。

需要注意的是，在技术领域，虽然在相同目标国案例下，目标国的中心性不会发生变化，但不同技术子结构的预期演化速率可能会有所区别。这就使得我们能够通过观测当企业权力和结构演化速率作用方向相反时制裁烈度的变化方向，进而验证企业权力的主导因素地位。例如，在美国对华技术网络化制裁案例中，半导体技术网络的预期演化速率是慢于手机软件技术网络的。不过，由于美国半导体企业基于其和军工、国防领域的联系获得了相较于"谷歌"更强的结构性权力，因而从美国政府手中争取到了更长的许可证持续时间。

最后，本研究聚焦结构预期演化速率与网络化制裁贯彻力度之间的因果联系。由于预期结构演化速率在同一经济结构中常常保持一致，因而我们可以通过构建最大差异化案例来检验该项假设。在相同结构下的不同案例之间均存在非主导性解释变量的变化,如目标国中心性和企业权力,以及被解释变量的统一,即美国在对不同国家采取网络化制裁时的贯彻力度是一致的。而不同结构在主导性解释变量上皆存在区别,即结构层次形态及结构适应度,进而导致了差异化的网络化制裁贯彻力度。例如在美国对俄罗斯、伊朗的货币金融网络化制裁案例中,美国都得到了第二中心节点欧盟的支持,且网络化制裁的使用会破坏美元在交换媒介和价值储存功能上的稳定性。因而预期结构演化速率均为中等,美国对网络化制裁的贯彻力度亦都呈现为中等,美国并不会及时填补漏洞,且倾向于使用象征性制裁,从而避免对第三方节点的过度刺激。与此同时,在半导体技术及通信技术网络中,美国同时拥有横向与纵向的居间性权力,且结构因素有利于美国维持其中心地位。此外,由于半导体产业市场和需求的快速扩张,网络化制裁对于节点效率的负面影响并不明显。这就导致了美国在半导体技术网络及通信技术网络中较强的贯彻力度,表现为在第一时间就查补漏洞,并严格贯彻制裁决定。

此外,货币金融网络中的伊朗案例特别值得强调。因为在 2010 年至 2015 年这段时期和 2018 年之后的时期,结构第二中心欧盟分别支持和反对了美国的网络化制裁政策,从而造成了差异化的预期结构演化速率。这为我们通过案例追踪研究结构演化速率和制裁贯彻力度之间的逻辑关系提供了自然实验的机会。2018 年以后,由于失去了欧盟的支持,预期结构演化速率较快,特朗普政府为了避免结构在其任期内发生演化,既没有通过实际行动封锁贸易互换支持工具,也没能贯彻对欧盟企业的制裁威胁,最终颠覆了自身的制裁信用。

基于上述案例分析，自变量目标国中心性、企业权力及预期结构演化速率，与因变量网络化制裁的维度、烈度和贯彻力度之间所呈现出的逻辑关系与因果机制验证了本研究理论框架部分所做出的假设和推论。①

7.2 理论创新与政策启示

本书的理论贡献与创新之处主要包括以下五点。第一，通过概念辨析、理论构建及案例分析，本书丰富了现有国际关系研究中对于网络化制裁的系统研究。现有文献虽然注意到了美国在21世纪经济制裁形式上的变更，并尝试借用法律概念或提出新的概念对其进行描述，如次级制裁和阻塞点效应，但是目前为止，在相关探讨中，这些概念并没有将新的制裁实践与传统经济制裁的特征进行严格、细致的梳理与对比。其结果便是这些概念并没能充分强调新型制裁的特殊性和内在逻辑，在实际应用中往往将其与传统经济制裁混淆。对此，本书在作用对象、权力媒介和权力基础方面突出了网络化制裁与传统单边经济制裁的差异性，尤其强调了其权力来源是一国在全球结构中的位置而非所拥有的资源。此外，长期以来，既有文献对经济制裁的关注点都集中于有效性，而非其选择逻辑。这一方面是因为制裁的有效性对于发起国而言更具有政策意义，另一方面是因为经济制裁本身的选择空间相对较小，通常是在军事手段和经济制裁，或者贸易制裁与金融制裁

---

① 本书的解释范围仅限于美国因为高政治维度议题向其竞争对手采取的网络化制裁。事实上，截至2024年2月，美国从未对盟友国家或是因为低政治维度议题采取过网络化制裁。对此的讨论详见第3章第3.2.2小节。

之间做出选择。然而,通过对美国网络化制裁的行为特征和模式进行比较,本书发现网络化制裁在具体应用策略中存在一个广阔的选项光谱,包括制裁的维度、制裁的烈度以及制裁的贯彻力度。这就使得网络化制裁的选择策略及其制约因素成为充满探索空间的重要学术命题。

第二,基于社会网络理论和复合依赖型政治经济学理论,本书提出的行动者-结构互动模式为理解网络化制裁背后的机制提供了新的理论框架。现有经济制裁理论习惯于从二元相互依赖层面分析行为体之间的不对称关系。不过,在全球化时代,以双边不对称依赖关系作为切入点忽略了不同行为体之间错综复杂的经济联系所形成的全球经济网络结构。正如结构现实主义学者将国家实力作为其在国际结构中所处位置的依据,在社会网络分析中,节点的中心性,尤其是居间中心性代表了该节点在单个网络中的总体依赖关系。此外,基于复合依赖性政治经济学理论对于行动者与结构相互建构、共同演化关系的假定,本书对于全球经济结构采取动态视角,引入了"结构演化速率"的概念,并参考社会网络分析理论对网络结构的外部和内部特征的界定,将拓扑结构和适应度作为预期结构演化速率的决定性因素。至此,本书通过加入"目标国中心性"和"预期结构演化速率"两个结构层次变量,拓展了对于网络化制裁的分析层次,由此建立的新的理论框架能够进一步地解释网络化制裁背后的权力转化逻辑。

第三,通过挖掘逐利行为体企业和逐权行为体国家的相互关系,本书在国际政治经济学和比较政治经济学的结构性权力理论之间搭建起了桥梁。国际政治经济学中的结构性权力理论以国家作为主要分析单位,在将国家内部行为体在国际结构中的权力汇聚至国家层面的同时，忽略了企业与政府的利益偏好分歧；而比较政治经济学以资本主义经济中的民间资本为中心，关注的是大企业与政府之间的权力博弈，并不关心跨国企业在国际层面扮演的角色。由于美国政府与大企业的矛盾主要集中在监管制度等国内政策上，而在国际层面美国自"二战"以来的大部分时间都以推动自由开放的世界经济为目标①，政府和企业的对外立场往往是趋同的，因而两类结构性权力理论难以产生交集。不过，当美国开始动用网络化制裁，将政治博弈置于市场逻辑之上时，美国政府与民间资本之间的鲜明对立也就跃然纸上了。企业既是全球经济网络的主要参与者，同时也是国内政治架构的重要构成。通过分析利益相关个体和群体如何通过其在美国国内的政治权力影响美国的网络化制裁政策制定，本书将国际政治经济学和比较政治经济学的结构性权力理论有机地结合在一起。

第四，本书在对于结构性权力的测量方法上有一定创新。在货币金融网络中，本书以该货币在外汇市场货币交易以及国际贸易结算中的占比作为测量标准。该货币占比越高，就说明它在其他货币之间的交易以及国际支付中越难以绕开。在技术网络中，居间中心性强调该节点在其他节点之间技术要素的合作与传递中扮演的中枢作用。因此在知识产权国际化时代，一国所拥有的技术专利最能反映其居间性权力。当使用经济合作与发展组织的三方同族专利作为测量指标时，既能避免专利授权中的"主场优势"现象保证结果的无偏性，

---

① ［英］苏珊·斯特兰奇：《国际政治经济学导论——国家与市场》，第71—74页。

同时也能较准确地体现专利的经济价值。在国内的结构性权力测量层面,现有研究方法通常是用一个产业相对于其他产业的投资占比或者经济产出,来量化结构性权力。不过,一方面,在经济全球化时代,美国跨国企业为了获得税收减免、拓展全球市场并降低生产成本,开始大量投资海外;另一方面,21世纪美国政府面临的国内外挑战更为复杂,企业的贡献并不仅仅止于经济维度。由此,本书通过分析企业对现任美国政府国内外诉求的整体支撑作用来全面体现其国内结构性权力。

第五,本书所构建的理论框架在解释网络化制裁掣肘因素的同时,也在尝试回答一个与之密切关联,但是更为宏大、更具理论深度的问题——权力转化的代价。网络化制裁是结构性权力向强制性权力转化的一种重要表现形式。目前学术界尚未有对于结构性权力向强制性权力转化这一问题的系统研究。不同学者对权力转换的看法也各执一词,斯特兰奇和斯劳特倾向于认为结构性权力和强制性权力是不相容的①,而以法雷尔和纽曼为代表的新结构主义研究者则假定两者的转换是"无障碍的"②。权力是国际关系的基石性概念,权力之间的转化机制则是国际关系的底层逻辑。因此,对权力转化机制的不同假定将直接影响其上层理论的构筑。本书通过阐释三类成本约束,即基于目标国中心性的即时结构反冲作用、预期结构演化速率构成的滞后结构演化成本以及企业权

---

① Anne-Marie Slaughter, *The Chessboard and the Web: Strategies of Connection in a Networked World*, New Haven, Conn.: Yale University Press, 2017.
② Henry Farrell and Abraham L. Newman, "Weaponized Interdependence: How Global Economic Networks Shape Coercion," *International Security*, Vol. 44, No.1, 2019, pp.42-79.

力带来的国内政治成本,对解答结构性权力向强制性权力的转化问题进行了初步尝试,并为更进一步的学理探讨奠定了理论基础。

与此同时,本书所得到的初步结论为中国管控美国网络化制裁风险提供了政策启示。首先,中国需要不断提升在全球经济网络中的中心性,从而震慑美国的网络化制裁行为。目标国中心性是影响美国网络化制裁使用倾向性的主导性因素之一。提高中国中心性,在全球价值链中意味着中国需要做好产业规划和设计,尽可能全面而深入地融入全球价值链。在技术网络,提升中心性并不完全等同于提高技术竞争力,还在于加强国际技术合作。例如,美国通过行使正向的经济激励政策,譬如向在美国投资设厂的外国半导体公司提供25%的税收抵免优惠,吸引"三星"等企业进入美国。这不仅是为了提升美国自身的技术实力,而是为了增强美国在国际尖端技术中的居间性权力——美国不需要完全拥有这项技术,它只需参与其中并为该项国际合作提供桥梁,就能够增加自身的居间中心性。在货币金融网络,近年来中国政府已经通过"一带一路"倡议以及积极与其他国家签订双边本币互换协议增强了人民币的国际地位。不过人民币的国际地位距离美元依然存在明显差距,未来仍需继续坚持结合国内外金融形势有序推进人民币的国际化。

其次,中国需要坚持开放国内市场、改善商业环境,并增进中美社会层面的各类人文交流。为了调动跨国企业的积极性,使其积极游说美国政府,并向美国网络化制裁政策施加阻力,中国首先需要提升中国市场的吸引力,并提振外国企业对中国商业环境的信心。跨国企业与中国经济联系越紧密,越离不开中国,就越能成为中国阻止美国网络化制裁的"盟友"。与此同时,跨国企业的意愿并不能直接转化为美国网络化制裁的阻力,需要结合其政治影响力。近年来,由于疫情导致的交流受限,再加上美国政府一直在强调"中国威胁论",美国民众对中国的看法可能会在一定程度上受到美国政府的塑造。现有研究表明,美国民众对一项议题越关注,则大企业越难以在该议题上向政府施压。① 因此,为了避免美国国民对中国持负面看法,从而限制企业对政府的议价能力,中国需要积极推进中美双边人文交流,通过各类社会人士的接触与互动消除误解,改善中国在美形象。

最后,中国对内需要继续深化市场化经济改革,对外积极参与全球治理,树立负责任的大国形象。根据本书的结论,结构规范与网络化制裁的相悖程度决定了预期结构演化速率,从而构成了美国的滞后成本。目前,主要经济网络的结构规范仍是以市场逻辑和经济效率为主,因此美国政府为了增强其网络化制裁行为的合法性,一直在给中国打上"汇率操纵国""非市场经济国家"和"修正主义大国"的标签,试图在国际社会上建立起"自我"和"他者"的相对概念。而一旦中国被塑造为"他者",那么既有的结构规范就不再适用于中国,也无法制约网络化制裁的使用。为此,中国需要坚持市场化经济改革,并积极参与各类国际活动,履行国际义务,向国际社会证明中国不仅是自由主义国际秩序的受益者,同时也将是其不可或缺的一部分。

---

① Pepper D. Culpepper, *Quiet Politics and Business Power*, New York: Cambridge University Press, 2011.

7.3 研究展望

本书主要聚焦美国网络化制裁的选择策略,即地缘政治风险对全球经济风险的影响。然而,事实上,地缘政治风险与全球经济风险之间存在动态交互作用,失控的供应链同样会反过来对地缘政治竞争产生推波助澜效应,从而形成螺旋上升的恶性循环。一方面,无论美国是以对关键节点中间品加征关税的形式造成需求端的波动,抑或是通过限制技术出口破坏供给端的稳定,都将致使全球供应链的阻塞与断裂,进而消解国家间的合作基础与信任纽带。在"商业和平论"中,国家间共同的经济利益构成了双边冲突的机会成本,且持续性的贸易联系能够内化合作精神与和平理念。当二元相互依赖交织构成了全球供应链网络结构,国家间互动的程度、规模及层次也迎来了质变,错综复杂的网络连接不仅能加强国家间的合作与协作能力,还有助于促进战略互信机制的建立。①然而,随着连接的撕裂和结构的崩坏,能够抑制地缘政治争端和军事冲突的压舱石也将不复存在。

另一方面,"武器化"全球供应链的行为本身会在国际社会引发连锁反应,全球和区域大国为了避免成为地缘政治竞争对手的武器化目标,将被迫调整与重塑自己的供应链。②当

---

① Anne-Marie Slaughter, *The Chessboard and the Web: Strategies of Connection in a Networked World*, New Haven, Conn.: Yale University Press, 2017.
② Michael Mastanduno, "Hegemony and Fear: The National Security Determinants of Weaponized Interdependence," in Daniel W. Drezner, Henry Farrell, and Abraham L. Newman, eds., *The Uses and Abuses of Weaponized Interdependence*, Washington, D.C.: Brookings Institution Press, 2021, pp.67-83.

全球主要国家以回应地缘政治风险、增强供应链韧性为首要目标重新进行资源调配时,短期内其经济发展水平势必会遭受反噬与冲击,因为现有的全球供应链结构是无数私有企业数十年来基于经济效率和市场逻辑反复改进的最优配置。在西方政治学理论中,当面对重大国际危机与军事冲突时,领导人的公众支持率会在短期内骤升,即"聚旗效应"(rally around the flag)。因而,西方领导人常常会通过强调外部威胁、制造国际冲突来转移国内矛盾,这尤其体现在美国的对外政策传统中。当克林顿在1994年中期选举前的一个月向海湾地区增加兵力以应对伊拉克威胁时,时任法国国防部部长的弗朗索瓦·莱奥塔德(Francois Leotard)就解读此行为"与国内政治紧密相连"。据统计,当美国领导人对外采取军事行动且被《纽约时报》在首页报道时,其支持率能够提升8%以上。[1] 因此,考虑到国内生产总值增长率、通货膨胀率和失业率等国家宏观经济指标一直是西方选举投票理论的核心解释变量,同时也是选举预测模型中的关键预测因子,一旦供应链重塑对美国国内经济指标产生负面影响,希望连任的美国领导人将更有可能激化地缘政治矛盾、引发国际军事冲突。

综上所述,传统政治地缘和当今经济地缘的风险之间呈动态交互之势,相互放大与催化,形成了国际政治经济体系的系统性风险。为此,下一步研究有必要将国际政治与国际经济的视角相结合、将风险的定量测度和定性分析相结合,以对体系风险建立系统理解。

---

[1] John R. Oneal and Anna Lillian Bryan, "The Rally, Round the Flag Effect in U.S. Foreign Policy Crises, 1950-1985", *Political Behavior*, Vol. 17, No. 4, 1995, pp.379-401.

参考文献

一、中文文献

［1］陈根锋,孙学峰.美国盟国对中国智能监控技术的政策选择[J].当代亚太,2022,243(03).

［2］陈继勇.中美贸易战的背景、原因、本质及中国对策[J].武汉大学学报(哲学社会科学版),2018,71(05).

［3］池志培.美国对华科技遏制战略的实施与制约[J].太平洋学报,2020,28(06).

［4］池志培,刘建伟.经济制裁结束的政治逻辑[J].国际政治科学,2022,7(04).

［5］达巍.美国对华战略逻辑的演进与"特朗普冲击"[J].世界经济与政治,2017,441(05).

［6］刁大明.美国对外政策的极化[J].现代国际关系,2022,394(08).

［7］刁大明.总统角色、群体互动与美国的阿富汗战争决策[J].世界经济与政治,2022,504(08).

［8］杜涛,周美华.应对美国单边经济制裁的域外经验与中国方案——从《阻断办法》到《反外国制裁法》[J].武大国

际法评论,2021,5(04).

[9] 樊海潮,张丽娜.中间品贸易与中美贸易摩擦的福利效应:基于理论与量化分析的研究[J].中国工业经济,2018,366(09).

[10] 郭楚,倪峰.结构性权力的回撤——特朗普的权力观及其影响[J].国际经济评论,2020,150(06).

[11] 郭泽林,陈琪.人工智能技术发展对国际政治格局的影响[J].人民论坛(学术前沿),2020,196(12).

[12] 胡剑萍,阮建平.美国域外经济制裁及其冲突探析[J].世界经济与政治,2006(05).

[13] 黄学杰.电动汽车与锂离子电池[J].物理,2015,44(1).

[14] 贾辉,鞠光.识别美初级制裁和次级制裁[J].中国外汇,2019,384(18).

[15] 姜毅.解析美国对俄制裁新法案[J].俄罗斯东欧中亚研究,2018,220(01).

[16] 节大磊.美国的政治极化与美国民主[J].美国研究,2016,30(02).

[17] 节大磊.意识形态与中美战略竞争[J].国际政治科学,2020,5(02).

[18] 金彦君,刘力臻.朝鲜金融发展现状及改革措施评价[J].东北亚经济研究,2017,1(03).

[19] 李括.新冠疫情下美国霸权护持与全球价值链重构——基于权力与相互依赖视角的分析[J].国际关系研究,2021,49(01).

[20] 李巍.制度变迁与美国国际经济政策[M].上海人民出版社,2010.

[21] 李巍.制衡美元的政治基础——经济崛起国应对美国货币霸权[J].世界经济与政治,2012,381(05).

[22] 李巍.中美金融外交中的国际制度竞争[J].世界经济与政治,2016,428(04).

[23] 李巍.拜登政府的经济外交战略及其前景[J].当代世界,2022,493(12).

[24] 李巍,李玙译.解析美国对华为的"战争"——跨国供应链的政治经济学[J].当代亚太,2021,235(01).

[25] 李巍,王丽.拜登政府"供应链韧性"战略探析[J].当代美国评论,2022,6(02).

[26] 凌冰尧.美国次级制裁的合法性分析[J].武大国际法评论,2020,4(05).

[27] 刘丰.秩序主导、内部纷争与美国联盟体系转型[J].外交评论(外交学院学报),2021,38(06).

[28] 刘建伟.美国金融制裁运作机制及其启示[J].国际展望,2015,7(02).

[29] 刘建伟.美欧经济制裁协作的特点、限度及其走向[J].国际问题研究,2019,193(05).

[30] 刘建伟.美国次级经济制裁:发展趋势与常用对策[J].国际经济评论,2020,147(03).

[31] 罗伯特·基欧汉,约瑟夫·奈.权力与相互依赖(第四版)[M].门洪华,译.北京大学出版社,2012.

[32] 马鑫,许钊颖.美国对俄罗斯的金融制裁[J].美国研究,2015,29(05).

[33] 庞珣,权家运.回归权力的关系语境——国家社会性权力的网络分析与测量[J],世界经济与政治,2015,418(06).

[34] 庞珣,何晴倩.全球价值链中的结构性权力与国际格局演变[J].中国社会科学,2021,309(09).

[35] 陶涛.中美供应链调整与中国产业应对[J].国际贸易,2020,468(12).

[36] 陶文钊.美国对华政策大辩论[J].现代国际关系,2016,315(01).

[37] 陶文钊.中美关系史(第三卷)[M].上海人民出版社,2004.

[38] 阮建平.关于国际经济制裁的理论述评[J].世界经济与政治,2004(09).

[39] 任琳,黄宇韬.技术与霸权兴衰的关系——国家与市场逻辑的博弈[J].世界经济与政治,2020,477(05).

[40] 任琳,孟思宇.霸权护持、复边主义与全球治理秩序的危机[J].外交评论(外交学院学报),2022,39(05).

[41] 任琳,孙振民.经济安全化与霸权的网络性权力[J].世界经济与政治,2021,490(06).

[42] 漆海霞,曾绍毓,李曌.合法性与政治认同:明朝朝贡秩序稳定的原因[J].战略决策研究,2019,10(01).

[43] 戚凯.美国"长臂管辖"与中美经贸摩擦[J].外交评论(外交学院学报),2020,37(02).

[44] 戚凯,李燕.拜登对华半导体政策:竞争认知、遏制路径与效果制约[J].国际论坛,2022,24(06).

[45] 余南平,戚仕铭.技术民族主义对全球价值链的影响分析——以全球半导体产业为例[J].国际展望,2021,13(01).

[46] 石斌.有效制裁与"正义制裁"——论国际经济制裁的政治动因与伦理维度[J].世界经济与政治,2010,360(08).

[47] 宋国友.拜登政府对华经贸政策：再调整与新竞争[J].太平洋学报,2022,30(10).

[48] 宋国友.全球链变及其对东南亚的影响[J].南洋问题研究,2022,189(01).

[49] 苏珊·斯特兰奇.国际政治经济学导论——国家与市场[M].杨宇光,译.经济科学出版社,1990.

[50] 孙海泳.进攻性技术民族主义与美国对华科技战[J].国际展望,2020,12(05).

[51] 孙学峰.数字技术创新与国际战略竞争[J].外交评论(外交学院学报),2023,40(01).

[52] 孙学峰,张希坤.美国盟国华为5G政策的政治逻辑[J].世界经济与政治,2021,490(06).

[53] 唐士其,庞珣.综合安全论：风险的反向界定和政治逻辑[J].国际政治研究,2022,43(06).

[54] 王浩.特朗普政府对华战略调整的双重逻辑及其互动[J].世界经济与政治,2018,451(03).

[55] 王晓燕,李昕,鞠建东.中美加征关税的影响：一个文献综述[J].上海对外经贸大学学报,2021,28(03).

[56] 王逸舟.重视全球"高边疆"的信息及数据安全问题[J].中国信息安全,2022,152(07).

[57] 王栋,高丹.数字全球化与中美战略竞争[J].当代美国评论,2022,6(02).

[58] 王勇.后疫情时代经济全球化与中美关系的挑战与对策[J].国际政治研究,2020,41(03).

[59] 王勇.全面竞争与疫情交织背景下的中美舆论与沟通[J].对外传播,2020,285(06).

[60] 王玉柱.发展阶段、技术民族主义与全球化格局调整——兼论大国政治驱动的新区域主义[J].世界经济与政治,2020,483(11).

[61] 谢韬.特朗普时代的中国与美国：新型大国对抗关系？[J].亚太安全与海洋研究,2019,27(05).

[62] 谢韬.2020年总统选举与美国的政治衰败[J].当代世界,2020,469(12).

[63] 徐洪峰,王海燕.乌克兰危机背景下美欧对俄罗斯的能源制裁[J].美国研究,2015,29(03).

[64] 吴日强.朝美双向威逼与朝核危机的出路[J].现代国际关系,2018,340(02).

[65] 吴限.新型网络化制裁的结构性限制[J].世界经济与政治,2022,507(11).

[66] 吴心伯.特朗普执政与美国对华政策的新阶段[J].国际问题研究,2018,185(03).

[67] 吴心伯.论中美战略竞争[J].世界经济与政治,2020,477(05).

[68] 吴心伯.拜登执政与中美战略竞争走向[J].国际问题研究,2021,202(02).

[69] 熊炜.失重的"压舱石"？经贸合作的"赫希曼效应"分析——以德俄关系与中德关系为比较案例[J].外交评论(外交学院学报),2019,36(05).

[70] 许宁,黄凤志."战略忍耐"的困境——奥巴马政府对朝政策剖析[J].东北亚论坛,2014,23(03).

[71] 叶研.经济制裁与反经济制裁国际合作[J].外交评论(外交学院学报),2023,40(01).

［72］袁正清,肖莹莹.国际规范研究的演进逻辑及其未来面向[J].中国社会科学评价,2021,27(03).

［73］张发林.国际金融权力：理论框架与中国策略[J].当代亚太,2020,234(06).

［74］张发林.经济方略与美元霸权的生成[J].世界经济与政治,2022,497(01).

［75］张发林,姚远,崔阳.金融制裁与中国应对策略——国际金融权力的视角[J].当代亚太,2022,246(06).

［76］赵金洲,任岚,蒋廷学等.中国页岩气压裂十年：回顾与展望[J].天然气工业,2021,41(08).

［77］中国现代国际关系研究院课题组,黄莺.美国的次级制裁与国际应对[J].现代国际关系,2022,393(07).

［78］朱锋.中国的外交斡旋与朝核问题六方会谈——为什么外交解决朝核问题这么难？[J].外交评论(外交学院学报),2006(02).

［79］朱玥.反制美国次级制裁的欧盟经验及启示：单边抑或多边[J].中国流通经济,2020,34(06).

［80］左希迎.特朗普政府亚太安全战略的调整[J].世界经济与政治,2017,441(05).

［81］左希迎.美国威慑战略与俄乌冲突[J].现代国际关系,2022,391(05).

二、英 文 文 献

［82］Afrimadona. Party Polarisation in the American Congress and the Duration of Legislated Economic Sanctions,

1945-2005[J]. Contemporary Politics, 2021, 27(04).

[83] Alerassool M. Freezing Assets: The USA and the Most Effective Economic Sanction[M]. New York: St. Martin's Press, 1993.

[84] Allison G. T. Conceptual Models and the Cuban Missile Crisis[J]. The American Political Science Review. 1969, 63(03).

[85] Amiti M., Redding S. J., and Weinstein D. E. The Impact of the 2018 Trade War on US Price and Welfare [J]. Journal of Economic Perspectives, 2019, 33(4).

[86] Andreas P. Criminalizing Consequences of Sanctions: Embargo-Busting and Its Legacy[J]. International Studies Quarterly, 2005, 49(02).

[87] Azar J. J. Oil and Natural Gas Drilling[M]//Cleveland C. J. Encyclopedia of Energy, Elsevier Science, 2004.

[88] Bahmani-Oskooee M. Decline of the Iranian Rial and Its Macroeconomic Consequences[J]. Iranian Economic Review, 2003, 8(08).

[89] Baldwin D. A. The Sanctions Debate and the Logic of Choice[J]. International Security, 1999, 24(3).

[90] Bank of International Settlement. Triennial Central Bank Survey: Foreign exchange turnover in April 2019[R/OL]. (2019-09-15)[2023-03-01]. https://www.bis.org/statistics/rpfx19_fx.pdf.

[91] Barabási A-L. and Albert R. Emergence of Scaling in Random Networks[J]. Science, 1999, 286.

[92] Barnett M. and Duvall R. Power in International Politics[J]. International Organization, 2005, 59(01).

[93] Barnett M. and Finnemore M. Rules for the World: International Organizations in Global Politics[M], Ithaca, New York: Cornell University Press, 2004.

[94] Baumgartner J. C. and Kada N. Checking Executive Power: Presidential Impeachment in Comparative Perspective[M]. Praeger, 2003.

[95] Beachler D. W., Bergbower M. L., Cooper C., et al. Presidential Swing States: Why Only Ten Matter[M]. Lexington Books, 2017.

[96] Bednar J., Chen Y., Liu T., et al. Behavioral Spillovers and Cognitive Load in Multiple Games: An Experimental Study[J]. Games and Economic Behavior, 2012, 74(01).

[97] Berndt E. R. Pharmaceuticals in U. S. Health Care: Determinants of Quantity and Price[J/OL]. Journal of Economic Perspectives, 2002, 16(4)[2023-03-01]. https://www.aeaweb.org/articles?id=10.1257/089533002320950975.

[98] Bertaut C., Beschwitz B. V., and Curcuru S. The International Role of the U.S. Dollar[R], (2021-10-05)[2023-03-01]. https://www.federalreserve.gov/econres/notes/feds-notes/the-international-role-of-the-u-s-dollar-20211006.htm.

[99] Bianconi G. and Barabási A-L. Competition and Multiscaling in Evolving Networks[J]. Europhysics

Letters, 2001, 54(04).

[100] Biden Harris. The Biden Plan for a Clean Energy Revolution and Environmental Justice[EB/OL]. [2023-03-01]. https://joebiden.com/climate-plan/#.

[101] Biden Harris. The Biden Plan to Build a Modern, Sustainable Infrastructure and An Equitable Clean Energy Future[EB/OL]. [2023-03-01]. https://joebiden.com/clean-energy/#.

[102] Björkdahl A. Norms in International Relations: Some Conceptual and Methodological Reflections [J]. Cambridge Review of International Affairs, 2002, 15(01).

[103] Blackwill R. D. and Ashley J. T. Revisiting U. S. Grand Strategy Toward China[R/OL]. Council on Foreign Relations Special Report, No 72, 2015[2023-03-01]. https://carnegieendowment.org/files/Tellis_Blackwill.pdf.

[104] Blackwill R. D. and O'Sullivan M. L. America's Energy Edge[J/OL]. Foreign Affairs, 2014[2023-03-01]. https://www.belfercenter.org/publication/americas-energy-edge.

[105] Blinder A. S. The Role of the Dollar as an International Currency[J]. Eastern Economic Journal, 1996, 22(02).

[106] Block F. Beyond Relative Autonomy: State Managers as Historical Subjects [J]. The Socialist Register, 1980, 17.

[107] Bousquet A. and Curtis S. Beyond Models and Metaphors: Complexity Theory, Systems Thinking and International Relations[J]. Cambridge Review of International Affairs, 2011, 24(01).

[108] Bown C. P., Jung E., and Lu Z. Trump and China Formalize Tariffs on $260 Billion of Imports and Look Ahead to Next Phase[J/OP]. PIIE, (2018-09-20)[2023-03-01]. https://www.piie.com/blogs/trade-and-investment-policy-watch/trump-and-china-formalize-tariffs-260-billion-imports-and.

[109] Bown C. P. Trump's Fall 2019 China Tariff Plan: Five Things You Need to Know[J/OP]. PIIE, (2019-08-14)[2023-03-01]. https://www.piie.com/blogs/trade-and-investment-policy-watch/trumps-fall-2019-china-tariff-plan-five-things-you-need.

[110] Bradley C. A. Reassessing the Legislative Veto: The Statutory President, Foreign Affairs, and Congressional Workarounds[J]. Journal of Legal Analysis, 2021, 13(01).

[111] Brams S. J. Measuring the Concentration of Power in Political Systems[J]. The American Political Science Review, 1968: 62(2).

[112] Breznitz D. and Murphree M. The Rise of China in Technology Standards: New Norms in Old Institutions [R/OL]. U.S.-China Economic and Security Review Commission. 2013[2023-03-01]. http://uscc.gov/

sites/default/files/Research/RiseofChinainTechnology Standards.pdf.

[113] Brian A. W. Complexity and the Economy[M]. Oxford: Oxford University Press, 2015.

[114] Brunner K. and Meltzer A. H. The Uses of Money: Money in the Theory of an Exchange Economy[J]. The American Economic Review, 1971, 61(05).

[115] Buchanan J. M. Cost and Choice: An Inquiry in Economic Theory[M]. University of Chicago Press, 1979.

[116] Butler N. The Impact of the Ukraine War on Global energy Markets. Centre for European Reform[R/OL]. (2022-07-13)[2023-03-01]. https://www.cer.eu/insights/impact-ukraine-war-global-energy-markets.

[117] Buzan B. and Lawson G. Capitalism and the emergent world order[J]. International Affairs, 2014, 90(01).

[118] Callaway D. Patent Incentives in the Semiconductor Industry[J]. Hastings Business Law Journal, 2008, 4(01).

[119] Carnes N. and Lupu N. The White Working Class and the 2016 Election[J]. Perspectives on Politics, 2020, 19(01).

[120] Carter B. E. International Economic Sanctions: Improving the Haphazard U. S. Legal Regime[J]. California Law Review, 1987, 75(04).

[121] Chayes A. and Chayes A. H. On Compliance[J].

International Organization, 1993, 47(02).

[122] Chen B., Barboza B. R., Sun Y., et al. A Review of Hydraulic Fracturing Simulation [J]. Archives of Computational Methods in Engineering, 2021, 29.

[123] Chernova V. Y., Starostin, V. S., Detereva E. A., et al. Study of Sector-Specific Innovation Efforts: The Case from Russian Economy [J]. Entrepreneurship and Sustainability Issues, 2019, 7(01).

[124] Chin G. China's Rising Monetary Power [M]// Helleiner E. and Kirshner J. The Great Wall of Money: Power and Politics in China's International Monetary Relations. Cornell University Press, 2014.

[125] Chyzh O. V. and Urbatsch R. Bean Counters: The Effect of Soy Tariffs on Change in Republican Vote Share between the 2016 and 2018 Elections[J]. The Journal of Politics, 2021, 85(01).

[126] Clauset A., Shalizi C. R., and Newman M. E. J. Power-Law Distributions in Empirical Data[J]. SIAM Review, 2009, 51.

[127] Clavin P. Securing the World Economy: The Reinvention of the League of Nations, 1920-1946 [M]. Oxford: Oxford University Press, 2013.

[128] Coffin D. China's Growing Role in U.S. Automotive Supply Chains. U.S. Office of Industries, Working Paper ID-060, (2019-09-05)[2023-03-01]. https://www.usitc.gov/publications/332/working_papers/id-

19-060_chinese_auto_parts_final_080519-compliant_0.pdf.

[129] Cohen B. J. Money, Power, Authority[M]//Germain R. Susan Strange and the Future of Global Political Economy: Power, Control and Transformation. Routledge, 2016.

[130] Colinge J-P. and Greer J. C. Nanowire Transistors: Physics of Devices and Materials in One Dimension[M]. Cambridge University Press, 2016.

[131] Collier D. and Mahoney J. Insights and Pitfalls: Selection Bias in Qualitative Research. World Politics, 1996, 49(01).

[132] Collier D., Brady H. E., and Seawright J. Sources of Leverage in Causal Inference: Toward an Alternative View of Methodology[M]//Brady H E and Collier D. Rethinking Social Inquiry: Diverse Tools, Shared Standards. Rowman and Littlefield, 2004.

[133] Comer K., Goldstone K., and Masad D. Global Network over Time[M]//Root. H L. Network Origins of the Global Economy: East VS. West in a Complex Systems Perspective. Cambridge University Press, 2020.

[134] Congressional Research Service. European Union's Arms Embargo on China: Implications and Options for U.S Policy[R/OL]. (2006-01-26)[2023-03-01]. https://www.everycrsreport.com/files/20060126_

RL32870_38435fb1217d4580f1f40947d9a5fe809931f76a. pdf.

[135] Congressional Research Service. Section 301 Tariff Exclusions on U. S. Import from China [R/OL]. (2023-01-03)[2023-03-01]. https://crsreports.congress.gov/product/pdf/IF/IF11582.

[136] Congressional Research Service. The Made in China 2025 Initiative: Economic Implications for the United States[R/OL]. (2019-04-12)[2023-03-01]. https://crsreports.congress.gov/product/pdf/IF/IF10964/4.

[137] Crawford B. Power and German Foreign Policy: Embedded Hegemony in Europe [M]. Palgrave Macmillan, 2007.

[138] Criscuolo P. The "Home Advantage" Effect and Patent Families: A Comparison of OECD Triadic Patents, the USPTO and the EPO[J]. Scientometrics, 2006, 66.

[139] Culpepper P. D. and Reinke R. Structural Power and Bank Bailouts in the United Kingdom and the United States[J]. Politics & Society, 2014, 42(04).

[140] Culpepper P. D. Quiet Politics and Business Power [M]. New York: Cambridge University Press, 2011.

[141] Dabbous M., François C., Chachoua L., and Toumi M. President Trump's Prescription to Reduce Drug Prices: from the Campaign Trail to American Patients First [J]. J. Mark Access Health Policy,

2019, 8(01).

[142] Dahl R. The Concept of Power [J]. Behavioral Science, 1957, 2(03).

[143] Dashti-Gibson J., Davis P., and Radcliff B. On the Determinants of the Success of Economic Sanctions: An Empirical Analysis [J]. American Journal of Political Science, 1997, 41(02).

[144] Davidson N. U.S. Secondary Sanctions: The U.K. and E.U. Response[J]. Stetson Law Review, 1998, 27.

[145] Dehesa G. D. L. Winners and Losers in Globalization [M]. Wiley-Blackwell, 2008.

[146] Downs A. An Economic Theory of Democracy[M]. New York: Harper & Brothers, 1957.

[147] Dür A. and Bièvre D. D. The Question of Interest Group Influence[J]. Journal of Public Policy, 2007, 27(01).

[148] Dür A. Interest Groups in the European Union: How Powerful Are They [J]. West European Politics, 2008, 31(06).

[149] Drezner D. W. Targeted Sanctions in a World of Global Finance[J]. International Interactions, 2015, 41(04).

[150] Drezner D. W. The United States of Sanctions: The Use and Abuse of Economic Coercion[J/OL]. Foreign Affairs, (2021-08-24)[2023-03-01]. https://www.foreignaffairs.com/articles/united-states/2021-08-24/

united-states-sanctions.

[151] Driediger J. J. Bilateral Defense and Security Cooperation despite Disintegration: Does the Brexit Process Divide the United Kingdom and Germany on Russia? [J]. European Journal of International Security, 2020, 6(01).

[152] Driediger J. J. Did Germany Contribute to Deterrence Failure Against Russia in Early 2022? [J]. Central European Journal of International and Security Studies, 2022, 6(03).

[153] Duque M. G. Recognizing International Status: A Relational Approach[J]. International Studies Quarterly, 2018, 62(04).

[154] Durand C. and Milberg W. Intellectual monopoly in Global Value Chains[J]. Review of International Political Economy, 2020, 27(02).

[155] Eichengreen B. and Mussa M. Capital Account Liberalization and the IMF, Finance and D-evelopment [J/OL]. 25(4), 1998[2023-03-01]. https://www.imf.org/external/pubs/ft/fandd/1998/12/eichen.htm.

[156] Eland I. Economic Sanctions as Tools of Foreign Policy[M]. Routledge, 1995.

[157] Elkin S. L. Business-State Relations in the Commercial Republic[J]. The Journal of Political Philosophy, 1994, 2.

[158] Elliott M., Golub B., and Jackson M. O. Financial Networks and Contagion[J]. American Economic

Review, 2014, 104(10).

[159] Erikson R. S., MacKuen M. B., and Stimson J. A. The Macro Polity [M]. New York: Cambridge University Press, 2002.

[160] Erikson R. S., Wright G. C., and Mclver J. P. Statehouse Democracy: Public Opinion and Policy in the American States [M]. Cambridge University, 1993.

[161] European Commission. Digital sovereignty: Commission proposes Chips Act to Confront Semiconductor Shortages and Strengthen Europe's Technological Leadership[EB/OL]. (2022-02-08)[2023-03-01]. https://ec.europa.eu/commission/presscorner/detail/en/ip_22_729.

[162] European Commission. European Union, Trade in Goods with Iran. European commission [R/OL]. (2022-01-08)[2023-03-01]. https://webgate.ec.europa.eu/isdb_results/factsheets/country/details_iran_en.pdf.

[163] European Commission. EU Trade Relations with Iran [R/OL]. [2023-03-01]. https://policy.trade.ec.europa.eu/eu-trade-relationships-country-and-region/countries-and-regions/iran_en.

[164] Fairclough N. Discourse and Social Change [M]. Cambridge, Mass: Polity Press, 1992.

[165] Fairfield T. Structural Power in Comparative Political

Economy: Perspectives from Policy Formulation in Latin America[J]. Business and Politics, 2015, 17(03).

[166] Farley J. E. Five Decisive States: Examining How and Why Donald Trump Won the 2016 Election[J]. The Sociological Quarterly, 2019, 60(03).

[167] Farrell H. and Newman A. L. The Folly of Decoupling from China. It Isn't Just Perilous—It's Impossible[J/OL]. Foreign Affairs, (2020-06-03)[2023-03-01]. https://www.foreignaffairs.com/print/node/1126093.

[168] Farrell H. and Newman A. L. Weaponized Globalization: Huawei and the Emerging Battle over 5G Networks [J/OL], Global Asia, 2019[2023-03-01]. https://uschinadialogue.georgetown.edu/publications/weaponized-globalization-huawei-and-the-emerging-battle-over-5g-networks/pdf_download.

[169] Farrell H. and Newman A. L. Weaponized Interdependence: How Global Economic Networks Shape Coercion[J]. International Security, 2019, 44(01): 42-79.

[170] Federal Register, 70(181). 31 CFR Part 103 Financial Crimes Enforcement Network; Amendment to the Bank Secrecy Act Regulations-Imposition of Special Measure Against Banco Delta Asia SARL[A/OL]. (2005-09-20)[2023-03-01]. https://www.fincen.gov/sites/default/files/federal_register_notice/section311bda.pdf.

[171] Federal Register, 77(219). State Department Sanctions

Information and Guidance[A/OL]. (2012-11-13)[2023-03-01]. https://www.govinfo.gov/content/pkg/FR-2012-11-13/pdf/2012-27642.pdf.

[172] Federal Register, 82(184). Executive Order 13810 of September 20, 2017[A/OL]. (2017-09-25)[2023-03-01]. https://www.govinfo.gov/content/pkg/FR-2017-09-25/pdf/2017-20647.pdf.

[173] Federal Register, 82(184). Imposing Additional Sanctions with Respect to North Korea. [A/OL]. (2017-09-25)[2023-03-01]. https://home.treasury.gov/system/files/126/13810.pdf.

[174] Federal Register, 83(104). Appendix B [A/OL]. (2018-05-30)[2023-03-01]. https://www.bis.doc.gov/index.php/documents/section-232-investigations/2773-redacted-autos-232-appendices-b-through-h-july-2021/file.

[175] Federal Register, 85(142). Notice of Product Exclusions and Amendments: China's Acts, Policies, and Practices Related to Technology Transfer, Intellectual Property and Innovation[A/OL]. (2020-07-20)[2023-03-01]. https://ustr.gov/sites/default/files/enforcement/301Investigations/%24300_Billion_Exclusions_Granted_July_20_2020.pdf.

[176] Fefer R. F., Hammond K. E., Jones V. C., et al. Section 232 Investigations: Overview and Issues for Congress[G/OL]. Congressional Research Service,

(2021-05-18)[2023-03-01]. https://crsreports.congress.gov/product/pdf/R/R45249.

[177] Finnemore M. and Sikkink K. International Norm Dynamics and Political Change[J]. International Organization, 1998, 52(04).

[178] Flyvbjerg B. Five Misunderstandings About Case-Study Research[J]. Qualitative Inquiry, 2006, 12(02).

[179] Forst R. Normativity and Power: Analyzing Social Orders of Justification[M]. trans. Cronin C. Oxford: Oxford University Press, 2017.

[180] Furceri D. and Loungani P. Openness and Inequality: Distributional Impacts of Capital Account Liberalization [R/OL]. (2015-11-24)[2023-03-01]. https://www.imf.org/en/Blogs/Articles/2015/11/24/openness-and-inequality-distributional-impacts-of-capital-account-liberalization.

[181] Gereffi G., Humphrey J., and Sturgeon T. The Governance of Global Value Chains[J]. Review of International Political Economy, 2005, 12(01).

[182] Gereffi G. The Organization of Buyer-Driven Global Commodity Chains: How US Retailers Shape Overseas Production Networks[M]//Gereffi G. and Korzeniewicz M. Commodity Chains and Global Capitalism. Westport: Praeger Publishers, 1994.

[183] Gerring J. and Cojocaru L. Selecting Cases for Intensive Analysis: A Diversity of Goals and Methods

[J]. Sociological Methods & Research, 2016, 45(03).

[184] Gilens M. and Page B. I. Testing Theories of American Politics: Elites, Interest Groups, and Average Citizens[J]. Perspectives on Politics, 2014, 2(03).

[185] Giraudo J. P. Waging Economic Warfare: The Sanction Power under the Constitution[J]. New York University Journal of International Law and Politics, 1987, 19.

[186] Giumelli F. Understanding United Nations Targeted Sanctions: An Empirical Analysis[J]. International Affairs, 2015, 91(06).

[187] Glowacki J. and Henkel C. Hydraulic Fracturing in the European Union: Leveraging the U.S. Experience in Shale Gas Exploration and Production[J]. Indiana International & Comparative Law Review, 2014, 24(133).

[188] Goldgeier J. M. and Saunders E. N. Checks and Balances Eroded Long Before Trump[R/OL]. (2018-08-14)[2023-03-01]. https://www.cfr.org/article/unconstrained-presidency-checks-and-balances-eroded-long-trump.

[189] Greenwood A. ACC Urges US to Roll Back Tariffs from Chinese Trade Dispute[R/OL]. Independent Commodity Intelligence Services, (2021-05-12)[2023-03-01]. https://www.icis.com/explore/resources/

news/2021/05/12/10638953/acc-urges-us-to-roll-back-tariffs-from-chinese-trade-dispute/.

[190] Habeeb W. M. Power and Tactics in International Negotiation: How Weak Nations Bargain with Strong Nations[M]. Baltimore: John Hopkins University Press, 1988.

[191] Hafner-Burton E. M. and Montgomery A. H. War, Trade, and Distrust: Why Trade Agreements Don't Always Keep the Peace[J]. Conflict Management and Peace Science, 2012, 29(03).

[192] Hafner-Burton E. M., Kahler M., and Montgomery A. H. Network Analysis for International Relations [J]. International Organization, 2009, 63(03).

[193] Hailperin M. Operating Systems and Middleware: Supporting Controlled Interaction [M]. Course Technology, 2011.

[194] Hamilton D. S. Policy Brief: Enhancing Semiconductor Supply Chain Resilience and Competitiveness: Recommendations for U.S.-EU Action[R/OL]. 2022 [2023-03-01]. https://www.transatlantic.org/wp-content/uploads/2022/03/TTC-Supply-Chains.pdf.

[195] Handley K., Kamal F., and Monarch R. Rising Import Tariffs, Falling Export Growth: When Modern Supply Chains Meet Old-Style Protectionism [J]. International Finance Discussion Papers, No. 1270, 2020[2023-03-01]. https://www.nber.

org/papers/w26611.

[196] Harrison N. E. Complexity in World Politics: Concepts and Methods of a New Paradigm [M]. Albany, NY: SUNY Press, 2006.

[197] Hayward C. R. On Structural Power[J]. Journal of Political Power, 2018, 11(01).

[198] Helleiner E. Still an Extraordinary Power after All These Years: The US and The Global Financial Crisis of 2008 [M]//Germain R. Susan Strange and the Future of Global Political Economy: Power, Control and Transformation. Routledge, 2016.

[199] Henshaw J. H. The Origins of COCOM: Lessons for Contemporary Proliferation Control Regimes[R/OL]. The Henry L. Stimson Center, 1997[2023-03-01]. https://www.files.ethz.ch/isn/105597/Report7.pdf.

[200] Herman J. 2019 Mobile app Threat Landscape Report [R/OL]. RISKIQ, 2020[2023-03-01]. https://www.riskiq.com/wp-content/uploads/2020/06/RiskIQ-2019-Mobile-App-Threat-Landscape-Report.pdf.

[201] Hoffmann M. J. and Riley J. The Science of Political Science: Linearity or Complexity in Designing Social Inquiry[J]. New Political Science, 2002, 24(02).

[202] Howlett M. and Ramesh M. Studying Public Policy: Policy Cycles and Policy Subsystems[M]. Toronto: Oxford University Press, 1995.

[203] Huang Y. U. S. Dependence on Pharmaceutical

Products from China[R/OL]. Council on Foreign Relations, (2019-08-13)[2023-03-01]. https://www.cfr. org/blog/us-dependence-pharmaceutical-products-china.

[204] Hufbauer G. C., Schott J., and Elliott K. A., Economic Sanctions Reconsidered: 3rd edition[M]. Peterson Institute for International Economics, 2009.

[205] Hummels D., Ishii J., and Yi K-M. The Nature and Growth of Vertical Specialization in World Trade[J]. Journal of International Economics, 2001, 54(01).

[206] Ikenberry G. J. Liberal Leviathan the Origins, Crisis, and Transformation of the American World Order [M]. NJ: Princeton Studies in International History and Politics, 2011.

[207] Ikenberry G. J. Why the Liberal World Order Will Survive[J]. Ethics and International Affairs, 2018, 32(01).

[208] Irwin D. A. and Ward O. What Is the "Washington Consensus?"[J/OL] PIIE, (2021-09-08)[2023-03-01]. https://www.piie.com/blogs/realtime-economic-issues-watch/what-washington-consensus.

[209] Isherwood K. F. Fertilizer Use and the Environment [M]. International Fertilizer Industry Association, 1998.

[210] Islam M. R. and Hossain M. E. Advances in directional drilling[M]//Islam M. R. and Hossain M.

E. Drilling Engineering. Gulf Professional Publishing, 2021.

[211] Ito A. Digital China: A Fourth Industrial Revolution with Chinese Characteristics? [J]. Asia-Pacific Review, 2019, 26(02).

[212] Jentleson B. W. Weaponized Interdependence, the Dynamics of Twenty-first Century Power, and U.S. Grand Strategy[M]// Drezner D. W., Farrell H., and Newman A. L., The Uses and Abuse of Weaponized Interdependence. Washington D.C.: Brookings Institution Press, 2021.

[213] Johnson H. G. The Theory of Tariff Structure, with Special Reference to World Trade and Development [M]//Johnson H. G. Aspects of the Theory of Tariffs (Collected Works of Harry Johnson). Routledge, 1971.

[214] Jones M. I., Sirianni A. D., and Fu F. Polarization, Abstention, and the Median Voter Theorem [J]. Humanities and Social Sciences communications, 2022, 9(01).

[215] Kaempfer W. H. and Lowenberg A. D. International Economic Sanctions: A Public Choice Perspective [M]. Boulder, Co: Westview Press, 1992.

[216] Kandil M. and Mirzaie I. A. Macroeconomic Policies and the Iranian Economy in the Era of Sanctions[J]. Middle East Development Journal, 2021, 13(01).

[217] Kenett D. Y., Perc M. and Boccaletti S. Networks of networks — An introduction[J]. Chaos, Solitons & Fractals, 2015, 80.

[218] Keohane R. O. and Nye J. S. Globalization: What's New? What's Not? (And So What?)[J]. Foreign Policy, 2020(118).

[219] Kim S. E. and Margalit Y. Tariffs as Electoral Weapons: The Political Geography of the US-China Trade War[J]. International Organization, 2021, 75(01).

[220] King G. and Powell E. N. How Not to Lie Without Statistics[J/OL]. (2008-08-22)[2023-03-01]. https://gking.harvard.edu/files/gking/files/nolie.pdf.

[221] Kitchen N. and Cox M. Power, Structural Power, and American Decline[J]. Cambridge Review of International Affairs, 2019, 32(06).

[222] Krugman P. R. and Baldwin R. E. The Persistence of the U.S. Trade Deficit[J/OL]. Brookings Papers, 1987, [2023-03-01]. https://www.brookings.edu/wp-content/uploads/1987/01/1987a_bpea_krugman_baldwin_bosworth_hooper.pdf.

[223] Lake D. Escape from The State of Nature: Authority and Hierarchy in World Politics[J]. International Security, 2007, 32(01).

[224] Lake D. Hierarchy in International Relations[M]. Ithaca: Cornell University Press, 2009.

[225] Laswell H. and Kaplan A. Power and Society: A Framework for Political Inquiry[M]. New Haven, Conn: Yale University Press, 1980.

[226] Leidy M. P. The Theory of International Economic Sanctions: A Public Choice Approach: Comment[J]. The American Economic Review, 1989, 79(05).

[227] Leonid G., Alexander S., and Alexander S. Russian S&T Foresight 2030: Identifying New Drivers of Growth[J]. Foresight, 2017, 19(05).

[228] Lindblom C. E. Politics and Markets[M]. New York: Basic Books, 1977.

[229] Lindsay J. M. Trade Sanctions as Policy Instruments: A Re-Examination, International Studies Quarterly, 1986, 30(02).

[230] Lovely M. E. and Liang Y. Trump Tariffs Primarily Hit Multinational Supply Chains, Harm US Technology Competitiveness [J/OL]. PIIE Policy Brief, 2018 [2023-03-01]. https://www.piie.com/publications/policy-briefs/trump-tariffs-primarily-hit-multinational-supply-chains-harm-us.

[231] Lukes S. Power: A Radical View[M]. Houndmills, England: MacMillan Education, 1975.

[232] Malkin A. The Made in China Challenge to US Structural Power: Industrial Policy, Intellectual Property and Multinational Corporations[J]. Review of International Political Economy, 2020, 29(02).

[233] Manyin M. E., Grimmett J. J., Jones V. C., et al. Imports from North Korea: Existing Rules, Implications of the KORUS FTA, and the Kaesong Industrial Complex[R/OL]. Congressional Research Archive, (2011-06-23)[2023-03-01]. https://sgp.fas.org/crs/row/R41843.pdf.

[234] Mastanduno M. Economic Containment: CoCom and the Politics of East-West Trade[M]. Cornell University Press, 1992.

[235] Mastanduno M., Hegemony and Fear: The National Security Determinants of Weaponized Interdependence [M]//Drezner D. W., Farrell H., and Newman A. L. The Uses and Abuses of Weaponized Interdependence. Washington, D. C.: Brookings Institution Press, 2021.

[236] Mayer F. W. and Phillips N. Global Inequality and the Trump Administration[J]. Review of International Studies, 2019, 45(03).

[237] Maynes C. W. US Unilateralism and Its Dangers[J]. Review of International Studies, 1999, 25(03).

[238] McGeachy H. Tech Standards and China's Rise[R/OL]. United States Studies Centre, 2019[2023-03-01]. https://www.ussc.edu.au/analysis/tech-standards-and-chinas-rise.

[239] Meagher D. Caught in the Economic Crosshairs: Secondary Sanctions and the American Sanctions

Regime[J]. Fordham Law Review, 2020, 89(03).

[240] Mehta P. P. Sanctioning Freedoms: U. S. Sanctions Against Iran Affecting Information and Communications Technology Companies[J]. University of Pennsylvania Journal of International Law, 2015, 37(02).

[241] Meyer J. A. Second Thoughts on Secondary Sanctions [J]. University of Pennsylvania Journal of International Law, 2009, 30(03).

[242] Mills C. W. The Power Elite[M]. New York: Oxford University Press, 1959.

[243] Minchin T. J. Empty Mills: The Fight against Imports and the Decline of the U.S. Textile Industry [M]. Rowman & Littlefield Publishers, 2012.

[244] Miroudot S., Lanz R., and Ragoussis A. Trade in Intermediate Goods and Services[R/OL] OECD, (2009-11-03)[2023-03-01]. https://www.oecd-ilibrary.org/docserver/5kmlcxtdlk8r-en.pdf?expires=1666857518&id=id&accname=guest&checksum=673CCA65A272CCFC71B979006BC57EF2.

[245] Mitchell M. Complexity: A Guided Tour[M]. New York: Oxford University Press, 2009.

[246] Morison S. E. and Commager H. S. The Growth of the American Republic [M]. Oxford University Press, 1940.

[247] Nguyen K. and Tran D. A. Fitness-Based Generative Models for Power-Law Networks[M]//Thai M. T.

and Pardalos P. M. Handbook of Optimization in Complex Networks. New York: Springer US, 2012.

[248] Nicholson M. W. Intellectual Property Rights, Internalization and Technology Transfer[J]. FTC Bureau of Economics Working Paper No. 250, 2003 [2023-03-01]. https://www.ftc.gov/sites/default/files/documents/reports/intellectual-property-rights-internalization-and-technology-transfer/wp250_0.pdf.

[249] Noland M. From the Twisted Mind of Nicolas Eberstadt[J/OL]. PIIE, (2015-05-22)[2023-03-01]. https://www.piie.com/blogs/north-korea-witness-transformation/twisted-mind-nicholas-eberstadt.

[250] Noland M. Jim rogers, Meet Naguib Sawiris[J/OL]. PIIE, (2017-03-09)[2023-03-01]. https://www.piie.com/blogs/north-korea-witness-transformation/jim-rogers-meet-naguib-sawiris.

[251] Noland M. Orascom Sanctions Bombshells[J/OL]. PIIE, (2016-02-03)[2023-03-01]. https://www.piie.com/blogs/north-korea-witness-transformation/orascom-sanctions-bombshells.

[252] Noland M. US Trade Policy in the Trump Administration [J]. Asian Economic Policy Review, 2018,14(2).

[253] Nosratabadi S. and Dunay A. Challenges to Economic Upgrading of Iranian Economy[J]. Faculty of Economics, 2018, 14(01).

[254] Nye J. S. Soft Power: The Means to Success in World

Politics[M]. Public Affairs, 2004.

[255] Oatley T. Toward a Political Economy of Complex Interdependence[J]. European Journal of International Relations, 2019, 25(04).

[256] Oatley T., Weaponizing International Financial Interdependence[M]//Drezner D. W., Farrell H., and Newman A. L. The Uses and Abuse of Weaponized Interdependence. Washington D. C.: Brookings Institution Press, 2021.

[257] Oatley T., Winecoff W. K., Pennock A., and Danzman S. B. The Political Economy of Global Finance: A Network Model[J]. Perspectives on Politics, 2013, 11(01).

[258] OECD. Global Value Chains: Preliminary Evidence and Policy Issues[R/OL]. 2011[2023-03-01]. http://www.oecd.org/dataoecd/18/43/47945400.pdf.

[259] Official Journal of the European Union. Council Regulation (EU) 2022/334[EB/OL]. (2022-02-28)[2023-03-01]. https://eur-lex.europa.eu/legal-content/EN/TXT/HTML/?uri=CELEX:32022R0334.

[260] Official Journal of the European Union. Council Regulation (EU) No. 833/2014[EB/OL]. (2014-07-31)[2023-03-01]. https://eur-lex.europa.eu/legal-content/EN/TXT/PDF/?uri=CELEX:32014R0833.

[261] Oneal J. R. and Bryan A. L. The Rally 'Round the Flag Effect in U.S. Foreign Policy Crises, 1950-1985

[J]. Political Behavior, 1995, 17(04).

[262] Pană I., Ghețiu I. V., Stan I. G., et al. The Use of Hydraulic Fracturing in Stimulation of the Oil and Gas Wells in Romania[J]. Sustainability, 2022, 14(09).

[263] Papaioannou E. and Portes R. The International Role of the Euro: A Status Report[J]. European Economy, Economic Papers 317, 2008[2023-03-01]. https://www.ecb.europa.eu/pub/ire/html/ecb.ire202106~a058f84c61.en.html.

[264] Pape R. A. Why Economic Sanctions Do Not Work [J]. International Security, 1997, 22(3): 90-136.

[265] Patterson R. EU Sanctions on Iran: The European Political Context[J]. Middle East Policy, 2013, 20(01).

[266] Pershina R., Soppe B., and Thune T. M. Bridging Analog and Digital Expertise: Cross-domain Collaboration and Boundary-spanning Tools in the Creation of Digital Innovation[J]. Research Policy, 2019, 48(09).

[267] Petrossian V. Iran Back in the Firing Line[J]. Middle East Economic Digest, 1992. 26(2).

[268] Platzer M. D. Renegotiating NAFTA and U.S. Textile Manufacturing[R/OL]. Congressional Research Service, (2017-10-30)[2023-03-01]. https://sgp.fas.org/crs/row/R44998.pdf.

[269] Public Law, No. 100-418, 102 Stat. 1107. Omnibus Trade and Competitiveness Act of 1988[A/OL].

(1998-08-23)[2023-03-01]. https://www.govinfo.gov/content/pkg/STATUTE-102/pdf/STATUTE-102-Pg1107.pdf.

[270] Public Law, No. 103-236, 108 Stat. 382, 474. Foreign Relations Authorization Act, Fiscal Years 1994 and 1995[A/OL]. (1994-04-30)[2023-03-01]. https://www.govinfo.gov/content/pkg/STATUTE-108/pdf/STATUTE-108-Pg382.

[271] Public Law, No. 105-118, 111 Stat. 2386. Foreign Operations, Export Financing, and Related Programs Appropriations Act, 1998[A/OL]. (1997-11-26)[2023-03-01]. https://www.congress.gov/105/plaws/publ118/PLAW-105publ118.pdf.

[272] Public Law, No. 109-293, 120 Stat. 1344, 1347. Iran Freedom Support Act of 2006[A/OL]. (2006-09-30)[2023-03-01]. https://www.congress.gov/109/plaws/publ293/PLAW-109publ293.pdf.

[273] Public Law, No. 111-195, 124 Stat. 1312, 1315, Comprehensive Iran Sanctions, Accountability, and Divestment Act[A/OL]. (2010-07-01)[2023-03-01]. https://www.congress.gov/111/plaws/publ195/PLAW-111publ195.pdf.

[274] Public Law, No. 111-84, 123 Stat. 2190, 2553-2554. Victims of Iranian Censorship Act of 2009[A/OL]. (2009-10-28)[2023-03-01]. https://www.govinfo.gov/content/pkg/USCODE-2018-title22/html/USCODE-

2018-title22-chap71-sec6204.htm.

[275] Public Law, No. 114-122.North Korea Sanctions and Policy Enhancement Act of 2016[A/OL]. (2020-10-23)[2023-03-01].https://www.govinfo.gov/content/pkg/COMPS-11985/pdf/COMPS-11985.pdf.

[276] Public Law, No. 532, 70 Stat. Sec. 3 of the Export Control Act of 1949[A/OL]. (1956-06-29)[2023-03-01]. https://www.govinfo.gov/content/pkg/STATUTE-70/pdf/STATUTE-70-Pg408.pdf#page=1.

[277] Public Law, No. 79-173. Export-Import Bank Act of 1945[A/OL]. (2023-02-02)[2023-03-01]. https://www.govinfo.gov/content/pkg/COMPS-1069/pdf/COMPS-1069.pdf.

[278] Public Law, No. 87-195. Foreign Assistance Act of 1961[A/OL]. (2023-01-13)[2023-03-01]. https://www.govinfo.gov/content/pkg/COMPS-1071/pdf/COMPS-1071.pdf.

[279] Public Law, No. 90-629. Section 102 of the Arms Export Control Act[A/OL]. (2023-01-09)[2023-03-01]. https://www.govinfo.gov/content/pkg/COMPS-1061/pdf/COMPS-1061.pdf.

[280] Public Law, No. 93-618. Section 502(b)(1) [A/OL]. (2022-02-01)[2023-03-01]. https://www.govinfo.gov/content/pkg/COMPS-10384/pdf/COMPS-10384.pdf.

[281] Ramo J. C. The Seventh Sense: Power, Fortune, and

Survival in the Age of Networks[M]. New York: Little, Brown. 2016.

[282] Regmi A. China's Retaliatory Tariffs on U.S. Agriculture: In Brief[G/OL]. Congressional Research Service, (2019-09-24)[2023-03-01]. https://crsreports.congress.gov/product/pdf/R/R45929.

[283] Remko V. H. Research Opportunities for a More Resilient Post-COVID-19 Supply China-Closing the Gap Between Research Findings and Industry Practice. International Journal of Operations and Production Management, 2020, 40(04): 341-355.

[284] Rey H. International Trade and Currency Exchange[J]. The Review of Economic Studies, 2001, 18(2): 443-464.

[285] Ripsman N. M., Taliaferro J. W., and Lobell S. E. Neoclassical Realist Theory of International Politics[M]. Oxford University Press, 2016.

[286] Rizou M., Galanakis I. M., Aldawoud T. M. S., et al. Safety of Foods, Food Supply Chain and Environment within the COVID-19 Pandemic[J]. Trend in Food Science and Technology, 2020, 102.

[287] Rogers J., Foxall A., Henderson M., and Armstrong S. Breaking the China Supply Chain: How the "Five Eyes" Can Decouple from Strategic Dependency[R/OL]. The Henry Jackson Society, 2020[2023-03-01.] https://henryjacksonsociety. org/wp-content/uploads/

2020/05/Breaking-the-China-Chain.pdf.

[288] Ross R. S. Why Our Hardliners Are Wrong[J]. The National Interest, 1997(49).

[289] Rubenstein J. N. The Changing US Auto Industry: A geographical Analysis[M]. Routledge,1992.

[290] Russell B. Power: A New Social Analysis [M]. London: Allen & Unwin, 1948.

[291] Ruys T. and Ryngaert C. Secondary Sanctions: A Weapon out of Control? The International Legality of, and European Responses to, US Secondary Sanctions [J]. British Yearbook of International Law, 2020.

[292] Safirova E., Barry J. J., Hastorun S., et al. Estimates of Immediate Effects on World Markets of a Hypothetical Disruption to Russia's Supply of Six Mineral Commodities [R/OL]. U.S. Department of the Interior, (2017-10-23) [2023-03-01]. https://pubs.usgs.gov/of/2017/1023/ofr20171023.pdf.

[293] Salih E. M. S., Al-Jubori H. A. H., and Abbas R. J. Finding an Alternative to Nickel Used in An Alloy (Copper-Nickel) in Electric Power Plants [J]. Materials Today: Proceedings, Part 3, 2022, 61.

[294] Salim A., Razavi M. R., and Afshari-Mofrad M. Foreign Direct Investment and Technology Spillover in Iran: The Role of Technological Capabilities of Subsidiaries[J]. Technological Forecasting and Social Change, 2017, 122.

[295] Salitskii A. I. and Salitskaya E. A. China on the Way to Global Technology Leadership[J]. Herald of the Russian Academy of Sciences, 2022, 92.

[296] Sanders N. R. How to Use Big Data to Drive Your Supply Chain[J]. California Management Review, 2015, 58(3).

[297] Savage J. J. Executive Use of the International Emergency Economic Power Act-Evolution through the Terrorist and Taliban Sanctions[J]. Currents: International Trade Law Journal, 2001, 10.

[298] Scherer F. M. Chapter 25 The Pharmaceutical Industry[M]//Pauly M, McGuire T., and Barros P. Handbook of Health Economics, Elsevier, Part B, 2000, 1.

[299] Schild J. The Myth of German Hegemony in the euro Area Revisited[J]. West European Politics, 2019, 43(05).

[300] Schulmeister S. Globalization without Global Money: The Double Role of the Dollar as National Currency and World Currency[J]. Journal of Post Keynesian Economics, 2000, 22(03).

[301] Schwartz H. M. Strange Power over Credit; Or the Enduring Strength of US Structural Power[M]//Germain R. Susan Strange and the Future of Global Political Economy: Power, Control and Transformation. Routledge, 2016.

[302] Segal A. Huawei, 5G, and Weaponized Interdependence [M]//Drezner D. W., F. Henry, and Newman A. L. The Uses and Abuse of Weaponized Interdependence. Washington D.C.: Brookings Institution Press, 2021.

[303] Shagabutdinova E. and Berejikian J. D. Deploying Sanctions while Protecting Human Rights: Are Humanitarian "Smart" Sanctions Effective? [J]. Journal of Human Rights, 2007 6(01).

[304] Shambaugh G. E. States, Firms, and Power: Successful Sanctions in United States Foreign Policy[M]. SUNY press, 1999.

[305] Sheingate A. D. The Rise of the Agricultural Welfare State: Institutions and Interest Group Power in the United States, France, and Japan[M]. Princeton University Press, 2003.

[306] Sides J., Tesler M., and Vavreck L. Identity Crisis: The 2016 Presidential Campaign and the Battle for the Meaning of America[M]. Princeton, NJ: Princeton University Press, 2018.

[307] Slaughter A-M. America's Edge: Power in the Networked Century [M]. Foreign Affairs, 2009, 88(01).

[308] Slaughter A-M. The Chessboard and the Web: Strategies of Connection in a Networked World[M]. New Haven, Conn.: Yale University Press, 2017.

[309] Smith D. N. and Hanley E. The Anger Games: Who

Voted for Donald Trump in the 2016 Election, and Why? [J]. Critical Sociology, 2018, 44(01).

[310] Srai J. S., Harrington T., Alinaghian L., and Phillips M. Evaluating the Potential for the Continuous Processing of Pharmaceutical Products-a Supply Network Perspective [J]. Chemical Engineering and Processing: Process Intensification, 2015, 97.

[311] Stiglitz J. E. Contagion, Liberalization, and the Optimal Structure of Globalization [J]. Journal of Globalization and Development, 2010, 1(02).

[312] Strange S. Casino Capitalism [M]. Oxford: Basil Blackwell, 1986.

[313] Strange S. Finance, Information and Power [J]. Review of International Studies. 1990, 16(03).

[314] Strange S. The Persistent Myth of Lost Hegemony [J]. International Organization, 1987, 41(04).

[315] Strange S. The Retreat of the State: The Diffusion of Power in the World Economy [M]. Cambridge: Cambridge University Press, 1996.

[316] Sturgeon T. J. How Do We Define Value Chains and Production Network? [J] IDS Bulletin, 2001, 32(03).

[317] SWIFT. Worldwide Currency Usage and Trends: Information Paper Prepared by SWIFT in Collaboration with City of London and Paris[R/OL]. [2023-03-01]. https://www.swift.com/swift-resource/19186/download?language=en.

[318] Tahmooresnejad L. and Beaudry C. Capturing the Economic Value of Triadic Patents[J]. Scientometrics, 2019, 118.

[319] Tellis A. J. The Return of U. S.-China Strategic Competition[M]//Tellis A. J., Szalwinski A., and Wills M. Strategic Asia 2020: U.S.-China Competition for Global Influence. The National Bureau of Asian Research, 2020.

[320] The White House. Interim National Security Strategic Guidance[EB/OL]. 2021[2023-03-01]. https://www.whitehouse.gov/wp-content/uploads/2021/03/NSC-1v2.pdf.

[321] The White House. National Security Strategy of the United States of America[EB/OL]. 2017[2023-03-01]. https://apps.dtic.mil/sti/pdfs/AD1043812.pdf.

[322] The White House. The National Security Strategy of the United States[EB/OL]. 2002[2023-03-01]. https://2009-2017.state.gov/documents/organization/63562.pdf.

[323] Truman D B. The Governmental Process[M]. New York: Alfred A. Knopf, 1971.

[324] Turkcan K. and Ates A. Structure and Determinants of Intra-Industry Trade in the U.S. Auto-Industry[J]. Journal of International and Global Economic Studies, 2010, 2(2).

[325] Urata S. US-Japan Trade Frictions: The Past, the

Present, and Implications for the US-China Trade War[J]. Asian Economic Policy Review, 2020, 15(01).

[326] U.S. Department of Defense. Fact sheet: 2022 National Defense Strategy[EB/OL]. (2022-03-28)[2023-03-01]. https://media.defense.gov/2022/Mar/28/2002964702/-1/-1/1/NDS-FACT-SHEET.PDF.

[327] U.S. Department of the Treasury. Iran Sanctions Act of 1996[EB/OL]. (2016-12-15)[2023-03-01]. https://home.treasury.gov/system/files/126/isa_1996.pdf.

[328] U.S. Department of the Treasury. North Korea Sanctions Program[EB/OL]. (2016-11-02)[2023-03-01]. https://home.treasury.gov/system/files/126/nkorea.pdf.

[329] U.S. Department of the Treasury. Treasury Prohibits Transactions with Central Bank of Russia and Imposes Sanctions on Key Sources of Russia's Wealth[EB/OL]. (2022-02-28)[2023-03-01]. https://home.treasury.gov/news/press-releases/jy0612.

[330] U.S. Department of the Treasury. Treasury Sanctions Russian Military Technology Procurement Network in Coordination with Law Enforcement Action[EB/OL]. (2022-10-19)[2023-03-01]. https://home.treasury.gov/news/press-releases/jy1035.

[331] U.S. Government Publishing Office. Use and Effect of Unilateral Trade Sanctions[R/OL]. (1997-10-23)

[2023-03-01]. https://www.govinfo.gov/content/pkg/CHRG-105hhrg54892/html/CHRG-105hhrg54892.htm.

[332] U.S. Office of Trade Representatives. U. S.-Russia Trade Facts[EB/OL]. (2022-10-04)[2023-03-01]. https://ustr.gov/countries-regions/europe-middle-east/russia-and-eurasia/russia.

[333] Walter A. Domestic Sources of International Monetary Leadership[M]//Andrews D. M. International Monetary Power. Cornell University Press, 2006.

[334] Wang Z., Szolnoki A., and Perc M. Interdependent Network Reciprocity in Evolutionary Games[J]. Scientific Reports, 2013, 3.

[335] Welt C., Archick L., Nelson R. M., et al. U.S. Sanctions on Russia (R45415). Congressional Research Service, (2022-01-18)[2023-03-01]. https://crsreports.congress.gov/product/details?prodcode=R45415.

[336] Williams J. C. How Biden Won Back (Enough of) the White working Class [J/OL]. Harvard Business Review, (2020-11-10)[2023-03-01]. https://hbr.org/2020/11/how-biden-won-back-enough-of-the-white-working-class.

[337] Winecoff W. K. Structural Power and the Global Financial Crisis: A Network Analytical Approach[J]. Business and Politics, 2015, 17(03).

[338] Winters J. A. and Page B. I. Oligarchy in the United

States? [J] Perspectives on Politics, 2009, 7(04).

[339] Wüstenhagen A. and Tonn, B. Substitution of Nickel by Combines Addition of Cobalt and Zirconium in Alloy A 332[C]. AIP Conference Proceedings, 2022, 1315(1).

[340] Yackee J. W. and Yackee S. W. A Bias Towards Business? Assessing Interest Group Influence on the U.S. Bureaucracy[J]. The Journal of Politics, 68(01).

[341] Yeats A. J. Just How Big Is Global Production Sharing? [M]//Arndt S. W. and Kierzkowski H. Fragmentation: New Production Patterns in the World Economy. Oxford: Oxford University Press, 2001.

[342] Young K. Not by Structure Alone: Power, Prominence, and Agency in American Finance[J]. Business and Politics, 2015, 17(03).

[343] Ziedonis R. H. and Hall B. H. The Effects of Strengthening Patent Rights on Firms Engaged in Cumulative Innovation: Insights from the Semiconductor Industry[M]//Libecap G. D. Entrepreneurial Inputs and Outcomes: New Studies of Entrepreneurship in the United States: Volume 13, Amsterdam: JAI, 2001.

后 记

这本书汇聚了我在清华大学四年来的思考和研究心得，与此同时，也承载了身边许多人的支持和帮助。我十分希望借此机会向我敬爱的老师和家人表达感谢之情。

首先我要感谢庞珣老师。庞老师是我在清华大学读书期间的第一位导师。不仅她在学术科研领域的成果蜚声中外，而且她对工作和生活的理解也蕴含着通透的哲理智慧，于我的学术志趣和治学态度都产生了积极的影响。在我博士生学习的第一年，庞老师就围绕国际前沿问题与我讨论了未来的研究方向，在完全尊重我个人意愿的基础上敲定了论文选题。在此之后的写作过程中，庞老师也倾注了大量心血，大到理论框架的凝练及案例的裁剪，小到语句的修改和字词的斟酌，都给予我精心而细致的指导。与此同时，庞老师也悉心培养我的学习科研习惯。她要求我积极参与学术讲座活动，开拓知识面并增进对方法和原理的理解；鼓励我用画抽象概念图的方式搭建理论框架，充分调动想象力；并用爱因斯坦的一句格言"All of science is nothing more than refinement of everyday thinking"，引导我将学习思考融入日常生活，令我受益终生。

我还要感谢唐晓阳老师。唐老师是我博士生时期的第二位导师,在庞老师工作调动后负责对我的指导。唐老师博闻强识,治学严谨,对政策实践与国际现实有着丰富而深刻的理解。除了对我的论文进行全方位指导以外,唐老师还在工作和生活中给了我许多帮助,为我提供了宝贵的锻炼机会。我很感激,也很庆幸在自己的博士生阶段能得到两位授业恩师的提携与支持。

此外,我要感谢为本书写作提供帮助的校内外诸位师长。校内的孙学峰老师、刘丰老师、漆海霞老师和陈济东老师为我的论文提出了一针见血又具有可操作性的修改意见。正是从他们的课堂讲授中学习到的理论与方法,构筑了我博士论文写作的坚实基础。校外的袁正清老师、王勇老师和李巍老师也对本书的写作与修改提出很多建设性意见。他们都是本书研究领域的翘楚,其中肯的专业建议令论文增色不少。

最后,我要感谢我的父母。我的父亲是一位研究国际关系的学者,也是我学术旅途的启蒙老师,他培养了我对国际政治的浓厚兴趣,每一次与他的谈话都令我受益匪浅。我的母亲一直以来为我的学习和成长保驾护航,她对我无微不至的关爱消解了我的种种焦虑。他们的支持是我最坚实的后盾,他们的期望是我最强劲的前行动力。

图书在版编目(CIP)数据

美国网络化制裁理论与案例研究/吴限著.—上海:复旦大学出版社,2024.7
ISBN 978-7-309-17378-9

Ⅰ.①美… Ⅱ.①吴… Ⅲ.①美国对外政策-对华政策-军事-国际制裁-研究 Ⅳ.①D822.371.2

中国国家版本馆 CIP 数据核字(2024)第 075714 号

美国网络化制裁理论与案例研究
吴 限 著
责任编辑/关春巧

复旦大学出版社有限公司出版发行
上海市国权路 579 号 邮编:200433
网址:fupnet@fudanpress.com http://www.fudanpress.com
门市零售:86-21-65102580   团体订购:86-21-65104505
出版部电话:86-21-65642845
上海四维数字图文有限公司

开本 890 毫米×1240 毫米 1/32 印张 11.5 字数 249 千字
2024 年 7 月第 1 版
2024 年 7 月第 1 版第 1 次印刷

ISBN 978-7-309-17378-9/D·1192
定价:65.00 元

如有印装质量问题,请向复旦大学出版社有限公司出版部调换。
版权所有 侵权必究